国际日本研究中心"知识共同体"系列丛书

日本大众文化研究

第二辑

主编 杨玲 林曌 李成浩
执行主编 张晓明

北京·旅游教育出版社

图书在版编目（CIP）数据

日本大众文化研究. 第二辑 / 杨玲，林嬰，李成浩主编. -- 北京 : 旅游教育出版社，2023.2
（国际日本研究中心“知识共同体”系列丛书）
ISBN 978-7-5637-4532-6

Ⅰ. ①日… Ⅱ. ①杨… ②林… ③李… Ⅲ. ①群众文化－研究－日本－现代 Ⅳ. ①G249.313

中国国家版本馆CIP数据核字(2023)第003348号

国际日本研究中心“知识共同体”系列丛书
日本大众文化研究：第二辑
RIBEN DAZHONG WENHUA YANJIU DIERJI
杨　玲　林　嬰　李成浩　主编
张晓明　执行主编

责任编辑	何　玲
出版单位	旅游教育出版社
地　　址	北京市朝阳区定福庄南里 1 号
邮　　编	100024
发行电话	（010）65778403　65728372　65767462（传真）
本社网址	www.tepcb.com
E - mail	tepfx@163.com
排版单位	北京旅教文化传播有限公司
印刷单位	北京虎彩文化传播有限公司
经销单位	新华书店
开　　本	787毫米×1092毫米　1/16
印　　张	15.75
字　　数	260 千字
版　　次	2023 年 2 月第 1 版
印　　次	2023 年 2 月第 1 次印刷
定　　价	68.00 元

（图书如有装订差错请与发行部联系）

编 委 会

前 言

习近平总书记在中国共产党第二十次全国代表大会报告中强调，“教育、科技、人才是全面建设社会主义现代化国家的基础性、战略性支撑。……加快建设教育强国、科技强国、人才强国，坚持为党育人、为国育才”。百年大计，教育为本；教育是国之大计、党之大计。要办好人民满意的教育，全面贯彻党的教育方针，落实立德树人根本任务，培养德智体美劳全面发展的社会主义建设者和接班人，加快建设高质量教育体系，不仅应深入理解“培养什么人、怎样培养人、为谁培养人”这一教育根本问题，而且还应该深入思考如何开辟发展新领域新赛道，塑造发展新动能新优势。

站在“两个一百年”奋斗目标的历史交汇点，中国高等教育应当认清新发展阶段的历史方位和定位，在全面建设社会主义现代化国家新征程中勇担新使命，走出一条建设中国特色、世界一流大学的新路，为加快构建中国特色外语学科、建设世界重要人才中心和创新高地做出应有的贡献。新文科建设应守正创新，思政引领；应勇闯新路，融合创新；应与时俱进，科技赋能；外语类院校的新文科建设更应该体现出“外语 +”特色，思政引领、学科交叉、融合创新。

北京第二外国语学院国际日本研究中心立足于新文科背景下外国语言文学日语学科的“知识共同体”建构，谋求跨学科融学科新增长点，融入课程思政及其教育教学研究。通过“知识共同体”系列丛书的出版，围绕学校“复语复合”人才培养目标，打造高质量高水平科研成果，为首都国际交往中心建设、对外话语体系和中国国际传播能力建设服务。

2022 年恰逢中日邦交正常化 50 周年。在这个重要历史节点，《日本大众文化研究》作为国际日本研究中心推进国内外日本（学）研究的开放性学术交流平台，旨在通过对大众文化的全方位深入细致的研究，促进中日学术交流和两国间的相互理解与共鸣。

《日本大众文化研究：第二辑》由“中日大众文化研究”“中日动漫研究”“文学研究”“语言与教学实践研究”“翻译研究”五个领域的研究成果组成，研究对象从个体到热点前沿，研究视角兼顾域内域外、宏观与微观，内容覆盖课程思政、教学实践、跨学科融学科的课题研究，是新文科发展背景下外国语言文学学科学者们在教学、研究领域持续思考探索的心血之作。相信本辑的研究成果能让读者们体会不同领域研究课题和对象、不同视野、不同研究方法在“知识共同体”中的汇聚、融合。希望通过“知识共同体”共同谋求外国语言文学学科的可持续共同发展。

“日本大众文化研究”系列丛书的出版受北京第二外国语学院高精尖学科经费资助，在旅游教育出版社陈卫伟编辑团队的支持下顺利出版。编辑过程中还得到北京第二外国语学院日语学院研究生科研先锋小队姜淼、霍锦淑、徐美菊、石晨希、张潇、周柯、王璐琪、方晓麒、乔桢、方杭敏等同学的大力支持。在此，向本丛书编纂过程中付出辛勤努力的各位同仁、师生、友人表示衷心感谢！

由于编者水平有限，书中或许还有不足之处和改进空间，还望各位同行不吝赐教，给予批评和指正。

杨　玲

北京第二外国语学院日语学院院长

2022 年 11 月

目录

中日大众文化研究

中日动漫研究

文学研究

语言与教学实践研究

翻译研究

中日大众文化研究

日本对唐代粟特人的研究动向

京都产业大学　中田美绘　著[①]
陕西师范大学外国语学院　刘　星　译[②]

［**摘要**］作为生活在东西文明十字路口——中亚索格狄亚那地区的国际商人，粟特人在东西文明的交往互鉴中发挥了重要作用。近年来，随着中国粟特人墓葬的相继发现及墓志等石刻资料的出土，粟特研究再次成为学术热点。日本学者的粟特研究自20世纪初开始，取得了众多优秀成果，本文从唐代粟特研究的最新著作介绍、粟特武人、粟特宗教三个方面介绍日本学界已取得的成果，以期推动学术成果的国际共享，并在此基础上进行学术探讨，促进国际粟特研究的深化与发展。

［**关键词**］日本，唐代，粟特研究

前言

粟特人指的是居住在中亚阿姆河和锡尔河之间的索格狄亚那区域的伊朗系统人群。他们是居住在撒马尔罕、布哈拉、塔什干等沙漠绿洲里的都市民，因活跃在丝绸之路上从事贸易活动而驰名国际。粟特人在东汉时已经来到中国，公元4世纪到8世纪时建立起了横跨欧亚大陆的贸易网络，特别是在欧亚大陆东部，除了商业外他们还活跃在政治、军事、宗教、艺术等多个领域。

近年来，关于欧亚大陆东部粟特人的研究取得了飞跃性的进展，原因在于粟特人墓葬的相继发现，以及对墓葬中的浮雕等图像资料和汉文墓志等石刻资料研究的持续深入。这也使得粟特研究成为国际学术界关注的热点[③]。就中国史和欧亚史的历史发展进

---

① 中田美绘：京都产业大学副教授，研究方向：唐代史。
② 刘星：陕西师范大学外国语学院日语专业研究生，研究领域：日本社会与文化。
③ 2004年在北京、2014年在银川召开的国际粟特研究学术会议“粟特人在中国”盛况空前，可以说明这个问题。

程来说，粟特人不仅仅是商人，更要强调其作为武人的作用，在这一点上日本学者的研究是备受瞩目的。本文以近年来日本对中国唐朝粟特人的研究作为研讨对象，重点介绍其在军事、宗教方向的研究进展及动向。①

一、史料状况的变化和粟特人研究的进展

近年来，对粟特人研究的进展与史料的变化是紧密联系的。以前，对中国古代粟特人的研究主要依靠汉文编撰史籍和考古出土资料，粟特语文献②中虽然也有“古信札”③这种关于商业活动的书信，但大多数是佛教、摩尼教、基督教的宗教文书，直接介绍粟特人贸易活动的资料并不多。在丝绸之路的重镇敦煌、吐鲁番出土的汉文世俗文书里，也可以看到与粟特人相关的信息。例如，日本学者池田温根据敦煌出土的文献，阐明了唐代敦煌地区粟特人聚落的居住民结构等实际情况④。近年，荒川正晴（2010）⑤通过对出土文献的细致分析，阐明了帕米尔高原以东的东部欧亚大陆的交通、贸易体制，以及唐帝国的出现所带来的变化和利用这条交通路线进行移动的粟特人的贸易活动。

另外，20 世纪末中国相继发现了多座粟特人墓葬，使得国际粟特研究得以加速发展。在粟特美术的研究方面，我们从出土的葬具上留下的浮雕图像来再现粟特人的宗教信仰及其变迁，这些都是以往仅凭借文献资料进行研究时所不能获得的信息⑥。同时，包括汉文墓志在内的出土文字资料的图录也相继出版，经过中国和日本学者的积极解读和分析，使得中国古代粟特人的活动状态更加清晰化。在日本，除了个别研究论文之外，近些年研究类书籍和概述类书籍也出版了很多，如充分吸收了最新研究成果的森安

① 本文虽然限定在近年的粟特人研究，但是作为针对包含中国北部在内的帕米尔高原以东的粟特人的基础研究成果：羽田亨．漠北の地と康国人；羽田明．ソグド人の東方活動等，都是重要的参考资料。同时，日本的粟特人研究动向参考了如下资料：森安孝夫．日本におけるシルクロード上のソグド人研究の回顧と近年の動向．ソグドからウイグルヘーシルクロード東部の民族と文化の交流一；森部豊．ソグド人と東ユーラシアの文化交渉一ソグド人の東方活動史研究序説．ソグド人と東ユーラシアの文化交渉；小松久男，荒川正晴，岡洋樹，编．中央ユーラシア史研究入門。

② 粟特语资料详见：吉田豊．ソグド語資料から見たソグド人の活動．岩波講座世界歴史11 中央ユーラシアの統合：227–248；同 ソグド人の交易活動の実態一ソグド人の通商文書などを題材に一．朝倉世界地理講座一大地と人間の物語 5 一中央アジア：393–406。

③ 英国斯坦因在敦煌西边的汉代烽火台遗址里发现的8封书信，详见 ソグド語資料から見たソグド人の活動：228–230。

④ 池田温．八世紀中葉における敦煌のソグド人聚落［J］．ユーラシア文化研究：1965（1），49–92.

⑤ 荒川正晴．ユーラシアの交通·交易と唐帝国［M］．名古屋：名古屋大学出版会，2010.

⑥ 影山悦子．ソグド人の墓と葬具．ソグド人と東ユーラシアの文化交渉［M］．東京：勉诚出版社，61–86；同 唐代の祆祠一考古資料による検討一［J］．唐代史研究．2016（19）：3–21.

孝夫（2007）[①]、森部丰（2010）[②]、森安孝夫（2011）[③]。曾布川宽、吉田丰（2011）[④]在最新研究成果的基础上对粟特人的历史进行总结，并且将书中引用的粟特语文献的研究成果结合翻译、以通俗易懂的形式展现在读者眼前，同时也包含了考古、美术领域的研究。森部丰（2013）[⑤]从欧亚大陆东部历史的角度对安禄山、史思明以及他们所发起的叛乱进行了定位。森部丰（2014）[⑥]集结了日本的粟特研究学者的成果，从政治、军事、语言、文化、宗教等角度对现有研究成果进行了总结，可以说展现了日本粟特研究的最新状况。

关于墓志的研究，有森部丰（2010）[⑦]、石见清裕（2016）[⑧]、福岛惠（2017）[⑨]等著作相继付梓。可以说日本的粟特人墓志研究得益于日本学者的中亚史研究和东洋史研究的积累，同时也是他们积极地亲赴现场进行调查，在实物基础上进行精细研究的结果。

森安孝夫（2011）[⑩]列出了日本粟特研究的文献目录，并根据内容进行了分类，将各个领域的研究状况加以介绍，分类如下：①萨宝、兴胡（粟特商人）问题，②唐代驿道与粟特网络，③考古・美术领域的新动向，④根据汉文石刻资料所见移居中国粟特人研究的进展和粟特人姓氏研究，⑤6—11世纪丝绸之路东部地区的粟特语、回鹘语史料与摩尼教、佛教，⑥粟特人的财富与回鹘人的财富。近年日本研究的集中领域是上述④，这与墓志等石刻资料的利用环境优化息息相关。作为具体的研究成果之一，下面章节也会阐述，即颠覆了一直以来"粟特人＝商人"的想法，他们也有作为军人的一面。此外，粟特姓氏的研究也有了突飞猛进的发展。汉文史料中出现的粟特人的判别方法是看其是否冠以"安、康、米、史、何、石、曹、毕、翟"姓，但是除了"安、康、米"是粟特独有姓氏外，其他姓氏是普遍使用的，因此辨别起来并不容易。福岛惠通过对粟特人汉文墓志的收集与分析，确立了粟特人的判别标准[⑪]。齐藤达也关于粟特姓氏发展过程的考察也是一项引人注目的成果[⑫]。妹尾达彦与荣新江指出在长安和洛阳，粟特人

① 森安孝夫．シルクロードと唐帝国［M］．東京：講談社，2007.

② 森部豊．ソグド人の東方活動と東ユーラシア世界の歴史的展開［M］．大阪：関西大学出版部，2010.

③ 森安孝夫．ソグドからウイグルへ―シルクロード東部の民族と文化の交流―[M]．東京：汲古書院，2011.

④ 曽布川寛，吉田豊．ソグド人の美術と言語［M］．東京：臨川書店，2011.

⑤ 森部豊．安禄山［M］．東京：山川出版社，2013.

⑥ 森部豊．ソグド人と東ユーラシアの文化交渉［M］．東京：勉诚出版社，2014.

⑦ 森部豊．ソグド人の東方活動と東ユーラシア世界の歴史的展開［M］．大阪：関西大学出版部，2010.

⑧ 石见清裕．ソグド人墓誌研究［M］．東京：汲古書院，2016.

⑨ 福島恵．東部ユーラシアのソグド人―ソグド人漢文墓誌の研究―［M］．東京：汲古書院，2017.

⑩ 森安孝夫．ソグドからウイグルへ―シルクロード東部の民族と文化の交流―：3–46.这篇文章是MORIYASU TAKAO. Japanese research on the history of the Sogdians along the Silk Road，Mainly from Sogdiana to China. ACTA ASIATICA94，2008：1–39. 的增补版。

⑪ 福島恵．東部ユーラシアのソグド人―ソグド人漢文墓誌の研究―［M］．東京：汲古書院，2017：11–62.

⑫ 齋藤達也．安息国· 安国とソグド人．国际仏教学大学院大学研究紀要，2007（11）：1–32.；同 北朝隋唐史料に見えるソグド姓の成立について．史学雑誌，2009：118–12，38–63；同 中国におけるソグド姓の歴史 // ソグド人と東ユーラシアの文化交渉．東京：勉诚出版社，2014：30–45. 等。

这些外来人是有自己的居住区域的[①]，福岛惠也根据墓志对这点进行了补充，指出两都确有粟特人的聚落存在，并考察了聚落的特征[②]。

二、粟特武人

粟特商人为了保证其商队在远行途中的贸易安全，需要游牧民族的保护，同时他们自身也武装起来保护商队，因此可以说他们具有商人和武人的两面性。随着对粟特人汉文墓志的不断解读和分析，唐帝国区域内的粟特武人的属性更加鲜活起来，其中，“粟特系突厥”这个概念的提出，不仅使粟特研究，还使中国史和中央欧亚史的研究都取得了巨大发展。

游牧世界里存在着粟特聚落，粟特系突厥指的是出身于游牧世界，尤其是从属于突厥，且受其影响突厥化的粟特群体，或者是突厥人与粟特人的混血后代[③]，他们在突厥帝国灭亡后南下来到中国。粟特系突厥中的著名人物安禄山，其父是粟特人、母为突厥人。根据森部丰的研究，8 世纪中国北方活跃的粟特系武人除了从索格狄亚那直接来到中原活动的粟特武人外，还有粟特系突厥。这些粟特系突厥是突厥第一帝国灭亡后移居到鄂尔多斯的，或者是在突厥第二帝国灭亡后归顺到唐帝国的，他们积极参与了安史之乱、河北藩镇割据、沙陀势力抬头以及之后的五代局面形成的历史浪潮[④]。

同时，与安史势力和沙陀势力紧密联系在一起的粟特系突厥与农牧接壤地带息息相关。农牧接壤地带又叫作“中国北边地带”“农牧交界地带（农业—游牧分界线）”[⑤]，是指游牧世界与农耕世界二者并非对立的，两个世界之间存在着交界地带，以此为出发点重新审视历史动向的新观点得到了学界的关注。这个交界地带作为游牧世界和农耕世界的媒介地横贯欧亚大陆，各种情报的交换和贸易活动在此展开。在中国，这一地带从河北、山西北部的“燕云十六州”开始，横贯至陕西、宁夏、甘肃的六盘山、贺兰山、祁

① 妹尾達彦．唐代長安の街西，史流，1984（25）：1–31；荣新江．中古中国与外来文明．上海：三联书店，2001 年：76–90.

② 福島惠．東部ユーラシアのソグド人ーソグド人漢文墓誌の研究ー．東京：汲古書院，2017：107–126.

③ 关于“粟特系突厥”这个概念，其提出者森部丰与中田裕子的解释是不一样的（森部豊．ソグド人の東方活動と東ユーラシア世界の展開、中田裕子．唐代六州胡におけるソグド系突厥：33–66）。但是，正如森部氏自己所说的，二者区别点在于将其属性重点放在粟特身份上还是突厥身份上，其实是同一民族群体（森部豊．八世紀半ば～十世紀の北中国政治史とソグド人：196）。从整个欧亚史来看二者究竟有何区别，我们期待以后的研究。

④ 森部豊．ソグド人の東方活動と東ユーラシア世界の展開、安禄山；八世紀半ば～十世紀の北中国政治史とソグド人 // ソグド人と東ユーラシアの文化交渉．東京：勉诚出版社，2014：174–197.

⑤ “农牧接壤地带”详见森安孝夫．シルクロードと唐帝国［M］．東京：講談社，2007：59–62.；“中国北边地带”详见石見清裕．ラティモアの辺境論と漢～唐間の中国北辺．東アジア史における国家と地域［M］．東京：刀水書房，1999：278–299；“农牧交界地带”详见妹尾达彦．長安の都市計画［M］．東京：講談社，2001；妹尾达彦．グローバル・ヒストリー［M］．東京：中央大学出版部，2018 年：34–40.

连山脉一带。对于古代中国来讲，这一区域虽然是边境，但是孕育了新生势力，是给中国历史带来大变动的地带。

在农牧接壤地带，除了有北亚、东北亚的诸民族，也有迁徙过来的粟特系突厥人，安史之乱时他们陆续参加了安史军团。同时，在农牧接壤地带得以抬头并且建立五代王朝的沙陀集团内也有粟特人和粟特系突厥人①。也就是说，如果能够很好地掌控住农牧接壤地带，那么就能带来如唐朝前期那样的繁荣盛世，若这一地带南北两方的平衡被打破时，则会出现像安禄山、史思明这样动摇唐朝根基的势力，进一步会与沙陀势力的抬头和五代王朝的出现联系起来②。

森安孝夫认为，若我们重新审视安史之乱，以及8—10世纪发生的康待宾、康顺子之乱，仆固怀恩之乱，河朔三镇的动向，五代沙陀王朝和辽帝国的建国这一系列的历史动向，会发现这些行为的背后都是中央欧亚势力，所以应该把凭借中央欧亚势力而发起的“安史之乱”定位为“过早的征服王朝”，且作为欧亚史的分水岭给予新的评价③。森安孝夫所说的“中央欧亚势力”是指出身中央欧亚地区的突厥系、蒙古系游牧民族以及伊朗系统的粟特人，还有他们的混血种构成的游牧、军事、商业集团。“征服王朝”指北方的游牧民族以草原为根据地征服南方的农耕世界而建立的国家，近年将其称为“中央欧亚型国家”。征服王朝（中央欧亚型国家）出现的历史时段虽然是在10世纪左右，但安史势力已经具备了征服王朝的条件：游牧民的军事力量和因丝绸之路贸易带来的经济力量。由于其未能整合其他中央欧亚的势力，导致这场叛乱终以失败告终。此后，农牧接壤地带的中央欧亚型国家沙陀王朝以及辽、西夏王朝相继出现，最终在13世纪出现的蒙古帝国成为征服王朝的成熟体。也就是说安史之乱是10世纪这样一个“中央欧亚型国家”优势时代的先驱。随着支撑征服王朝出现的粟特系突厥和农牧接壤地带相关研究的深化，使得把唐代后期到五代的历史变迁放到欧亚史的语境中进行考察成为可能④。

关于武人化的粟特人的研究，除了粟特系突厥人的研究，山下将司在唐王朝以前

① 森部豊.ソグド人の東方活動と東ユーラシア世界の展開；同 八世紀半ば～十世紀の北中国政治史とソグド人.ソグド人と東ユーラシアの文化交渉.東京：勉诚出版社，2014：174–197.

② 关于沙陀，西村阳子在以下论文中进行过详细考证：唐末五代の代北における沙陀集団の内部構造と代北水運使［J］.内陸アジア史研究，2008（23）：1–24；同 唐末『支謨墓誌銘』と沙陀の動向—九世紀の代北区域—.史学雑誌，2009，118（4）：1–38；同 九一一〇世紀の沙陀突厥の活動と唐王朝.歴史評論.2010（720）：61–75.

③ 森安孝夫.シルクロードと唐帝国.東京：講談社，2007：305–310；同 東西ウィグルと中央ユーラシア［M］.名古屋：名古屋大学出版会，2015：407–435，2–48.

④ 粟特研究以外农牧接壤地带的相关研究也被引用，详见斋藤茂雄、铃木宏节、西村阳子、村井恭子等的研究成果。

移住中国并形成聚落的粟特人的研究方面很有建树①。石见清裕指出，北朝末年至唐初，粟特人聚落存在府兵制的军府，由粟特人自己统领，这些粟特军团参与了唐王朝的军事行动并做出了贡献。在五胡十六国动乱时期的华北地区，粟特人为了寻找生存空间而不断移动，他们作为军人参与了华北政权的交替，并不断与其他民族摩擦冲突，唐朝就是在这样的浪潮中建立起来的②。山下将司指出，在唐朝建立后将粟特聚落纳入了百姓即唐朝的统治序列之中，随着聚落自治消失，粟特人军府和军团也解散了。

由此，根据山下氏的研究，在以往“粟特人＝商人”认识的基础上，武人化的粟特人在北朝向唐朝的转变以及唐朝向五代转变的历史浪潮中发挥了重要作用。关于武人化的粟特人研究在不断深化，福岛惠认为，在上述的武人化的粟特人中，还有西域的伊吾（今哈密市）的移民聚落出身的粟特武人③，同时，安史势力之中不仅有粟特系突厥人，还可能包含移民聚落出身的粟特人④。福岛还指出，受 8 世纪中后期唐朝政局变动的影响，凉州粟特人聚落出身的粟特人不再能够离开聚落进行大规模的贸易活动，一些武将则由皇帝赐姓继续供职于唐朝，但粟特人同伴之间还是维持着紧密的联系⑤。

福岛惠通过对粟特人墓志进行收集、分析，总结了中国粟特人的特征（出生年份、籍贯、祖先的记载、墓主的官位和人名等），以此为基础将在华粟特人以 650 年为界进行了分类。650 年以前出生的称为“前期粟特人”，即在中国从事商业贸易、生活在移民聚落中的人，或者他们的后裔；650 年以后出生的称为“后期粟特人”，主要以粟特系突厥为主，还包括从索格狄亚那本土直接来唐的质子、使者等人的后裔，也有前期粟特人的后裔，其组成呈多样性的特征⑥。

以上，福岛惠通过对粟特人墓志的分析，考察了在中国的粟特武人活动的实际情况以及与唐王朝的关系，或者说从欧亚史这样一个更宏大的角度重新审视了粟特人活动的意义。但同时，由于对墓志的分析会有更偏向于某种程度上具有一定社会地位的粟特

① 详见山下将司. 新出史料より見た北朝末· 唐初間ソグド人の存在形態一固原出土史氏墓誌を中心に［J］. 唐代史研究，2004（7）：60–77；同 隋 · 唐初の河西ソグド人軍団一天理図書館蔵『文館詩林』『安修仁墓碑銘』残巻をめぐって . 東方学，2005（110）：65–78；同 唐の太原挙兵と山西ソグド軍府一『唐 · 曹怡墓誌を手がかりに』［J］. 東洋学報，2012，93（4）：31–59；同 北朝末～唐初におけるソグド人軍府と軍団（ソグド人と東ユーラシアの文化交渉）. アジア遊学，2014（175）：161–173；石見清裕 . ソグド人墓誌研究 . 東京：汲古書院，2016.

② 石見清裕 . ソグド人墓誌研究 . 東京：汲古書院，2016：394.

③ 福島恵. 唐の中央アジア進出とソグド系武人:『史多墓誌』を中心に//東部ユーラシアのソグド人一ソグド人漢文墓誌の研究一 . 第 2 部第 3 章：164–189.

④ 详见福島恵. 青海シルクロードのソグド人一『康令惲墓誌』に見る鄯州西平の康氏一族一//東部ユーラシアのソグド人一ソグド人漢文墓誌の研究一 . 第 2 部第 4 章：190–219；本页注③。针对福岛惠以上两篇文章的结论，齋藤達也 . 書評：福島恵『東部ユーラシアのソグド人一ソグド人漢文墓誌の研究一』. 唐代史研究，2018（21）：168–169、森部豊 . 書評：福島恵『東部ユーラシアのソグド人一ソグド人漢文墓誌の研究一』. 内陸アジア史研究，2018（33）：123–124，对其观点提出了异议，请综合详见。

⑤ 福島恵. 唐後半期における賜姓ソグド人一涼州武威安氏と賜姓一 . 東洋史研究，2018，76（4）：101–140.

⑥ 福島恵. ソグド人墓誌の時代層 // 東部ユーラシアのソグド人一ソグド人漢文墓誌の研究一 . 第 1 部第 2 章：63–103 以及第 2 部小结：220–222.

人，而逝后没有墓志的人也有很多，因此依据墓志来推断的粟特人情况不一定是唐内地粟特人的整体情况[①]。虽然史料有限，我们仍然期待以新的视角对粟特人群体像进行探索并使之更加清晰地呈现在世人眼前。

三、唐代中国粟特人的宗教

粟特人信仰的是伊朗民族固有的宗教——琐罗亚斯德教，在中国将其称为“祆教”，在长安、洛阳等城市都立有祆教的宗教活动中心——祆祠，也就是说来华的粟特人继续着他们的祆教信仰。同时，粟特人似乎对其他宗教也很宽容，目前已确认来华粟特人中还有景教、摩尼教、佛教信徒，在索格狄亚那本土也有基督教和摩尼教信仰存在[②]。关于来华粟特人信仰的史料种类非常多，使得探索其实际情况变得困难，但研究者们仍然十分关注这一问题[③]。

1. 祆教、景教、摩尼教

关于来华粟特人祆教信仰的文字史料虽然不多，但是随着中国粟特人墓葬的相继发掘，考古、美术史方面的研究都取得了进展，通过与出土文物的对照，也可以一定程度上了解他们的宗教信仰。影山悦子是致力于这方面研究的专家，她对索格狄亚那本土与来华粟特人的墓葬进行了对比分析，并由此考察了粟特人的宗教观[④]。关于唐代祆祠的实际情况，影山利用粟特片吉肯特遗址的考古资料、汉文史料，以及中国出土粟特人葬具上的浮雕进行了分析[⑤]。

在来华粟特人的众多宗教信仰中，景教近年来颇受注目。唐代长安虽然立有著名的“大秦景教流行中国碑”，但是几乎不见上面记有关于粟特人景教徒的内容。近年，从粟特人墓志中确认了一些与景教徒相关的内容，此外在洛阳还发现了模仿佛教经幢的景教经幢，由此断定粟特人中有景教徒的存在[⑥]。通过这些墓志和经幢，我们可以判

① 详见本页注②齐藤达也的研究．書評：福島惠『東部ユーラシアのソグド人—ソグド人漢文墓誌の研究—』：171–172.

② 吉田豊．ソグド人とソグドの歴史．ソグド人の美術と言語．東京：臨川書店，2011：42–47.

③ 2015年召开的“唐代史研究会夏季研讨会”“宗教与社会”特集中，6名报告人中的4人是与祆教・景教・摩尼教相关的内容，也包括与粟特人相关的内容，这些文章刊登在《唐代史研究》2016年第19期（影山悦子．唐代の祆祠）：3–21页；吉田豊．唐代におけるマニ教信仰—新出の霞浦资料から見えてくること—：22–41页；福島惠．唐代における景教徒墓誌—新出『花献墓誌』を中心に：42–76；岩本篤志．敦煌景教文献と洛陽景教経幢—唐代景教研究と問題点の整理—：77–97.

④ 影山悦子．ソグド人の墓と葬具．ソグド人と東ユーラシアの文化交渉．東京：勉诚出版社，2014：61–86.

⑤ 参见影山悦子．唐代の祆祠．唐代史研究，2016（19）：3–21.

⑥ 福島惠．唐代における景教徒墓誌//東部ユーラシアのソグド人—ソグド人漢文墓誌の研究—．第3部第2章：260–303，这篇文章整理了唐代景教相关的汉文墓志，其中列举了“花献墓志”这样的花剌子模出身的景教徒墓志。

断出粟特人景教徒在长安和洛阳的居住地，还可以窥见景教徒与佛教徒之间的交流。除了这些石刻资料外，吉田丰结合吐鲁番文书进行分析，得出了存在从陆路来到中国的粟特人景教徒的结论①。但是在现阶段，唐朝的景教教团信仰活动、唐朝方面的管理政策以及与唐朝境内信仰其他宗教的粟特人关系等都是未知的，这些都成为我们今后的研究课题。

关于摩尼教的研究，日本发现的中国江南制的摩尼教绘画备受关注。研究成果之一的『中国江南マニ教絵画研究』(《中国江南摩尼教绘画研究》)（临川书店，2015，吉田丰、古川摄一编）不仅解释了这些画，还解说了摩尼教向东方传播的过程。摩尼教7世纪末传入唐朝，由于玄宗开元年间对外国人传教的管控，因此在那个时候并未成为一股宗教势力。但在唐朝北边的蒙古高原上游牧帝国——东回鹘帝国却将其作为国教，信徒数量大幅增加，与摩尼教密切相关的粟特商人的存在是推动这一现象的历史背景。回鹘意图借与粟特摩尼教徒的联合进而控制丝绸之路贸易②。

唐后期摩尼教在中国的传播是与东回鹘帝国和粟特摩尼教徒的动向联系在一起的。在回鹘助唐平定安史之乱的背景下，唐内地开始允许设置摩尼教寺院，以寺院为据点开展宗教、经济活动，在其中发挥重要作用的是粟特摩尼教徒。摩尼教在会昌毁佛时虽然再次被禁止，但逃到福建的摩尼教徒后期发展了摩尼教。综上所述，唐朝时祆教、景教、摩尼教都是跟粟特人有所关联的，提及外来宗教的传播必须要关注到粟特人的动向。

2. 佛教

索格狄亚那本土似乎是没有佛教信仰的，粟特人的改宗佛教发生在进入佛教圈和中国文化圈以后，大约在7世纪③。但是，他们在信仰佛教的同时依然信仰祆教，所以他们的信仰是不能明确区分的④。

吉田丰通过对粟特语佛典的解读和分析，发现它们之中可确定原典的都是由汉语佛典翻译过来的，可见在中国的粟特佛教徒依存于中国佛教，并且这些佛典的翻译者很可能就是粟特僧侣⑤。而这些粟特语佛典的存在也说明中国是有相当数量的粟特佛教信徒

① 吉田豊.中国、トルファンおよびソグティアナのソグド人景教徒.大谷探検隊収集西域胡語文献論叢（龍谷大学西域研究叢書6），2017（6）：155–180.

② 森安孝夫.シルクロードと唐帝国.東京：講談社，2007：283–284.

③ 吉田豊.ソグド人とソグドの歴史：44；同 漢語仏典と中央アジアの諸言語·文字一中世イラン語、特にソグド語の場合.新川登亀男.仏教文明の転回と表現.東京：勉誠出版，2015：34–37.

④ 荒川正晴.インド·イラン起源の諸宗教と中国.歴史と地理：世界史の研究，2013（235）：1–13.

⑤ 吉田豊.ソグド語仏典解説.内陸アジア言語の研究，1992（7）：95–119；同 ソグド語資料から見たソグド人の活動：238–243；同 ソグド人とソグドの歴史：44；同 漢語仏典と中央アジアの諸言語·文字一中世イラン語、特にソグド語の場合：33–34.

和僧侣存在的。

粟特语佛典的翻译、书写等是需要经济支持的，那么所需的人力和财力规模如何，粟特同伴之间社会网络是什么样子，吉田丰提出的这个问题十分重要[①]。虽然我们知道在汉籍史料中留名的粟特系、巴克特里亚系僧侣法藏、惠范、不空、般若等都与唐朝宫廷紧密联系，在宫廷庇护下掌控大的寺院并开展佛教活动[②]，但是他们以外的在家、出家粟特佛教徒背后的广泛的佛教网络的实际状况，以及支持他们活动的具体援助者都是未知的。而与在华粟特人佛教活动（如佛典翻译等）相关的粟特人群、经济支援者的实情解析是研究唐朝粟特人活动时不容忽视的问题。这个问题如何探索是唐代粟特人研究深化的关键一步。

结语

粟特人虽然在经济、军事、宗教等方面活跃一时，但 9 世纪后欧亚大陆的舞台从农牧接壤地带的都市网开始转向沿海地区的都市网，同时欧亚大陆商业网络的主角也从粟特人转向了伊斯兰商人[③]。虽然这时海上贸易的比重变大是事实，但是粟特商人也并没有立刻消失，或者说陆上的东西贸易也没有衰退。根据森安孝夫的研究，索格狄亚那本土在 8 世纪中期开始伊斯兰化，虽然粟特人因此失去了宗教、文化的独立性，但是粟特商人的活动还是继续存在的。在蒙古高原兴起的东回鹘帝国，支撑其经济活动的不是游牧民的回鹘人，而是粟特商人，在东回鹘帝国灭亡之后，甘州回鹘和西州回鹘建国后活跃的回鹘商人其实质仍然是粟特商人，也就是说他们是“粟特系回鹘商人”，即融入了回鹘之中的粟特人，直至唐朝粟特人建立的贸易网络被回鹘商人所继承，接着迎来了 13 世纪的蒙古帝国时代[④]。到了蒙古帝国时代，回鹘商人仍具有重要意义，而作为其起源的粟特人，跨越时代、地域，在整个欧亚史中占据了重要地位。

综上，粟特人是不能放在一个国家、地域或者说王朝史框架中来捕捉的，应该放在

---

① 吉田豊.漢語仏典と中央アジアの諸言語· 文字ー中世イラン語、特にソグド語の場合.仏教文明の転回と表現文字· 言語· 造形と思想：44.

② 中田美絵.不空の長安仏教界台頭とソグド人.東洋学報，2007，89（3）：33–65；同 八世紀後半における中央ユーラシアの動向と長安仏教界ー徳宗期『大乗理趣六波羅蜜多経』翻訳参加者の分析よりー.東西学術研究所紀要，2011（44）：153–189；同 唐代中国におけるソグド人の仏教『改宗』をめぐって.東洋史研究，2016，75（3）：34–70.

③ 妹尾达彦.グローバル· ヒストリー.東京：中央大学出版部，2018：125–129.

④ 森安孝夫.シルクロードと唐帝国.東京：講談社，2007：355–357；同 シルクロードのウィグル商人ーソグド商人とオルトく商人のあいだ.東西ウィグルと中央ユーラシア.名古屋：名古屋大学出版会，2015：407–435；松井太.ソグドからウィグルへ.ソグド人と東ユーラシアの文化交渉.東京：勉诚出版社，2014：261–275.

世界史的语境中进行研究。在欧亚大陆中大范围移动的粟特人[①]，带来了多种多样的情报、文化、宗教、价值观，对唐朝产生了多方面的影响。由此，若通过粟特人的历史来看中国史，将其置于与外部的联系之中时，中国史也变得相对化起来。粟特研究残留的问题还有很多，在世界史之中粟特人相关的历史现象如何定位就是一个重要的问题。目前，粟特人的历史、语言、美术也成了全世界关注的领域，但是，日本学界的很多研究成果尚未被国外学界所采用，尤其是欧美学界[②]。为了使粟特研究在国际范围内更加活跃，在研究成果国际共享的基础上进行学术探讨是十分必要的。我们希望日语著作能够更广泛地被阅读，同时日本学者也有义务积极向海外传达我们的研究成果。

① 虽然本文没有论及，但是粟特人的活动不仅限于陆上，东亚海域及南海方面也有他们的活动足迹（详见东野治之．法隆寺献納宝物 香木の銘文と古代の香料貿易—とくにパフラヴィー文字の刻銘とソグド文字の焼印をめぐって—．MUSEUM．1987（433）：4–18；家島彦一法隆寺伝来の刻銘入り香木をめぐる問題—沈香・白檀の産地と7・8世紀のインド洋貿易—．アジア・アフリカ言語文化研究，1989（37）：123–141；福島恵．東アジア海を渡る唐代のソグド人//東部ユーラシアのソグド人—ソグド人漢文墓誌の研究—．第3部第3章：304–319）。粟特人的贸易活动在海域世界涉入程度如何是饶有趣味的课题，日后待解。

② 森安孝夫．日本におけるシルクロード上のソグド人研究の回顧と近年の動向．ソグドからウイグルへ—シルクロード東部の民族と文化の交流—．東京：汲古書院，2011：6–8.

日本长崎华侨社会的妈祖信仰研究

北京第二外国语学院　詹桂香[①]　王　芳[②]

［摘要］中国的妈祖信仰在14世纪陆续传入日本，并在日本落地生根。妈祖信仰在日本的传播和发展与在日华侨的影响密不可分，尤其是在与中国文化有着历史渊源的长崎地区，华侨团体的活动更是对妈祖信仰的传播起到了积极的推动作用，成为凝聚华侨社会、增强侨民向心力的重要助力剂。妈祖信仰在长崎华侨社会中不仅仅是一种宗教信仰，而且作为一种文化现象发挥着诸多重要的社会功能：协调华侨社会内部成员之间、群体之间的相互关系；推动中国文化在日本的传播和发展；以妈祖宗教活动为桥梁，建构起在日华侨与祖国的联系，并以此促进中日两国的民间文化交流；随着近年来旅游业的大发展，妈祖信仰作为宗教观光资源被开发和利用，对长崎地区的经济振兴和发展发挥着积极的推动作用。

［关键词］宗教信仰，文化现象，社会功能

引言

妈祖信仰起源于中国宋代福建省的民间信仰，经过长期的发展，现在已经遍布世界各地。中国华侨自明代开始就陆续离开大陆走向亚洲各地，并扎根当地继续营生，身心继承的祖国文化成为他们与故国维系的一种纽带。对于他们妈祖信仰不仅仅是一种宗教信仰，更是身为中国人的标记和象征中国文化的符号。

朱天顺在他的研究中将民间信仰定义为不同于传统制度化宗教的一种民间宗教。其作用在于“信仰的目的不是求得来世幸福或死后进入天堂，而是为了谋求现世利益，

① 詹桂香：北京第二外国语学院日语学院副教授，研究领域为日本社会与文化（民俗学）、跨文化教育。
② 王芳：北京第二外国语学院日语学院硕士毕业生，研究领域为日本社会与文化。

因此是一种入世的、功利主义的宗教"[①]。李天赐认为中国福建的民间信仰在华侨社会中具有联络乡侨共同奋斗、密切华侨华人与祖籍国的联系、在当地社会产生一定影响的作用。

本文欲用爱弥尔·涂尔干的宗教社会学相关的理论，对日本长崎华侨社会中的妈祖信仰的社会功能进行研究。涂尔干在著作《宗教生活的基本形式》中，对原始社会中的图腾祭祀进行了研究，明确了宗教的起源、定义、本质及其在传统社会中所起到的功能。涂尔干通过宗教仪式研究了宗教的调整社会关系的功能。在本研究中，欲以长崎华侨社会举行的妈祖祭祀活动为中心，沿着华侨社会的发展历史对妈祖祭祀活动的变化进行研究。

一、妈祖信仰在中日两国的发展

妈祖本是起源于中国宋代福建省的海上平安保护神。随着华侨的外传，妈祖信徒已遍布世界各地。关于妈祖的传说，说法不一。流传最广的是妈祖本是福建省莆田市湄洲岛的一位渔家女，出生后三日不啼，故名默娘。默娘自幼聪颖好学，精通医术，治病救人。曾得到仙人指点学得巫术，能观天象，卜风险。默娘 28 岁时在一次海难救助中不幸遇难。后人为了纪念她，同时也希望可以继续得到她的庇佑，遂建祠堂日夜供奉。

时至宋朝，统治者为了政治统治的需要，开始大力册封妈祖，此风长盛不衰，据历史统计：南宋 14 次，元朝 5 次，明朝 2 次，清朝甚至多达 16 次，受到的国家封赐就达 36 次。妈祖的神名也由最初"夫人""天妃""天后" 2 字变为 64 字（"护国庇民妙灵昭应弘仁普济福佑群生诚感咸孚显神赞顺垂慈笃佑安澜利运泽覃海宇恬波宣惠导流衍庆靖洋锡祉恩周德溥卫漕保泰振武绥疆天后之神"），足见统治者对妈祖信仰的重视。妈祖信仰也因此得到广泛的传播和长足的发展，从福建沿海向外，北达山东、天津，南至广东、海南。明代时期随着中琉通交而传往日本各地，郑和七下西洋更是将妈祖信仰带到东南亚乃至非洲。如今，妈祖庙宇遍布世界各地，数量多达 5000 余座，并拥有 2 亿信徒。而且我国于 2009 年 9 月 30 日以此成功申遗，"妈祖信俗"成为联合国教科文组织指定的世界非物质文化遗产，同时也成为中国第一个信俗类世界文化遗产。

妈祖信仰传播至日本也得到了长足的发展。明朝东传日本的妈祖信仰比较明显的特点就是与当地的信仰相互融合，落地生根并继续发展。在琉球地区，妈祖被称为"天妃"，古琉球既有上天妃宫和下天妃宫，只是后来逐渐破败，并最终消失不见踪影。这也表明妈祖信仰在琉球曾经兴盛一时。妈祖信仰传到琉球后跟当地的姊妹神信仰相互结

① 朱天顺．妈祖信仰应与当前社会相协调．海外学人论妈祖，1992：11.

合，妈祖被认为是姊妹神的变形，得以在当地流传发展。传到日本本土的妈祖信仰则跟日本传统宗教神道教相互结合得以发展。在日本茨城县，有一座天妃山，山上有天妃宫。据传此神社是1690年奉德川光圀之命所建。后来由于国粹主义的影响，这座神社里就开始供奉弟橘媛神，本来是供奉由中国传来的妈祖神像的神社变成了一座合祀的神社。

通过对比中日两国妈祖信仰的发展，我们可以发现：中国的妈祖信仰是起源于民间的一种原生性的文化现象；而日本的妈祖信仰则是具有一定创造性和开放性的文化现象。日本向来擅长吸取外来的优秀文化，但这种吸收并不是全盘照搬，而是有选择性地吸收。选取一些利于本国文化发展的部分，再与本国的风土相结合使外来文化融入本土文化是日本文化发展的一个特性。东传到日本的妈祖信仰就是具有这种特点的文化现象，然而在日本还有一个比较特殊的妈祖文化传播形式，那就是在长崎华侨社会中传播发展的妈祖信仰。

二、长崎华侨社会的妈祖信仰演变

日本三大著名中华街分别是长崎新地中华街、横滨中华街、神户南京街。其中长崎跟中国交流历史最为悠久。华侨在描述以上三大中华街所在城市与中国的关系时说“长崎是亲戚关系，神户是友人关系，而横滨至今也只是邻居的关系”[①]。这句话形象地道出了在这三个华侨城里的华侨与当地日本居民的关系。长崎是日本锁国时期唯一的对外开放港口，而在锁国时期，能够进出日本港口的也只有中国商人和荷兰商人。当时的中国人被称作“唐人”，中国商人被称为“唐商”，中国船只被称为“唐船”。

明末少量中国人海外移居的动机大概有以下三类：受封建统治者迫害、因灾害贫穷而避难、追求经济利益外出经商。来到长崎的唐人也大多如此。明末的战乱导致民不聊生、百姓生活困顿，因此有许多人到日本寻求生路。一些人辗转来到长崎并在此定居，最终加入日本国籍归化成为日本人，被后人称为“在住唐人”。“在住唐人”与前往长崎经商并在长崎停留几月乃至半年的贸易商及船员共同构成了早期的长崎华侨社会。

商人是早期长崎华侨的主力，其中以福建籍的人员居多，他们也是妈祖信仰在长崎的主要传播源。由于当时航海技术有限，远渡重洋前往日本的船员都是冒着生命危险在行船。在出发前船员都会去妈祖庙祭拜，祈求旅途平安。同时也会将妈祖像请上船，设祭坛供奉神像，还命专人日夜朝拜妈祖像，以求顺利到达目的地。安全到达长崎口岸的

① 王維．日本華僑における伝統の再編とエスニシティ—祭祀と芸能を中心に．東京：風響社，2001：313.

时候会将船上的妈祖神像请到自己居住的驿馆，日夜烧香跪拜。

江户时代在长崎的唐人众多，跟当地日本人交往甚密。唐人不仅给当地带来经济效益，同时也在无形中传播着中国文化。早期的唐人虽说是杂居于“在住唐人”经营的驿馆，但他们都有各自的归属。华侨来到异国他乡多会以方言圈为中心形成以血缘和地缘关系为纽带的团体组织——帮。长崎有三个帮，分别是福州帮、泉漳帮和三江帮。福州帮主要由福州地方的唐人组合而成；泉漳帮则是由福建省的泉州和漳州两地的唐人组合而成；而三江帮则主要由江南、江西、浙江，有时甚至包括华中和华北地区的唐人组成。在当时华侨社会中以这三个帮派的实力较强，其中福建籍的势力最强。不同的帮派为了祭祀妈祖，各自建立了依附于本帮的寺庙。关于为何要建寺庙祭妈祖的原因，内田直作（1949）认为是因江户幕府的禁教令而起。当时幕府严禁基督教在日本传播，凡是跟基督教有关的人员都要受到惩罚，而唐人船上供奉的妈祖像是女神像，有被误认成基督教圣母玛利亚的嫌疑，唐商担心会因此引来日本幕府的不满而影响正常的商业贸易往来，于是主动向幕府申请建寺庙主祭佛像，旁祭从中国带来的妈祖等民间神像，以此表明自己的宗教信仰身份是佛教徒而非基督教徒，以求摆脱政治管制，避免受到迫害。

各帮派由实力船主出资，聘请同乡志士担任住持建佛教寺庙以供奉妈祖和关帝等民间神。1623 年三江帮由南京船主出资，江西籍的唐僧真元担任住持兴建兴福寺，由于檀家中南京籍人员较多，该寺又被称为“南京寺”。1632 年由僧人默子如定建妈祖堂，供奉天后圣母和千里眼、顺风耳。1628 年泉州籍僧人觉悔将祭祀妈祖的小庵扩建为“福济寺”，因为实力檀家为漳州籍“在住唐人”，该寺又名“漳州寺”。寺中设有祭祀天后圣母的青莲堂。1629 年福州籍“在住唐人”集资兴建崇福寺，超然为住持，设有妈祖堂，该寺又被称为“福州寺”。以上由三个帮派各自兴建的三个寺庙合称“唐三寺”。寺庙在祭祀佛祖的同时也日夜祭拜中国民间信仰神妈祖。唐三寺在当时华侨社会中发挥着巨大的作用。对于华侨团体来说，这三个寺庙不仅仅是祭祀团体，同时也是早期华侨共商大事的自治团体。

虽然都是在佛寺里供奉妈祖，但是华侨各团体却依据血缘和地缘的关系兴建归属于自己帮派的寺庙，并分别进行祭祀活动。由此可见，早期的长崎华侨社会各帮派关系对立比较明显，相互之间缺乏互动和交流，相对分散不利于团结协作。

1. 唐寺里的妈祖祭祀

早期唐寺里的妈祖祭祀主要有两种类型。一是祭祀妈祖诞辰的妈祖祭，二是“菩薩揚げ”（从商船上恭请妈祖像上岸入寺）。

妈祖祭是指在妈祖诞辰日 3 月 23 日举行的祭祀活动。当日，各帮成员齐聚到各自的寺庙，先进行祭祀活动，然后大摆宴席，宴席之间还有中国式的表演节目，象征与神同乐、人神共娱。帮派之间形成竞争，有的帮派甚至会在妈祖祭之际，特意从中国请来著名的歌舞艺人前来日本表演。

“菩薩揚げ”则是长崎华侨迫于日本幕府对宗教压制的政治环境下而独创的一种新式的祭祀仪式。1689 年幕府为了整顿长崎市民的风纪，遏制私下黑市贸易的横行，以及严禁基督教的传播而兴建唐人馆，将原本散居于长崎市内的短期在日唐人都驱赶至此，并委派专门的官员管理唐人，同时严禁唐人自由外出唐人馆。唐商为证明自己供奉的神像不是基督教神像，大凡有唐船到达长崎港口下船之际都会敲锣打鼓将妈祖像从商船上恭请上岸，随后声势浩大地送往唐寺，安顿好神像等祭祀程序结束后，也会跟妈祖祭一样开办宴席。

江户末年，日本幕府对海外贸易进行严格控制和限定，前来长崎的华人贸易商日渐减少，原本在长崎各帮派的寺庙内举行的妈祖祭祀也由于人员的骤减而不能正常举行。于是众意之下由各帮派轮流举办妈祖祭祀活动。妈祖祭由一年一次每年 3 月举办改为每年三次由三帮轮流于 3 月、7 月、9 月举办；“菩薩揚げ”也转为三帮轮流举行。这一时期，各帮之间因为举办妈祖祭和“菩薩揚げ”等妈祖相关的祭祀活动，逐渐开始加强联系，帮派之间的交往开始密切，与此同时“在住唐人”和短期来日的唐商之间的交流也得到了积极的推进。

2. 会所时期的妈祖信仰

1858 年日本安政开国以后迎来自由贸易时代，开放长崎在内的五大港口，长崎作为曾经唯一对外开放港口的优势逐渐减弱。来日的中国人也不同于江户时期只从事海上贸易，他们多为商人和手工业者，从事服装业、厨师行业以及理发业等行业，而且分散前往各个开放港口。这样一来以长崎为主要据点的福建华侨人数也迅速缩减，但与此同时广州籍的来日华侨人数却在逐渐增多。

与福建帮为主的唐寺时期不同，此时的长崎华侨各帮之间在共同商议大事或举行盛大活动时，则是在经济共同体会所进行。其中，广东帮建立“广东会所”、三江帮建立“三江会所”、福州帮建立“三山公所”、泉漳帮建立“福建会馆”。各帮在会所共商经济事宜的同时，还在此进行祭祀活动。妈祖祭祀也由原来单纯在唐寺举办改为会所和唐寺共同举办。

此时期的妈祖祭祀活动由原来的妈祖祭和“菩薩揚げ”两个程序简化为仅仅进行妈祖祭的一种形式，原因在于日本进入明治时期以后，已经不再对宗教进行严格管制，唐商自然也就无须通过“菩薩揚げ”仪式表明和宣扬自己非基督教信徒的身份。

3. 春节祭中的妈祖信仰

第二次世界大战中，长崎受到了巨大的破坏。福济寺毁于战火，同时由于华侨归国等原因，长崎的华侨人数锐减，妈祖祭祀活动接近荒废。直至1972年中日邦交正常化之后，中日两国之间广泛而密切的交流大大促进长崎妈祖活动的复兴。

当地华侨华人为庆祝中国传统春节而举办春节祭，妈祖巡礼作为长崎春节祭的重要一环隆重登场。妈祖巡礼活动旨在复兴江户时期“菩薩揚げ”的盛况，由长崎华侨和当地市民共同组成的150人的队伍浩浩荡荡地绕着孔子庙、新地中华街、兴福寺等极具中国特色的场所游行、展示。不仅如此，传统妈祖祭祀活动中的乐器表演以及文艺演出也都得到再现，尤其是舞狮、舞龙等极具中国特色的表演形式在整个春节祭中受到游客的青睐。

1994年，长崎市政府看中了春节祭的文化价值和巨大经济效益，开始与华侨华人合办，并将其更名为“长崎灯会”，专门成立执行委员会。此后灯会规模不断扩大，逐渐成为日本知名旅游品牌，极大促进了当地经济发展。灯会为期15天，从大年初一开始，至元宵节结束。活灵活现的玉兔、翩翩起舞的嫦娥、栩栩如生的八仙、展翅欲飞的凤凰、遨游太空的神龙……造型多变、生动活泼、神态各异的一盏盏灯笼，传递出浓浓的年味，让人忘了身处东瀛。灯会期间，中国杂技、民族舞蹈、武术、舞龙舞狮等春节传统项目将轮番登场，妈祖巡游就在其中，为当地民众和游客献上一道道中华文化大餐。灯会参观人数逐年递增，目前已经突破100万，为当地带来了丰厚的经济效益。如今，“长崎灯会”已成为日本规模最大、影响最广的灯会，是长崎市旅游产业的知名品牌。

三、妈祖信仰在长崎华侨社会中的文化特征和功能

1. 文化特征

妈祖信仰起源于中国，是在中国沿海地区形成的带有地方色彩的民间信仰。在中国起源发展起来的妈祖信仰具有原生性和创造性，而传到日本后的妈祖信仰已经不是纯粹的原生性信仰。日本自古就善于借鉴外来文化，从外来文化中汲取对本文化有利的文化元素并使之本土化。日本文化是继承性、摄取性的文化。当然妈祖信仰这一文化现象在日本的传播也深受日本文化特色的影响。传播到日本的妈祖信仰跟当地的神道教诸神相融合，妈祖甚至被称为“天妃神”被放置在神社里被民众祭祀，这是典型的日本文化吸收外来文化使之本土化的方式。然而，在长崎华侨社会中演变发展的妈祖信仰与在日本发展的妈祖信仰并不完全一致。它的信仰主体是住在长崎的华人，因此保留着浓厚的中国文化因素。但同时它又不同于中国大陆的原生性民间信仰，因为在长崎的发展演变过

程中，受到日本文化影响的程度也相当之大。所以，在长崎华侨社会中的妈祖信仰既不属于原生性的中国沿海地区的妈祖信仰，同时也不同于本土化的日本妈祖信仰。它是中日两国文化的结合物，兼具中国文化特点和日本文化要素。

在早期华侨社会中，唐人们以血缘关系和地缘关系结合成少数集团，这些少数集团的一个重要象征就是妈祖信仰，他们以妈祖的祭祀场所唐寺为宗教、经济活动中心。各个少数集团在封闭的集团内部进行交流活动，对外相对闭塞，甚至通过宗教祭祀的形式来排斥其他群体。华侨社会早期，广东帮被排斥在祭祀妈祖之外，不得已转而祭祀关帝就是一个典型的宗教信仰排他性的表现。但是，随着华侨间的相互交流和社会的进步，他们又逐渐开始交流。表现在宗教信仰上就是到了江户中后期，华侨人数逐年减少，原来以各个少数群体为中心进行的妈祖祭祀难以为继，各个群体只能联合一起轮流进行祭祀，可以说这是妈祖信仰包容性的一个体现。

2. 社会功能

（1）调整华侨社会的关系

宗教作为一种特殊的社会制度，既以观念和情感因素，也以其特有的组织与仪式等构成因素对社会整合产生积极的作用。但是，只是在相对简单的、同质的社会里，宗教有助于社会凝聚的功能才会非常明显地表现出来[①]。早期华侨初到长崎，在陌生的国家能够依靠的只有同乡亲族。在繁忙的商业活动之外，共同祭祀是加强同乡间纽带的一种重要形式。来到长崎的华侨大多是沿海地区的同乡，有着共同的信仰基础，通过共同的宗教仪式，相互间的关系得到进一步的确认和促进。在长崎华侨社会中，妈祖的祭祀仪式主要体现在信徒共同祭拜妈祖和祭祀后的宴会。

涂尔干指出，不管宗教仪典的重要性是多么小，它都能使群体诉诸行动，能使群体集合起来，举行仪式。宗教仪典的首要作用就是使个体聚集起来，加深个体之间的关系，使彼此更加亲密[②]。正如涂尔干所认为宗教信徒通过食物共享，不仅可以通过食物和神进行沟通与神结成亲属关系，而且会促进共同进餐者共同建立起人为的亲属关系。在长崎的华侨通过在唐寺举办的妈祖祭和“菩薩揚げ”而有机会跟亲族同乡齐聚一堂，相互交流，促进彼此间关系的进一步发展，祭拜之后的会餐也是促进群体间亲密关系发展的重要环节。

妈祖信仰不仅促进了个体与个体、个体与群体关系的发展，还在调整不同群体间关系上也发挥了重大作用。长崎华侨的三帮在祭祀妈祖活动中由最初的各自为政、互不相干到江户后期的三帮派轮流祭祀，甚至广东帮也被允许参加祭祀活动并且可以举行祭祀

① 孙尚扬．宗教社会学．北京：北京大学出版社，2001：87.

② 涂尔干．宗教生活的基本形式．渠东，汲喆，译．上海：上海人民出版社，1999：456.

活动的变化来看，通过妈祖祭祀这一宗教活动，华侨群体间的关系也得到调整，相互的联系和交流更加紧密。

（2）加深中日文化的交流

中国和长崎的交流由来已久，华侨对长崎文化的发展做出了极大的贡献。在华侨社会中传播的妈祖信仰也给长崎乃至日本的文化带去了巨大的影响。用于妈祖祭祀的音乐和表演不断被长崎文化所吸收，至今仍被广泛使用、大放异彩。在唐寺举办妈祖祭祀时，由唐人或者是从中国邀请的艺人演奏音乐和表演，这些表演元素被现在的“明清乐”所吸收，丰富了日本音乐的内涵，大大促进了日本音乐的发展。另外，祭祀的时候还会举行中国传统舞龙、舞狮等表演，这一娱乐形式被现今的长崎春节祭所吸收，并成为春节祭上的压轴大戏，吸引了众多游客前来观看。举行“菩薩揚げ”时的祭祀道具也被日本文化消化并保留。“菩薩揚げ”的祭祀仪式得以在诹访神事中再现，本篭町的舞龙、大黑町的唐人船以及东滨町的龙船等中都保留有“菩薩揚げ”祭祀时的直库[①]挥舞。

近年来中日两国更是通过妈祖文化的相互交流来推动友好关系的发展。2006年福建省的湄洲妈祖庙访日团应长崎县知事的邀请参拜长崎兴福寺的妈祖堂。2014年5月长崎市民会的鬼永武会长带领日本团队访问湄洲妈祖祖庙。

（3）推进日本佛教的发展

早期华侨为了祭祀妈祖而在长崎兴建了唐寺，还特意从中国请来高僧住持唐寺的日常祭祀活动。唐僧在长崎兴建气派的唐风寺院、在寺庙里放置富有艺术性的佛像，并且举行具有中国传统特色的祭祀仪式等，僧人以长崎为踏板进入日本本土，为日本人民传播妈祖信仰和佛法教义，为佛教在日本的推广和发展做出积极贡献。

隐元和尚在1654年来到长崎，作为兴福寺的住持在日本传播黄檗宗，之后在宇治兴建万福寺，成为日本黄檗宗的开宗之祖。黄檗宗现在已经发展为日本三大禅宗之一，在日本佛教界有着巨大的影响力。还有一位心越和尚，在1681年来到兴福寺，带来关帝以及妈祖。他不仅从中国带来了妈祖像，同时还带来数册《天妃经》。后期随着他前往水户发展，对妈祖信仰在日本的传播发展做出巨大贡献。心越在水户天德寺担任住持，建立寿昌派，将中国曹洞宗寿昌派的禅法传往日本佛教界。另外，他还在诗文、书画、篆刻、七弦琴等领域独树一帜，给日本艺术文化的发展带去中国色彩。

（4）促进华侨社会的文化认同

长崎早期华侨社会中，华侨的自我认同是以血缘和地缘为基础的“原初性爱着感”，这一时期不同华侨群体通过定期举办妈祖祭祀活动促使集团成员聚集，确认同乡关系并增强各自的联系。

① 直库：头上被包裹着红色棉布的细长木棒。

“二战”后中日两国建交后，两国关系发生了巨大变化。近年来随着中国国力的不断增强，华侨在居住国的社会地位得到提升，年轻华侨们也开始逐渐正视中国文化。对长崎华侨三代、四代来说，妈祖信仰的信仰色彩减淡，而它作为中国传统文化象征的色彩日渐浓厚，通过参加妈祖相关的活动，使年轻一代华侨认识了解中国文化，并促进了他们的文化认同感。现在在长崎由三山公帮的华侨在崇福寺举办的天上圣母祭不单纯是一种宗教活动，也是全日本福建籍华侨侨民的一次盛大集会，通过集会活动，不断加强侨民之间的凝聚力和认同感。另外，组织华侨团回到祖国福建湄洲妈祖祖庙进行参拜也是华侨寻求文化认同的一种表现。

（5）振兴长崎地方的经济

日本在“二战”后为了复兴经济打出了“观光立国”的口号，各地都积极开发本地的旅游资源，以此来促进经济的发展。长崎作为锁国时期唯一对外开放港口，始终保持着频繁的对外交流，城市中保留着大量具有异域特色的历史文化遗迹。值此之际与妈祖信仰相关的文化遗产再次受到关注，长崎地区华侨社会中的妈祖信仰也逐渐恢复生机。

妈祖巡礼就是为了地域振兴而举行的宗教文化活动之一。这一活动从孔子庙出发，经过一系列跟中国渊源深厚的场所，后以兴福寺为终结，游客不仅能够看到传统的祭祀形式，也能够沿途欣赏具有中国特色的文物古迹。

除了妈祖巡礼以外，长崎还通过举办与妈祖相关的文化活动宣传妈祖文化，同时吸引更多游客。1999 年妈祖祭时节，福建会馆举办了中国音乐鉴赏等活动。2007 年华人陈东华成立民间组织——日本妈祖文化交流协会，该协会的宗旨就是通过宣传妈祖、举办妈祖文化交流活动来吸引东亚、东南亚等地的游客，并以此带动长崎旅游产业的振兴、解决就业、谋求经济发展。

近年来长崎观光的游客逐年增加，尤其是春节祭举行时期游客更多。长崎市的统计数据显示，2013 年 2 月的春节祭迎来了 20 周年，这一年的春节祭为期 16 天，共迎接游客 101 万人次，创历史最高纪录。游客当中，亚洲人占七成。宗教文化作为旅游观光资源不仅可以获得经济效益，还能够推动宗教的普及与宣传，可以说长崎华侨社会的妈祖信仰又迎来一次新的高潮。

总结

长崎华侨社会的妈祖信仰在华侨社会的形成和发展过程中发挥着巨大的作用，同时也作为一个桥梁促进了中日文化的交流。妈祖信仰作为宗教信仰，在长崎华侨社会的形成中起到调整华侨们社会关系的作用，同时随着妈祖信仰在长崎的传播，与之相关的中国文化也随之传播到日本，并对日本文化产生了巨大影响。近些年长崎将妈祖信仰及与之相关的历史古迹作为旅游资源进行开发，不仅收到了良好的经济效益，也扩大了妈祖信仰的宣传。作为妈祖文化起源地的中国，可以借鉴长崎经验，积极开展以妈祖文化为中心的广泛交流活动，吸引海外华侨归国省亲，从而增强海外侨胞的归属感，促进和加强中国与海外的文化交流。

黄檗佛医在日本江户时代的传播轨迹

——从隐元隆琦到独立性易[①]

北京第二外国语学院　张　潇[②]

［摘要］日本江户时代前期，在幕府统治之下，日本社会进入了相对和平的状态，然而与此同时中国却正在经历明清两朝交替的动荡时代。由于战乱和对清朝不满等原因，大量明朝遗民以福建为出发地，通过中日贸易的海上渠道东渡到日本，他们带来的文化与技术对江户时代的日本文化产生了重要影响。在其中特别是以隐元隆琦和独立性易为首的黄檗宗的影响十分深刻，除宗教和哲学之外，在文学、音乐、建筑、茶文化和医学等方面也有着丰硕的传播成果。目前对于黄檗宗的研究主要集中于佛教思想、禅林文学、音乐和建筑等方面，关于黄檗佛医对日本医学影响的研究较为不足，缺少对黄檗佛医在日发展传播轨迹的纵向梳理。本文试图围绕黄檗佛医及隐元隆琦和独立性易，对黄檗文化为日本带来何种医学技术、黄檗弟子的医学传承关系和黄檗医学对日本医学的影响这三个问题进行纵向的梳理和考察。

［关键词］黄檗宗，隐元隆琦，独立性易，日本医学

一、黄檗佛医的源流与江户时代前期的医学

佛教起源于古印度，佛教本身重视医学，古代印度佛教僧人要学习的“五明”之一就是“医方明”，即医疗技术。[③]肖雨（2000）指出，佛教医学是佛祖释迦牟尼及其四

① 本文系北京第二外国语学院研究生科学研究项目“大流行病视阈下黄檗宗对日本江户医学的影响研究”（项目号：2022GS14YB59）的阶段性成果。

② 张潇：现为北京第二外国语学院日语学院2021级硕士研究生，日语语言文学专业，社会文化方向。

③ 许燕春，郑洪．人文中医．广州：羊城晚报出版社，2006：20.

众弟子们在修行成佛的价值取向下，与人类疾病长期斗争的经验总结，是在佛教的立场、观点、方法的指导下，融摄了印度的传统医学而成的一门具有独特理论体系和医疗方法的宗教医学。①

公元 2 世纪佛教传入中国，汉末以后，由于佛教和佛经的广泛传播，佛理的思想被僧医和通佛之医家应用于解释生理、病理和指导治疗的实践。中国佛教医学是佛教医药学与中国医药学相融合的医药学，即以佛教理论和中国传统医学理论为基础，以寺院传承的方药和诊疗经验为代表，并吸收古印度和西域医药技术的医学体系。②薛公忱在其主编的《儒道佛与中医药学》中指出，僧医群体有泛称和特称两个范围。泛称指所有信奉佛教思想的医家，无论出家僧人还是在家居士，抑或是仅在某种程度上接受佛教教义的普通百姓，只要其习医，概谓僧医。特称即专指出家僧人习医者。③

随着佛教传入日本，日本僧人在与中国的交流过程中，也将中国佛教医学引入了日本。作为中日佛教交流的先驱，鉴真和尚不但对佛法有着深入研究，而且具备医学知识，擅长中药的鉴别和炮制。自唐天宝元年（742）开始，鉴真和尚曾先后六次前往日本，对中日间佛教医学的交流起到了开拓性的作用。据《东征传》记载，鉴真东渡时携带了大量药物、香料，如沉香、甘松香、檀香、零陵香、青木香、胡椒、阿魏、蜂蜜、蔗糖等。④1654 年，福建万福山黄檗宗高僧隐元隆琦受到在日华人的邀请，率领僧人东渡日本，随后在京都创立了黄檗宗万福寺。黄檗僧人在传播禅宗的同时也推广了佛教医学，其中以痘科诊疗技术最为出色。因此，本文所研究的黄檗佛医属于泛称的僧医群体，是指以东渡日本的黄檗宗僧人及其传人为主体而进行医疗活动的群体，其医学源流的根本来自中国佛教医学。

在佛教医学传入之前，日本早已开始对医学进行研究。关于疫病的记录可追溯至上古时期，在《古事记》中有以下记载：

> 当此天皇（崇神天皇）在位的时候，疫病盛行，人民将要死尽。天皇很是愁叹，于是斋戒沐浴，求梦于神，大物主大神乃于梦中显现，说道："这疫病乃是我的意思。去找意富多多泥古来，给我祭祀，那么神的灾祟不起，国也可以平安了。"此后，崇神天皇下命制造祭祀用陶器，供奉于天神地祇之社，并规定了祭祀的制度，从此"疫气悉息，国家平安了"。⑤

① 肖雨．佛教医学概论．五台山研究，2000（1）：17–23.
② 苏换着．佛教对中医药的影响．中国佛学，2020（1）：57–71.
③ 薛公忱，主编．儒道佛与中医药学．北京：中国书店出版社，2002：598.
④ 许燕春，郑洪．人文中医．广州：羊城晚报出版社，2006：25.
⑤ 太安万侣．古事记．周作人，译．上海：上海人民出版社，2015：79.

本居宣长在《古事记传》中指出："疾病は神の祟りの他に、人の身に穢（え）気（げ）（けがれ）悪毒あるによりても、病のこれに乘じて起こることあり"，意思为疾病除了神的作祟之外，当人身上有秽气恶毒时也会趁机发作。由此可知，在上古时期，消除疫病紧密依赖于祭祀，人们对于疫病尚未形成清晰客观的认知。

公元6世纪，佛教从中国经朝鲜半岛传入日本，同时也带来了中国的医学典籍和医疗技术。公元562年，吴人智聪将《药书・明堂图》等带入日本，这是有关中医药文献传入日本的最早记载。[①] 此后，随着日本派出遣隋使、遣唐使与中国进行交流，日本模仿唐律的规定，在大宝律令中规定了以中国医籍为日本的医学教科书，在中务省中设置内药司，并对医者进行了明确的分类。进入平安时代后，除对中国的汉方和针灸进行模仿，日本医学也开始独立发展，出现了《金兰方》和《医心方》等独立编纂的医书。在镰仓时代，宋明的儒学思想和禅宗思想受到幕府的大力推崇，日本医学也受到了宋明医学的影响，并以佛教"四苦八苦"思想和阴阳五行说为基础，通过总结积累大量经验，发展出了汉方派的治疗体系。

进入江户时代，幕府设立了医师制度，设置专门服务于自家的"侍医团"。随着城下町和商业的发展，也出现了在城市中行医的私人性质的医者。经过长期发展，江户时代的日本医学已经出现了清晰的诊疗分科，对于诊疗手段也进行了新的探索，后藤艮山在原本来自中国的"望闻问切"手段之上，增加了"手足看法"和"候旨"。在汉方方面，江户时代崇尚复古的思想亦影响至医学界，以儒学家伊藤仁斋、荻生徂徕用实证方法研究张仲景《伤寒论》等中国古典文献为起始，日本医学中形成了重视方证相对诊疗体系的"古方派"。古方派重视中国古代医学典籍，以古文献研究法对其进行精读。[②] 在针灸方面，江户时代的针灸医者重视对中国医术古籍的重新思考，尤其是对《内经》《难经》《千金方》等著作中的针刺手段进行研究，并且将中国和日本的针灸技术进行结合与改进。[③]

相比此前的医学，江户时代的医学已经具有成熟的制度体系和理论体系，对于疾病和治疗手段有了更全面的认知，也在医学理论方面有了独立的探索。然而不可否认的是，江户时代的日本医学仍旧脱胎于中国医学，在发展过程中持续学习和模仿中国医学。此外，由于崇尚复古的思想和以古籍为核心的研究方法，日本医学对于中国的医学典籍和技术存在很大的需求，为黄檗佛医在此后的传播形成了前提条件。

① 王克勤，王孝莹．日本汉方医学发展的历史、现状与未来．国外医学（中医中药分册），1998（1）：3-13.
② 平马直树，王晓明．日本江户时代的古方派．中医药导报，2019（25）：1-2.
③ 肖永芝．日本江户时代的针灸医学成就与特色．中华医史杂志，1998（4）：3-7.

二、黄檗佛医与日本江户时代医学

隐元俗姓林，名隆琦，明万历二十年（1592）生于福建，明万历四十八年（1620）于福建福清黄檗山万福寺出家为僧，法名为隐元。隐元出家后潜心钻研佛法，他云游四方进行拜访参学，先后参谒于临济正宗法脉传人密云圆悟和费隐通容，并得到了二人的认可。最终于明崇祯九年（1636），隐元自费隐通融之处继承了临济正宗法脉，成为临济宗第三十二世传人。隐元住持福清黄檗山万福寺十七年，通过他的经营与建设，万福寺成了明末清初东南地区最有影响力的禅寺之一。在日本，16 世纪中叶，外来的基督教传教士对江户幕府政权造成了威胁，幕府因此对基督教进行了严厉打击。元和（1615—1623）至宽永（1624—1643）初期，江户幕府全面禁止了基督教，长崎也加强了对来航商舶的管制，查禁所有与基督教相关的物品。[①] 长崎华人此前信仰的妈祖也因此被波及，他们转而扶植唐寺发展，并积极向中国的高僧发出邀请，希望他们前来日本弘扬佛法。应长崎兴福寺住持逸然性融的邀请，隐元隆琦于清顺治十一年（1654）东渡日本，弘扬临济正宗佛法。

1654 年 6 月 21 日，隐元率弟子独言性闻、慧林性机、大眉性善、惟一道实、独吼性狮、独湛性莹、南源性派、雪机定然、古石性荣及良静等三十余人，搭乘由郑成功提供的船只前往日本[②]，并在长崎登陆后入住兴福寺。1654 年，日本僧人了翁道觉在兴福寺拜入隐元门下，并在隐元转移到普门寺后继续师从隐元。同年，擅长儒、释、道、医的渡日中国人戴笠拜入隐元门下，并在此后以黄檗宗僧人独立性易的身份活跃于医学领域之中。

借助于妙心寺龙溪宗潜等人的积极斡旋，德川家纲于 1658 年接见了隐元，他赏赐给隐元袈裟和黄金，并于次年同意隐元长期留日，允许其在京都建立禅寺。新寺于宽文元年（1661）八月建成，隐元将新寺命名为“黄檗山万福寺”，表达出他不忘故国、传承福清黄檗山万福寺法脉的志向。在建寺过程中，隐元的弟子了翁道觉做出了极其重要的贡献。他首先为建设万福寺寺塔而到各地请求善缘，此后于 1671 年在伊势安养寺门前设置施药馆、在泉涌寺门前设置施药所进行医疗活动，次年还参与了养育弃儿的工作，也为贫困饥民施舍食物。[③] 此外，了翁为筹集建寺资金还经营了一家医药作坊，这家作坊销售一种声称包治百病的药品，名叫“锦袋圆”，其灵感就来自中国的处方[④]，锦袋圆为含有薄荷的兴奋类药剂，专治溃烂脓疮之症。[⑤]

① 廖深基等 . 黄檗文化研究，北京：九州出版社，2020：87.
② 廖深基等 . 黄檗文化研究，北京：九州出版社，2020：95.
③ 天真院（萬福寺）（京都府宇治市）：https://kyotofukoh.jp/report1599.html，阅览日期：2022 年 8 月 17 日。
④ 吴疆，卢中阳，赵飒飒 . 黄檗僧东渡断绝考：十八世纪江户幕府的唐僧招请 . 汉语佛学评论，2017：196-235.
⑤ 天真院（萬福寺）（京都府宇治市）：https://kyotofukoh.jp/report1599.html，阅览日期：2022 年 8 月 17 日。

此后，隐元又招引他的法嗣木庵性瑫和即非如一二人前来日本。木庵于南明永历九年（1655）率慈岳等东渡长崎，入住永福寺；即非在南明永历十一年（1657）带领千呆、若一等数人抵长崎，住持崇福寺。[①]

在万福寺建成后，隐元一方面积极整顿寺中的清规戒律、对禅宗佛法进行推广，一方面在寺中设诊所，以中医针灸、中草药等为民众诊治，积极传播中医术。[②]此外，隐元在福清黄檗山万福寺时即秉持“万民平等、普度众生”的精神与“人饥己饥，人溺己溺”的慈悲胸怀，率领弟子广泛参与救济灾民事业。[③]东渡日本后，隐元在京都黄檗山万福寺亦设置了救济所，对饥民进行救济。以隐元为榜样，隐元弟子了翁道觉与师从于木庵的隐元法孙铁牛道机进行合作，二人在宇治大火后共同进行救济活动。[④]

在隐元东渡并建立万福寺的过程中，不断有中日两国的僧人加入黄檗宗，他们以隐元为中心，形成了与日本社会有深入交互的黄檗宗僧人群体。隐元对于日本黄檗宗和黄檗僧人群体的成立有着奠基性的作用，他所建立的万福寺成为黄檗文化的起始点，使得了翁道觉、铁牛道机和独立性易等僧人得以进一步弘扬黄檗佛医，并将黄檗法脉和黄檗佛医的诊疗技术传播至下一代继承人。

在黄檗佛医于日本传播途中，隐元弟子独立性易以其高超的医学造诣和众多医学弟子，在黄檗僧人中脱颖而出。独立性易，俗姓戴，名笠，字曼公，明万历二十三年（1595）生于杭州。戴笠博学多才，精于诗歌、书法、篆刻等方面，并且熟习医术。据俞雪如（1991）考证，虽然日本汉方学家松田邦夫认为戴笠的医学直接传承自明代名医龚廷贤，但根据张文（1987）所考内容，戴笠“天启一年（1621），家毁于火，乃从当时名医龚廷贤习医”，龚已于1619年过世，所以戴曼公只可能是龚的再传弟子，但其医术渊源于龚氏医学是无疑的。[⑤]龚廷贤出身医学世家，自身医术十分高明且著书众多，他所著的《万病回春》记载了众多汉方，是可供临床诊疗参考的医学典籍，此书由朝鲜传入日本，对日本江户时代汉方医学产生了重要影响。[⑥]戴笠继承了龚氏的医学之术，尤其是关于疫病的痘科部分，这为他东渡之后传播痘疹治疗技术打下了基础。

明末清初时期，痛心于明王朝覆灭，戴笠归隐于乡间，但最终无法忍受清朝统治与战乱动荡，选择以五十八岁的高龄东渡日本。在《独立禅师宝帖》中他自述道：

“耻以虏陷明庭，人心尽死，弃儒隐医，偕子与妻居乡者九载。其奈马蹄鼠尾，

① 廖深基．黄檗文化研究，北京：九州出版社，2020：102.
② 罗晃潮．创建日本佛教黄檗宗的侨日高僧隐元禅师．岭南文史，1993（4）：39–41.
③ 廖深基．黄檗文化研究，北京：九州出版社，2020：167.
④ 天真院（萬福寺）（京都府宇治市）：https://kyotofukoh.jp/report1599.html，阅览日期：2022年8月17日。
⑤ 俞雪如．医林状元龚廷贤与日本汉方医学．上海中医药杂志，1991（10）：32–35.
⑥ 俞雪如．医林状元龚廷贤与日本汉方医学．上海中医药杂志，1991（10）：32–35.

痛心惨目，暂时附舟至日本交易，以远视听。”①

1653 年，戴笠于长崎登陆日本，由于当时江户幕府仍旧保持锁国政策，长崎对于长期居留的外国人的监管十分严格，幸而戴笠凭借医术获得了长期居留的资格。由于年龄增长，戴笠深感自己身体衰弱，在漂泊生活中衣食皆不安定，因此为寻求生计而谋求出家为僧。②在《独立禅师宝帖》中，戴笠记录了自己皈依黄檗宗隐元门下的原因：“穷念发白身孤，计莫终老，幸遇黄檗隐元和尚东来，愿皈依为座下弟子，志参禅理，以毕终命。”③戴笠拜入隐元门下后，改法名为“独立性易”，从此在黄檗宗中修习佛法，同时重新开始书法、篆刻和医学的活动，其医术高明的名声日渐远传。

然而由于独立性易出身儒门并且是因生计而半路出家的僧人，独立在黄檗宗门人中遭受了排挤，因此他从 1659 年起返回长崎开始闭关生活。此后独立又转至周防岩国，所到之处必以行医治病为乐，因此不仅千里迢迢来求医问药的人众多，而且拜在他门下学习医术者亦不在少数。④作为岩国第三代领主的吉川广嘉自幼体弱多病，他听闻独立性易医术高超，于是派遣侍医佐伯玄东前往长崎，希望向独立询问如何治疗自己的疾病。1664 年，独立受吉川广嘉邀请前往岩国进行诊疗，并获得了广嘉极高的礼遇与评价，并收广嘉幕僚池田正直为医学弟子。在岩国为广嘉诊疗的经历使得独立作为黄檗佛医被各大藩主所认可，此后他还曾从小仓藩主小笠原忠真处获赠名为“白云庵”的庵室。⑤

在医学著作方面，独立性易东渡日本时，携带有《正面定位图》《面部四位八隅图》《面色顺逆图》《三十六面图》《唇舌症候图》《病唇十八品》《病舌三十六品》《五死舌图》等生理、病理图八种，以及《痘疹治术传》《妇人治痘传》《痘疹百死传》《痘疹键口诀方论》等医书⑥，其中以《痘疹键口诀方论》最为有名。独立在行医中不断整理总结自己的诊疗心得，他及他的弟子池田正直、再传弟子池田瑞仙等人整理出了多部医学著作，包括《戴曼公唇舌秘方》《戴曼公痘疹治术传》《痘疹百死形状传》等书，笔者将部分著作总结于表 1 中。

---

① 徐興慶.『儒、釈、道、医』を通じた日中文化交流—戴笠から独立性易へという流転の人生—. 十七世紀の東アジア文化交流—黄檗宗を中心に—. 台北：台湾大学出版中心，2018：148.

② 徐興慶.『儒、釈、道、医』を通じた日中文化交流—戴笠から独立性易へという流転の人生—. 十七世紀の東アジア文化交流—黄檗宗を中心に—. 台北：台湾大学出版中心，2018：153.

③ 徐興慶.『儒、釈、道、医』を通じた日中文化交流—戴笠から独立性易へという流転の人生—. 十七世紀の東アジア文化交流—黄檗宗を中心に—. 台北：台湾大学出版中心，2018：153.

④ 富士川游 . 日本医学史：決定版 . 東京：形成社，1974：472–475.

⑤ 徐興慶.『儒、釈、道、医』を通じた日中文化交流—戴笠から独立性易へという流転の人生—. 十七世紀の東アジア文化交流—黄檗宗を中心に—. 台北：台湾大学出版中心，2018：153.

⑥ 韦祖辉 . 海外遗民竟不归：明遗民东渡研究，北京：商务印书馆，2017：217.

表 1　独立性易部分医学著作内容概要

书名	作者	内容概要
《戴曼公唇舌秘方》	独立性易	以彩色图画方式，对痘疹患者嘴唇、舌头的症状进行归纳总结，并指出相应病症来源
《戴曼公痘疹治术传》	戴曼公 著 池田直正 笔记 池田瑞仙 撰次	归纳总结出痘后的疾病全程的症状和治疗方法，并在附录中收录相应方剂
《痘疹百死形状传》	戴曼公 著 池田正直 笔记 池田成美[①] 撰次	归纳总结因出痘而死的患者的症状
《戴曼公痘疹治用方论锁注》	戴曼公 著 池田正直 笔记 池田瑞仙 撰次	将患者症状、身体状态进行分类，详细列出诊治用方的内容（包含方剂、用药注意事项和诊疗心得）
《戴曼公治痘用方》	戴曼公 著 池田正直 笔记 池田成美 撰次	收录痘诊治疗用方，列出每一病程中的联合用方内容，并标注诊疗心得
《戴曼公先生治痘法》	戴曼公 著 池田正直 笔记 池田成美 编	收录痘诊治疗用方，详细记录用方注意事项、症状分析和病症发展原理
《痘疹戒草》	池田正直 笔记 池田成美 再校	归纳总结出痘后的疾病全程的症状和治疗方法，并收录了相应方剂

作为东渡的明代遗民，独立性易使得中医诊疗技术和著作在江户日本社会中得到了进一步的传播。同时，独立性易所带来的中国医学著作和他自身总结出的著作，为日本江户时代的汉方医学提供了极为宝贵的参考价值，显著地促进了日本江户时代的汉方诊疗技术和痘疹防治技术的进步，也为他的弟子及再传弟子在痘科领域深挖发展提供了决定性的基础。

三、黄檗佛医的传承与影响

独立性易作为黄檗佛医群体中成就最为显著的一人，他的贡献不仅在于其个人行医过程中展现了中医的卓越成效，还在于他作为黄檗宗的僧人，将自己的医学知识作为黄檗佛医文化的一部分传承给了日本医者。

独立性易的医学弟子之中以佐伯玄东、池田正直、北山道长最为有名。独立性易对吉川广嘉诊疗取得明显成效后，获得了广嘉下属众人的信服。从初次受邀的 1664 年开始，此后的五年中独立还曾四度前往岩国行医。作为岩国藩侍医的佐伯玄东与独立建立

① 池田成美，字瑞仙，同“池田瑞仙”。

了密切的交流关系，并在医术方面缔结了师徒关系，在诗文方面频繁唱和。[①] 另外，吉川广嘉的幕僚池田正直[②] 也成为独立性易的医学弟子，他传承了独立的痘科诊疗心诀，并将其作为家学秘法传承给其子信之，信之又传给其孙正明，又传至曾孙瑞仙。[③] 北山道长字寿安，号友松，其父为移居长崎的中国福建长乐籍的马荣宇，其母为日本女子。北山于独立性易门下学医，后到大阪开业行医。他医术高超，医德高尚，享有盛名，著有《北山医案》《北山医话》《方考评议》等，为传播中国传统医学做出了贡献。[④]

此外，从德川幕府时期开始，僧侣在医学方面便有着垄断性地位，当时曾有着"医师剃发僧形""僧医别医师、皆入道剃发"的情形，日本的医学大多掌握在僧人手中，其局限性异常明显，不利于日本医学的发展。[⑤] 然而独立性易在接受医学弟子时并不拘泥于僧人身份，将自己的所学倾囊相授于对痘疹治疗和汉方医学有求知欲望的医者。独立性易在黄檗佛医传播中所做的贡献，对于打破僧人对日本医学的垄断、促进日本医学发展有着重要的意义。

在黄檗佛医的后代传承方面，成绩最为突出的是池田家族。池田正直从独立性易处继承了痘疹治疗心诀后，池田家族世代以治疗痘疹为主业，以其曾孙池田瑞仙最为出名。池田瑞仙，名成美，字善卿，号锦桥、蟾翁，通称池田瑞仙，生于享保十九年（1734），卒于文化十三年（1816）。池田瑞仙传承了痘科研究的家业，并在岩国藩医桑原玄忠门下学习医学（特别是痘科）。由于当时岩国藩对于痘疹患者的管制十分严格，患者全部被隔离于郊外，痘疹疫情并不多见。池田瑞仙缺乏实践医术的机会，因此，宝历十二年（1762）他与母亲共同前往正在流行痘疹的安芸国（广岛县）严岛，并且有效地抑制住了当地的疾病流行。此后他在大阪和京都名声大起，因此宽政九年（1797）出仕于江户幕府，担任痘科部门的医官。[⑥] 次年（1798），池田瑞仙在医馆中传授了用于防治痘疹的"人痘法"[⑦]。虽然1796年英国人贞纳受中国的人痘接种法启发已经发明了牛痘接种法，但由于信息传播缓慢和江户锁国政策，日本并没有开始使用牛痘法。池田瑞仙的讲解虽然晚于贞纳两年，但他是日本首个正式讲解人痘法的医师，并著有《痘疹戒草》《新刊痘科键》等医学著作，对于江户时代日本传染病医学的发展起到了巨大的推

① 徐興慶.『儒、釈、道、医』を通じた日中文化交流—戴笠から独立性易へという流転の人生．十七世紀の東アジア文化交流—黄檗宗を中心に．台北：台湾大学出版中心，2018：164.

② 池田正直：本姓生田，号嵩山，周防人，吉川广嘉幕僚。部分文献中称其为池田嵩山，本文中统一为"池田正直"。

③ 肖平．明末清初渡日僧侣之活动及其贡献．中山大学学报论丛，1999（5）：127-136.

④ 李玉昆．福建海洋文化与佛教的传播．https://navi-cnki-net-443.web.bisu.edu.cn/knavi/conferences/009729/proceedirgs/YJWS200710001/detail#.

⑤ 韦祖辉．海外遗民竟不归——明遗民东渡研究，北京：商务印书馆，2017：218.

⑥ 富士川游．日本医学史：决定版，東京：形成社，1974：472-475.

⑦ 人痘法：以症状较轻患者的痘壳研磨为粉末，用棉花包裹后放入健康人的鼻孔内，可以预防痘疹。

动作用。

池田瑞仙的正妻未能生下儿子，他收养了雾溪作为养子，并将家业传承给雾溪。池田雾溪，本姓村冈，名晋，字柔行、直卿，号雾溪，他继承了父亲的“瑞仙”之名，被称为瑞仙二代。池田雾溪在父亲死后亦成为幕府医官和医馆教授，著有《治痘要诀》和《疱疮食物考》等书。池田瑞仙之妾生育有一子池田京水，名为大渊，字河澄，通称瑞英。池田京水由于多病等原因未能继承家业，但他遍历诸国，继续了池田家族的痘科研究，著有《护痘要法》，该书由江户著名医学家涩江抽斋编纂并作序文和跋文。[①]在《护痘要法》中，池田京水着重于痘疹病人的看护照料，将看护者的身份从患者亲属扩展至非亲缘的旁人，并明确提出了医疗意义上的“看护”词语，是江户时代护理医学的新的进步。

综合上文可以得知，黄檗佛医以隐元隆琦为起点，在独立性易的努力之下传承至日本医学家之中，并以池田家族为传承主力，在痘疹治疗领域有着突出的贡献。直至江户末期，由于池田家族在痘科方面的优势地位，独立性易所著的医书仍旧多次再版。然而从 17 世纪中叶开始，有关黄檗佛医传承人的文献记录则逐渐销声匿迹，笔者推测其原因包括以下两方面。

一方面，兰学早在隐元和独立东渡日本之时就已有人进行学习，在江户中后期则达到了顶峰。黄檗佛医作为来自中国的汉方医学，曾经受到了日本汉方学家的认同，尤其是主张“随症治之”和“亲体实验”的古方派。然而随着兰学的发展，以 1759 年山胁东洋进行解剖实验并出版《藏志》为转折点，日本医学界对于西方科学的认可度骤然上升，西方医学的精准性和显著的治疗效果受到了日本医学家的认可。西方医学使日本医学获得了长足的进步，汉方医学则逐渐失去了统治地位，只是作为基础知识被兰学家们所学习。

另一方面，池田瑞仙讲解的人痘接种法虽然对痘疹有着预防作用，但从伦理上和效果上都存在争议，牛痘接种法逐渐代替了池田家族的人痘法。1803 年贞纳的牛痘法终于通过荷兰传入日本，但可惜并未被实施。1820 年，中川五郎治带回俄语版牛痘医书，并由马场佐十郎翻译为日语版的《遁花秘诀》，此书成了日本最早的牛痘医书。在 1823 年，兰学家西博尔德带来了牛痘疫苗，但由于疫苗失活而导致接种实验失败。此后，日本医学界持续努力从外国引进牛痘疫苗，在 1849 年由楢林宗建进行的牛痘苗接种实验成功，此后牛痘疫苗逐渐被推广开来，完全替代了人痘法。因此，与人痘法紧密相关的池田家族和黄檗佛医则一同逐渐退出了历史舞台的中心。

---

① 平尾真智子 . 池田京水『護痘要法』(1831) にみる痘瘡の看病法 . 日本医学史雑誌，2018（2）：80.

结语

综上所述，日本江户时代的黄檗佛医起源于东渡日本的明朝僧人隐元隆琦，在隐元隆琦的引导之下，众多擅长医学的僧人加入了日本黄檗山万福寺门下。他们在建设万福寺的过程中同时进行着医疗和救济活动，一方面扩大了黄檗佛医的影响力，另一方面为后世黄檗佛医的传承打下了基础。在隐元隆琦之后，其弟子独立性易则成了传承黄檗佛医的中坚力量。独立性易东渡时携带的医学书籍对于日本江户医学有着重要的参考价值，独立所擅长的痘科诊疗技术则大大推动了日本传染病防治领域的进步。独立本身的行医事迹使得黄檗佛医的名声进一步提高，他还打破了江户时代僧人对医疗知识的垄断，将黄檗佛医教授给众多日本医学研究者。独立弟子中以池田正直家族最为突出，他们坚持传承源自黄檗佛医的痘科知识，并在该领域持续深入钻研，在痘疹的治疗、看护和预防方面做出了巨大的贡献。由此可见，黄檗佛医在日本的传播具有一定的广泛性，也具有时间上的纵向深度，其医学著作、诊疗技术和后世传承对于江户时代日本医学的发展进步有着极其重要的贡献。

近代日本对华盛顿的介绍与解读

河北大学外国语学院　党蓓蓓[①]

［摘要］乔治·华盛顿（1732—1799）[②]既是美国的建国之父，又作为美式民主的象征被各国追求民主的有识之士所称颂[③]。在近代"西学东渐"的浪潮中，关于美国建国以及其第一代总统华盛顿的各种信息相继传入日本。本文按照近代日本所经历的不同历史时期，结合近代日本闭关锁国、开国维新、文明开化等具体语境，以德川时期的兰学者和儒学者所写的地理书、论策中关于美国总统华盛顿的相关记述，以及明治年间翻译的关于华盛顿的传记小说为考察对象，试图梳理从幕府末期到明治初年，华盛顿和华盛顿背后的精神事迹在日本是如何被解读的及其影响。

［关键词］乔治·华盛顿，民主制度，和平，文明开化

一、幕末时期对华盛顿的介绍

1. 初晓华盛顿

1778 年由乔治·华盛顿宣布《独立宣言》，美利坚合众国由此诞生。但由于 17 世

---

① 党蓓蓓：河北大学外国语学院日语系讲师，研究领域：日本思想文化、中日文化交流史。

② 在近代以来，日本人关于美国总统乔治·华盛顿的译名，按照对"Washington"的音译，除"華盛頓"这一译名外，在不同的时期主要有"華聖東""話聖東""和聖東""和師兂登無"等不同的译名。

③ 学术界关于华盛顿在近代中国的研究成果相当丰富，较早的有艾周昌的《华盛顿与中国》[《历史教学问题》1984（3）]，俞旦初的《美国独立史在近代中国的介绍与影响》[《世界历史》1987（2）]，研究了近代中国对华盛顿的介绍、华盛顿在近代中国的影响。稍后，杨玉圣的《中国人的美国观——一个历史的考察》（复旦大学出版社，1996）对华盛顿在近代中国的影响也有述及，介绍了梁廷枏、魏源、徐继畬的美国观与华盛顿观。21 世纪初，邹振环的《"革命表木"与晚清英雄谱系的重建：华盛顿与拿破仑传记文献的译刊及其影响》（上海图书馆历史文献研究所编《历史文献》第 9 辑，2005），潘光哲的《华盛顿在中国———制作"国父"》（三民书局，2006），更加系统地梳理了近代中国对华盛顿的介绍。特别是潘光哲的著作，搜罗丰富，分析细致，将华盛顿与孙中山联系起来考察，别具特色。但相比之下，对华盛顿在日本的传播特点则鲜有研究。

纪中期至19世纪，整个日本处于一种锁国状态，仅同中国、荷兰、琉球、朝鲜等有限的国家或地区保持联系，故此事并不为当时的日本人所知。随着18世纪末期，俄国从北方向东亚地区不断地扩张以及由此引发日本海防危机，才迫使日本当局逐渐意识到了解外部西方世界的必要性。而长崎出岛则成为当时日本人得以窥探西方世界的唯一窗口，其中荷兰人所提交的“和兰风说书”中关于西方国家的情报也日益受到重视。

日本人开始知道乔治·华盛顿这位“美国建国之父”，也与长崎出岛密切相关。据笔者所查，最早可以追溯到传教士弗兰茨·冯·西博尔德（1796—1866）① 在日本工作的1823—1828年期间。作为第一个被幕府特许在长崎出岛之外开设诊所的外国人，西博尔德不仅使日本的兰学走向了一个更高的台阶，还曾向当时的兰学家高桥景保（1783—1829）谈到在美国发生的大革命以及乔治·华盛顿当上总统一事。② 而此时距美国发布独立宣言之时已经过去了四十二年，日本人才第一次听说乔治·华盛顿。③ 此后，在英美等强国对日本持续施压的背景下④，日本沿海各藩及有识之士进一步加深了对本国命运的危机感，与美国相关的情报逐渐增多⑤，其中一批持“海防论”的兰学家或主张攘夷论的儒者则相继对美国“国父”华盛顿的事迹表现出一定的兴趣并对此做出了相关的介绍。

2. 兰学者箕作省吾笔下的华盛顿形象

在众多兰学者所著的地理书中，最早对华盛顿有专门记载的是箕作省吾（1821—

---

① 弗兰茨·冯·西博尔德（1796—1866），德国内科医生、植物学家、旅行家、日本学家和日本器物收藏家。1823年，西博尔德以医生的身份赴任于日本的长崎县出岛。在日本的约6年间，除任职诊疗所兼私塾“鸣泷塾”，培养了很多能够读写荷兰文的所谓“兰学家”外，他还潜心研究日本的动植物。但在1828年，西博尔德被指控为俄国间谍，并于1829年被驱逐出日本，史称“西博尔德事件”。

② 高桥景保（1783—1829）是德川幕府时期的天文学者、兰学者，曾出任幕府天文方，并通晓地理学。同时，高桥还非常注重收集海外情报。他把从外国人处听到的各种信息编撰成书，著有『丙戌異聞』『別埒阿利安戦記』（1826）等书。其中『丙戌異聞』为拿破仑的简单传记。由于文政年间（1818年4月22日—1830年12月10日）以来，英国捕鲸船在日本海岸的不断滋事，取代先前的俄国成为这一时期锁国日本在对外关系上新的压力。所以在记录法国革命中拿破仑的事迹后，高桥还记录了之后的和兰（即荷兰）、諳厄利亜（近世日本学者对英国的称呼）、俄羅斯（即俄罗斯）的情况。在『丙戌異聞附录』中，高桥关注的是最近的欧洲形势，认为日本四周中最应该注意北方的海防等，而对亞墨利加（即美国）仅提到“联邦始立君，其首践位者为华盛顿”（高橋景保，述．丙戌異聞附录．書写年不明：40）仅寥寥数笔带过。

③ 松方冬子．オランダ風説書—「鎖国」日本に語られた「世界」．東京都：中公新書，2010：78.

④ 从18世纪末到1853年佩里率领黑船打开日本国门，外国船只频频出现在日本沿海，由此带来的冲击一波又一波地冲击着日本社会，总的叩关次数多达52次。至18世纪末，俄国频频游弋于日本北方地区，要求与其通商。这种来自俄国的外压，促使幕府与有识之士开始着手研究海防和西方。而到19世纪，对日本产生威胁的则主要是英国和美国。1803年，美国船只要求与日本通商来到长崎港；英国船分别于1814年和1818年驶入长崎港和浦贺港。1838年，美国“马礼逊号”事件爆发；1845年美国船只驶入浦贺港，英国船驶入长崎港；1846年，美国船只再次驶入浦贺港要求与日本通商。1849年，英国军舰驶入江户港口，并对其进行测量。1850年，荷兰船驶入长崎港，通报了美国的对日通商要求。

⑤ 对此，孫建軍．アメリカの漢字表記「米国」の成立をめぐって．国際基督教大学学報Ⅲ-A，アジア文化研究，1999（25）：143-167）一文中有详细的考察，请参考。

1847）[①]于1846年所著《坤舆图识补》。在《坤舆图识补》（1846）卷2的《米利干志补》中，对华盛顿做了如下介绍：

> 我安永九年，于查爾斯特部内，生擒英國之兵，佛蘭西增援本州，事勢倍重大，我天也。明四年于德羅爾之地，生擒英吉利之兵七千人，勝敗初判，是皆君之偉功業也。……（中略）話聖東天性誠然，敬恭愛憐，成大業，建偉功，是為奇男子。[②]

箕作省吾对“話聖東”的介绍主要聚焦在其在军事方面的功绩上，描述了华盛顿作为大陆军总司令是如何率兵在与英国的独立战争中取得胜利的。面临江户末期日益紧张的日本海上的局势，当时兰学者们不约而同地都对国家的海防产生较大的关心。箕作省吾将对华盛顿的介绍编成《话圣东小伝》，并编入《米利干志补》中，其目的应是希望通过对华盛顿事迹的介绍，了解其出类拔萃的军事领导能力以及外国的军事情况[③]，以达到知己知彼的目的。[④]

3. 海防论者安积艮斋对华盛顿的介绍

虽然箕作省吾对华盛顿做了专门的介绍，但此时对于华盛顿的了解却仅限于幕府统治阶层内部一小部分人员。直到1853年，经历美国海军培里带着美国总统米勒德·菲尔莫尔国书率领舰队强势叩关这一标志性的历史性事件之后，日本人才算真正地与美国总统“相遇”。

围绕培里来航的应对之策，幕府广泛听取了全国的大名对此的意见。而当时江户时代末期著名的儒学者安积艮斋代表所在藩提出了应对策略，他在论策中强调充实日本海防的重要性与紧迫性[⑤]。作为常参与幕末外交，多次代表幕府起草外交文书的儒者安积艮斋，在其著作《洋外纪略》[⑥]中也有对乔治·华盛顿的介绍。

---

① 箕作省吾（1821—1847）是在自然科学、医学、地理学等多方面都享有盛名的幕府末期代表性兰学家。他编译了世界地图《舆地全图》、地理志《坤舆图识补》。

② 箕作省吾．坤輿図識補．東京：須原屋伊八，1864：48．

③ 此外，在江户时代，法国的风云人物拿破仑与华盛顿一样，引起了人们较多的关注。早在1794年，幕末人们通过来自荷兰船只的海外情报（风说书），与法国革命爆发的情报一起，得知了拿破仑的名字。从赖山阳到此后的佐久间象山、吉田松阴，拿破仑对许多幕府末期的维新志士都产生了一定的影响。江户时代的兰学家以提高日本军事力量为目的，将拿破仑视作西欧先进军事技术和制度的学习资料，故对拿破仑产生了较大的兴趣。岩下哲典．江戸のナポレオン伝説—西洋英雄伝はどう読まれたか．東京：中央公論新社，1999．话圣东对此有详细论述。

④ 除了《话圣东小伝》，箕作省吾还留下了许多翻译欧洲历史的作品，如《西史外传》《大西史影》《大西大事策》《大西春秋》等。

⑤ 安積艮斎顕彰会．安積艮斎．東京：安積艮斎顕彰会，2000：44．

⑥ 安積艮斎．洋外紀略（中巻）．出版社不明，1848．

時禍亂始定而制度未立，人心未輯，吏民憂之，乃聚衆胥議推話聖東為上官，話聖東不得已起，視事儘定法令咸合時宜，州人悦服，因又推為最上官……（中略）嗚呼話聖東雖生于戎羯，其爲人有足多智者，昔韋宗稱秃髪傉檀，曰奇才英略，不必華夏明智敏識，不必讀書，乃今知九州之外五經之外復自有人也話聖東幾近之。①

以上史料不难看出，安积艮斋不仅对华盛顿的军事方面的功绩有所介绍，还对华盛顿将“最上官”一职让给他人这一事迹给予了关注。此处的“最上官”即相当于后世“大总统”（日语中写作“大統領”）之意。在安积艮斋编写《洋外纪略》时尚未出现“大統領”的说法，直到培里携美国总统国书叩开日本国门，“大統領”这一新称谓才开始“跃然纸上”。②虽然，艮斋深受华夷秩序观念的影响，视美国为未开化之地，称其为“戎羯”，但是艮斋在对“话圣东”的介绍中开始提及美国政治制度。虽然早期安积艮斋对西方民主传统的了解是较为肤浅的，但这一点应值得我们注意。

4. 儒学者横井小楠对华盛顿形象的解读

在幕末初年，以箕作省吾、高野长英为代表的兰学家们在传播西洋各方面先进知识方面做出了很大的贡献，但此后由于“蛮社之狱”等一系列打压兰学发展事件的相继发生，尤其在日本被迫打开国门后，幕末时代（1853—1867）的兰学日渐式微。而此时《海国图志》《瀛环志略》等汉译西书大规模流入日本，异军突起，较大地弥补了这个时期人们对西洋知识的渴望。

魏源编撰的《海国图志》和徐继畬编写的《瀛环志略》不仅向中国士人传播了海外局势的新知识，而且东传入日本后，在邻国日本亦产生了巨大的涟漪。书中对英美议会、民主制度的介绍和华盛顿等伟人的赞颂，成为日本人开眼看世界的钥匙，对以学习西方图自强为中心的洋务运动有催生作用一样，对日本明治维新的发生也有积极的影响。③两本书中多处涉及美国情况的介绍，尤其是其中对于华盛顿的赞美基本奠定了幕

---

① 安積艮斎．洋外紀略（中巻）．出版社不明，1848：30.

② 培里率舰队来航之际所携带的美国总统的亲笔书由汉文、英文、荷兰文写就。其中1852年11月13日的汉文国书如下写道：“亜米理大駕合衆国大統領、姓斐謨、名美辣達、日本国大君主殿下、平安、大尊大敬良友乎、今特派本国師船大臣水師提督彼理、管領一帮兵船，帯公書到貴国境、専呈殿下御覧。”［東京大学史料編纂所．大日本古文書幕末外国関係文書之一（復刻版）．東京：東京大学出版会，2010：239.］

③ 熊月之．西学东渐与晚清中国．上海：上海人民出版社，1994.

末时期日本有识之士对华盛顿的基本印象。[①]

日本幕末著名的思想家横井小楠，是一位主张以儒教应对西洋列强开国通商要求的儒者。小楠在《国是三论》中给予华盛顿非常高的评价，尤其是他对华盛顿的认识和理解在当时的幕末非常具有代表性。[②] 较之安积艮斋时期对华盛顿的只言片语式的介绍，到了横井小楠所处的幕府末期，伴随着对世界形势以及地理知识的增加，对华盛顿的认识和了解也逐渐清晰，更加具体化了。

横井小楠对华盛顿的解读最大的特点在于对华盛顿所代表的和平民主思想的接受以及对华盛顿背后美国的民主共和制度的共鸣，具体可以归纳为以下几点。

第一，将华盛顿比作中国古代圣王尧舜。在《国是三论》中，小楠谈到华盛顿说道：

> 美利坚华盛顿以来立三大规模：一，天地间惨毒莫过杀戮，故顺天意息宇内战争；二，求知识于世界万国，以裨益治教为务；三，全国大总统之权柄让贤不传子，废君臣之义，专以公共和平为务，政法治术以迨其他百般技艺器械，凡地球上称美善者悉取之为我用，大揭好生之仁风。[③]

在同一时期，横井小楠还曾写过一首汉诗来歌颂华盛顿：

> 人君何天职，代天治百姓。天德不在人，何以枢天命。所以尧选舜、是真为大圣。迂儒暗此理、以之圣人病。嗟乎血统论、岂是顺天理。[④]

作为美国开国总统的华盛顿，鉴于他对争取美国独立、发展美国经济、建设民主法制和巩固联邦基础所做的贡献，被美国人尊称为“国父”。1797 年，在两届总统任满后，华盛顿拒绝再参加竞选，隐退回乡。此举开创了美国历史上摒弃终身总统制及和平转移

---

① “华盛顿，异人也。起事勇于胜、广，割据雄于曹、刘。既已提三尺剑，开疆万里，乃不僭位号，不传子孙，而创为推举之法，几于天下为公，駸駸乎三代之遗意。”（徐继畬:《瀛寰志略》，卷 9,《徐继畬集》第一册，266–267）徐继畬对华盛顿最为欣赏的是：第一，不传子孙，创推举之法；第二，以天下为公，合乎三代之遗义。魏源在《海国图志》中提到美国“二十七部酋分东西二路，而公举一大酋总摄之，匪惟不世及，且不四载即受代。一变古今官家之局，而人心翕然，可不谓公乎？（后略）”（魏源:《海国图志》，60 卷本，第 39 卷，2177）对于魏源来说，“公举”即一切政治决策和职位都由选举而来，用这一点来盛赞美国的民主制度。

② 关于《海国图志》对横井小楠、佐久间象山等幕末思想家产生了哪些具体的影响，可参见源了圆著，源了圆 . 幕末日本通过中国对“西洋”的学习：以接受《海国图志》为中心 . 张建立，译 . 中日文化交流史大系 3 思想卷，杭州：浙江人民出版社，1996；还可参考笔者在 2009 年第四届国际日本学国际日研讨会上发表的论文“横井小楠の「開国論」と「尭舜三代の道」”。

③ 横井小楠 . 花立三郎 . 国是三论 . 熊达云，管宁，译 . 北京：中国物资出版社，2000：42.

④ 横井時雄 . 小楠遺稿 . 東京：民友社，1889：68.

权力的范例。

从上述两处引用可以看出，小楠从华盛顿将“全国大总统之权柄让贤不传子”，把最高统治权力让给贤明的人，废除君臣之间的尊鄙观念，联想到了中国古代的尧舜的禅让。[①] 被儒家知识分子视为理想政治形态的禅让制，却在大洋彼岸的美利坚，在华盛顿身上得到了实现。反观日本，德川幕府家、诸藩的藩主一直奉行的是子子孙孙享受世袭罔替的血统世袭制，这让小楠深为痛恨。小楠认为传位给有德者的共和政治是打破幕末政治弊端的一种有效手段，于是当华盛顿将“大总统之权柄让贤不传子”的事迹映入小楠眼帘时，被他视为理想的尧舜之治便和美国的共和政治、尧舜便和华盛顿的形象自然而然重叠在了一起[②]。

第二，在小楠看来，华盛顿实施了“公”天下。在传统中国思维世界里，早就充斥以“公”这个字代表的理想“大同”境界，“公”的观念一直被历代士人所推崇。[③] 在《沼山对话》中，小楠提到华盛顿说他是“具真实公平之心，法天理而去此局见者，近世以来，唯美国华盛顿一人耳。”[④] 小楠认为小至一官一职，大到一国，都无法完全脱离以自我为中心的偏见，而这种偏见和私心，只能给人民和国家带来无穷的战争与动乱。只有像华盛顿那样秉着一颗“真实公平之心”，才能实现仁政，给百姓带来富足，才能顺天意平息“宇内战争”，最终实现儒家最高的王道政治的理想。

第三，将华盛顿视作和平思想的化身。在 1867 年横井小楠在写给旅居在美国的侄子左平太和大平的信中这样说道：“综观西洋各国迄今为止有名之人物，亚历山大、培德、博塔马特等所谓英雄豪杰之辈，除华盛顿之外，皆非有德义之人物，以后亦断无可能出现华盛顿之类人物，故战争之势愈加惨怛。”[⑤] 横井小楠高度评价华盛顿个人的品行高洁、德义兼备，而且他所推行的“和平主义”路线使得各国免于战役，然华盛顿后再无此等伟人，故世界上纷争不断。[⑥]

小楠之所以对华盛顿以及华盛顿所代表的欧美国家的社会政治制度和精神给予极高的评价，目的是解决当时日本所面临的国内外的危机。他力图以欧美国家的政治制度为模范，为日本社会的改造寻求新的出路。从他 1863 年提出的“日本国中共和一致”的构想中，就不难看到其模仿欧美近代社会政治制度的影子。

受到“如尧舜一般”这一儒者口中所呈现的最高级别的赞美的华盛顿，给幕末维新

① 横井小楠不仅在《国是三论》中对华盛顿非常尊敬，认为他是实现了三代之治的伟人，在《沼山对话》《沼山闲话》中也多次提及华盛顿，赞誉华盛顿具有“真实公平之心”。

② 源了圆 . 德川思想小史 . 郭连友，译 . 北京：外语教学与研究出版社，2009：197.

③ 潘光哲 .“华盛顿神话”在晚清中国的创造与传衍 . 西方思想在近代中国，2005：79.

④ 横井小楠 . 花立三郎 . 国是三论 . 熊达云，管宁，译 . 北京：中国物资出版社，2000：155.

⑤ 日本史籍協会 . 横井小楠関係史料 . 東京：東京大学出版会，1867：508.

⑥ 王家骅 . 儒家思想与日本文化 . 杭州：浙江人民出版社，1990：158.

期的志士带来了很大的影响。最为直接的影响体现在小楠的弟子元田永孚身上。元田永孚曾撰写过一篇《华盛顿赞》[①]，文中元田延续了其老师小楠对华盛顿的观点，认为在美国独立战争中华盛顿的贡献可以媲美《书经》泰西篇中的内容，而且对华盛顿不传位给子女一事，同样赞华盛顿为“如尧舜”，认为其贡献如“圣德太子之伟业”与“尧舜之道”一般伟大[②]。此外，被誉为近代日本建国之父的西乡隆盛，就曾在自己家的墙壁上挂着华盛顿的肖像画，曾这样评价道：“华盛顿，始终无一私心，用无比赤诚之心结束了其一生。”[③]西乡以无欲、清廉自诩，而华盛顿身上所体现出来的无私奉公的精神，特别是其将至高的权力不是让自己的子孙后代继承而是开创了大总统制这点，让西乡隆盛尤为敬佩。而且，西乡隆盛所在的萨摩藩的藩主岛津齐彬也曾评价华盛顿为智勇兼备的贤者，并感叹“在日本还没有能够与华盛顿媲美的人物”。

二、明治时期传记小说中的华盛顿形象

进入明治时代以后，在文明开化的标语下，明治政府急剧地进行日本的近代化，引进了包括西洋各国的制度和技术在内的各种事物。在这样的时代背景下，人们对欧洲和美国历史的兴趣亦随之猛增。从明治时期开始，日本人翻译了大量的西洋文学书籍，为日本的“转向西方”提供了另一种引人注目的象征。[④]其中，翻译的伟人的传记作为理解西洋的历史、风俗和文明的一扇窗口，获得了较高的人气。这类通俗类启蒙书籍穿插精美的插画，以通俗易懂的文字以及伟人故事来向世人说明文明开化的道理。不同于幕末，介绍华盛顿的相关文献资料不再是呈点状有限地在一部分知识分子中流传，存在于其所著的地理书和文章中，到了明治时代一般民众也逐渐了解有关华盛顿本人以及华盛顿背后所代表的文明社会。明治时代有关华盛顿的传记小说见表 1。

① 根据沼田哲的整理，该文应写于1865年以前。[沼田哲.「元田永孚関係文書補遺」並びに「元田永孚文書目録」. 青山史学 1988（10）：133]。《华盛顿赞》的全文收录在山崎正董 . 横井小楠伝記 . 東京：明治書院，1938.

② 山崎正董 . 横井小楠伝記 . 東京：明治書院，1938：1142–1143.

③ 原文为“フランスのナポレオン、アメリカのワシントン、一代記お読ませ、お聞き遊ばされ候際のお話に、ナポレオンは日本にて秀吉と比校する人物なり、ワシントンに比する人物日本にはなしと思えり。……（中略）……ワシントンは智勇兼備賢人と言うべし。世界中比する人物は多からざるべし”（牧野伸顕，序 . 島津斉彬言行録 . 東京：岩波文庫，1944：143.）译文：法国的拿破仑、美国的华盛顿，在看过他们的传记之后，我认为拿破仑可以看作与日本的秀吉相比较的人物，而能够媲美华盛顿的人物，在日本还没有……（中略）……华盛顿可以说是智勇兼备的贤人也。

④ 詹森 . 剑桥日本史 . 王翔，译 . 杭州：浙江大学出版社，2014：445.

表 1　明治时代有关华盛顿的传记小说①

年	书名	作者	与华盛顿的相关章节
1870	华盛顿军记（共 6 册）	鈴木弥坚	时代从少年时代到死后
1870	西国立志策	中村正直	十二 . 话圣东
1872	西洋英杰传	山内德三郎	
1872	近世史谈	吉田贤辅 須藤时一郎	初篇　2　华盛顿的事
1872	米国史	涉江保	卷之三上　第二十三章　华盛顿的遠征 卷之三下　第三十四章　华盛顿的退陣 卷之四上　第四十三章　华盛顿大統領再任之事
1873	通俗和圣东传	长沼熊太郎	
1873	各国英智史略　续编卷之下	关吉孝	第二章　亚墨利加大统领华盛顿
1873	西洋教的仗	加地为也	第二　华盛顿童年故事
1873	米利坚志	岡千仞 河野通之	·华盛顿奉使命 · 华盛顿知兵 · 华盛顿弃纽约 ·华盛顿取突连登波林斯敦二垒 · 华盛顿弃费勒特费 ·英将费尔卧约翰降 · 华盛顿移军于布亚耳里 ·华盛顿辞职 · 国会议定国法 · 众推华盛顿为大统领 ·米人建邦 · 华盛顿再任
1876	西洋童蒙训	加地为也	第二　华盛顿童年的故事
1883	米国革命史：自由军谈　初编	本多省三	
1885	海外名哲士鉴	菊池武信	
1887	插画华盛顿军记	铃木弥坚译	
1887	自由旗风华华盛顿勋功记	中村丰之助	
1887	世界英杰传	内田弥八 岛尾岩太郎	华盛顿传
1887	合众国史直译	芦田束雄	第二十三章　华盛顿远行 第三十四章　华盛顿的退军 第四十三章　华盛顿的期限
1900	华盛顿	福山义春	·一　学校学生以及测量技法 /1 ·二　英法殖民地战争及陆军大佐 /16 ·三　英国王的压制和州会议员 /56 ·四　独立战争和美国督军 /71 ·五　北米合众国的独立和大统领 /129 ·六　「华盛顿」的高蹈及其人 /142

① 此表为作者以日本国家图书馆和日本各机关大学所藏的公开的数字化古籍为基础制作的。

从以上的图表中可以看出从 1870—1909 年间数量众多的传记小说被翻译出版，可见西洋历史文化在日本人中的较高人气。

1870 年出版的铃木弥坚翻译的《华盛顿军记》可谓日本第一本乔治·华盛顿的传记。《华盛顿军记》详细地介绍了少年时代的华盛顿和华盛顿的性格、家庭构成、政治军事的业绩。

> 華盛頓夫聖者之亜歟。洋外諸国。澆季之俗互事呑噬。無有寧歳。米利堅之苦苛政亦久矣。華氏一郷紳耳。固非有兵馬之権。而一時為衆推戴率一旅之衆。能抵勁敵。終使幾万生霊。脱苛政之軛。其功可謂偉矣。其臨政也，立會議之堂。百事悉聴之于民。至公不偏，以建其国。而及其任満也。辭職如棄敝屣。於是乎宇内諸邦，莫不欽其風慕其德也。①

从上面的引文中，不难归纳出以下三点。第一，用“圣者”（亚圣）来评价华盛顿，认为当时西洋诸国相互吞并，国无宁日可言。然华盛顿被推举为官后，使美利坚国摆脱了苛政，享受到了和平，厥功至伟。第二，仍使用“洋外”一词来指代西洋诸国。此类词汇被幕末的攘夷论者经常使用。由于此书出版于明治维新刚刚结束的时候，可见在当时社会上攘夷观念依然具有一定程度的影响。第三，该书并非“传记”，而使用的是“军记”文学体裁。军记物语是日本的一种文学体裁，“以确切的历史记录为依据，吸收民间传说的武士和战争故事，经过敷衍加工创作而成”②。故从书名及体裁可知，文章主要对华盛顿作为军事领袖在军事战斗方面的事迹进行了较为细致的描写。

在其后 1873 年出版的长沼熊太郎翻译的《通俗和圣东传》，则为“传记”类文体。该书介绍了华盛顿从幼年时期到当上大总统以后的生平事迹。不仅通过很多小故事生动地介绍了华盛顿的聪慧和胆识，更塑造了一位以儒家的“仁义礼智”和“孝悌忠信”来教育孩子的华盛顿母亲的形象。其启蒙色彩之浓郁则不言而喻。

> 國家之所以文明者。自以人之能立其誌始。以人之所以能立其誌者。自読史始。読史也者。天下普通之學。自天子至於庶人。莫不由此而奮発興起。而聖賢豪傑之事，尤動人也。孟軻曰：奮乎百世之上，百世之下，聞者莫不興起也。非聖人而能若是乎？抑聞先哲之遺風，以奮起其誌，能成其業者，世何限焉而。③

---

① 柳河春三．華盛頓軍記初編上．铃木弥坚，译．東京：大和屋喜兵衛，1870：34.

② 李树果．《平家物语》和《三国演义》：战记物语和演义小说的比较．日语学习与研究，1990（1）.

③ 南部利恭．通俗和聖東傳．为永春水，注解．長沼熊太郎，译．盛岡：南部利恭藏板，1873：序文．

若将《华盛顿军记》和《通俗和圣东传》进行对比，则两者对华盛顿形象塑造的差异就显而易见了。《华盛顿军记》主要关注的是华盛顿在军事方面所取得的功绩，而《通俗和圣东传》通过着重介绍美国历史进程中华盛顿所发挥的各个方面的作用，来达到对生活在明治这一新兴国家的一般民众的近代文明启蒙的目的。从《华盛顿军记》到《通俗和圣东传》的变化，是与明治政府所主导的、从各个方面对西洋的知识、文化、价值观的介绍和吸收密不可分的。

1900年出版的福山义春的《华盛顿》的序言中，赞美华盛顿为“千载不朽的伟人”“意志强坚”“才智圆满”“个人自由主义”“完美之人”，对华盛顿可谓极尽赞美之词。

> 予读美国史而求千载不朽之英雄，得一人焉。其气概如和风，如春日，如灵秀之峰，如清碧之泉；其志节如美玉，如黄金，如砥石之平，如松柏之茂。伊何人？斯非古今第一人杰华盛顿乎？华盛顿者，豪杰中之君子，而君子中之英雄也。批评家曰：昔人尝言世无完人，然上下三千载，于圣人以外求其近于完人者，唯华盛顿耳。刚而能柔，严而能和。意志坚强，才智圆满，有英雄之胆略，兼君子之盛德。富于自恃之精神，丰于谦逊之性质，怀个人自由主义而不忘国家观念。……要言之，则博爱、公明、正大之人物也。……欧美人士，迄今尚论第一之人物，必推华盛顿云。今就现时社会情形观之，多有不忍言者。愿吾后之人鉴乎华盛顿，浴其光风，为自由，为公理，为国家，为国民，有所发起焉……（后略）①

华盛顿所具有的“诚实”“既尊重个人的自由主义又不忘国家的观念”“谦逊”等价值观恰恰符合明治时期启蒙思想家福泽谕吉所提倡的文明社会所必要的品质。福泽谕吉在《文明论概略》中就曾对文明的内涵做了规定。他认为文明有两个方面，“即外在的事物与内在的精神”②。只有包括身体的安乐与道德高尚，使“人的身心各得其所”，才能称之为文明。在这样的文明社会，人们才能“朝气蓬勃而不囿于旧习；掌握自己的命运而不必仰赖他人的恩惠；敦品励学既不怀慕往昔，也不满足现状”③。

此外，关于华盛顿的逸事也出现在了日本小学生用的教科书中。例如，在1903年寻常小学修身书（第3学年）的第12课中就介绍了华盛顿少年时期曾砍伐了家里的一棵樱桃树，却能勇于向父亲承认错误，并得到原谅的一则小故事，突出强调了华盛顿正

---

① 福山義春．華盛頓（世界歴史譚第13編）．東京：博文館，1900：序文．

② 福泽谕吉．文明论概略．北京：商务印书馆，1959：32.

③ 福泽谕吉．文明论概略．北京：商务印书馆，1959：10.

直的道德品质。[①]

以上可见，进入明治时期以后，关于华盛顿的介绍受到文明开化这一时代的潮流的影响，将华盛顿塑造成了文明社会的成功事例、社会以及道德行为的模范对象。

结语

由上可见，乔治·华盛顿在一定程度上成了美国制度以及美国精神的代名词。即使在美国，各个时期人们对华盛顿的解读各有不同，所强调的点也各不相同。同样在近代日本，对华盛顿的介绍和解读也随着时代的不同而不同，且大致可以分为以下三个阶段。

第一阶段，主要是兰学者们对华盛顿以及其事迹表示了关注，且对华盛顿事迹感兴趣的点主要集中在华盛顿是带领美国走向独立的民族英雄、杰出的军事领袖这点。这种理解与当时东亚不稳定的局势导致日本人危机感不断增强密切相关。当时以兰学者为首，在江户时代后期日本开始了对西方兵学等科学技术知识的接受。在此背景下，以箕作省吾为代表的兰学家，他们主要关注的是华盛顿的军事方面的才能，希望达到知己知彼的目的。

在第二阶段，作为民主象征的华盛顿形象以及如尧舜一样实现了和平的华盛顿的形象被幕末维新期的儒学者所推崇。1853 年佩里率舰队驶抵江户湾，日本被迫“开国”，开始与至今以来遥远的国度美国开始有了密切的接触。而且此时《海国图志》等一批汉译西书大量传入日本，对幕末的知识分子产生了极大的影响。他们通过《海国图志》等汉译西书了解了西方不仅有先进的科学技术，其背后还有先进的政治经济制度。而横井小楠则是这类知识分子的代表者。小楠将华盛顿的事迹与其脑海中理想化的尧舜相对照，评价华盛顿为西方的“尧舜”，并对华盛顿所代表的近代西洋民主共和制度以及和平思想进行了极高的评价和向往。

第三阶段，进入明治时代，在明治政府主导的近代化以及文明开化的背景下，对于华盛顿的介绍已经不同于幕末。对华盛顿的介绍，已不再是呈点状分布在知识分子所著的地理书和文章中，更多的是针对一般民众，出版了大量的介绍华盛顿的传记等通俗类启蒙读物。所以，此时对华盛顿的介绍也紧贴当时时代的要求，主要把华盛顿塑造成了文明社会的成功事例、社会道德以及行为的模范。

① 1903年尋常小学修身書児童用第3学年［文部省.国定修身教科書：複刻第1期.東京：大空社，1990.］明治三十六年（1903）刊の複製）.

中日动漫研究

手塚治虫与战争时期的电影批评[①]

国际日本文化研究中心　大塚英志　著[②]
郑州大学　靳丽芳　译[③]

［**摘要**］1945年，少年手塚治虫在他的漫画习作《直到胜利之日》中描绘了一个少年被机枪射中而流血的画面，这是他漫画中的角色首次获得了血肉之躯。这部作品中很多构图借鉴了电影的表现手法，是一种“电影式漫画”。手塚在开创自己漫画表现手法的过程中借鉴了今村太平等人在十五年战争时期的电影理论，通过对资料的分析可以推知，他的“漫画符号说”是对库里肖夫、爱森斯坦等人的蒙太奇理论的借用，开创了战后“故事漫画”的形式。少年手塚还尝试“文学式漫画”，将小说融入漫画之中，想要实现一种记录内心世界的自然主义漫画。改编自陀思妥耶夫斯基同名小说的漫画《罪与罚》是手塚将“电影式漫画”与文学故事相结合的实验性作品，他对其进行漫画改编的根据依然可以参照战争时期今村太平的电影评论。在漫画《罪与罚》中，手塚采用了由多种角度的镜头及其剪辑构成的电影式手法，其中不乏对“库里肖夫效应”的引用，这可能是因为他接触到了十五年战争时期发行的电影评论著作。他在《罪与罚》中同时尝试了通过引用战争时期形成的狭义电影式手法和战争时期的电影批评来表现多种多样的电影特色。

［**关键词**］电影式漫画，漫画符号说，文学式漫画，《罪与罚》，库里肖夫效应

---

① 本文系教育部人文社会科学研究青年项目“日本动画中战争表象的历史演变研究”（项目批准号：19YJC760039）的阶段性成果。本文选自大塚英志著《电影式漫画家入门》（角川集团出版，2010），经作者授权翻译转载。

② 大塚英志：国际日本文化研究中心研究部教授，研究方向：漫画研究、现代思想、民俗学、战后民主主义。

③ 靳丽芳：郑州大学外国语与国际关系学院讲师，研究方向：日本电影研究、日本文化研究。

一、《直到胜利之日》的特殊性

手塚治虫在日记里记下观看《桃太郎 海之神兵》是在昭和二十年（1945）4月12日。紧接着，在大概6月10日之前，他完成了习作《幽灵男》和《直到胜利之日》。此后，他又执笔创作了《老爹的宝岛》和《遗失的世界》的习作版，前者近年常被指出与《新宝岛》中的场面类似，后者则是手塚在昭和二十年代（1945—1954）的代表作之一，曾多次被重新创作。顺便补充一句，《幽灵男》是他手绘、亲手装订成书的，而《直到胜利之日》则不同，据说是画在上大学时的笔记本上的。[①] 在这些习作之中，《直到胜利之日》的独特之处在于只有这部作品不是以故事形式完成的。

这里说它不是故事形式，仅仅是指在今村太平[②]式的含义上而言的，它由“空袭警报”“防空情报”“躲避”“机枪扫射”“燃烧弹攻击”几个章节构成，仅凭这些就应该能大致推知其内容。这部作品中“动员”了各种角色，其中的美国市民和士兵借用了乔治·麦克马纳斯[③]的《教教爸爸》中的吉格斯和玛吉、米老鼠，日本人则借用了小阿福、坦克太郎或是田河水泡的《人造人》里的机器人等。无论哪一个，都是昭和初期到十五年战争[④]以后美日漫画及动画片中的角色。对战争期间动画角色的政治宣传影像的这种“动员”，就像今村所指出的那样，正是迪士尼所积极推行的。这部用漫画角色描绘了备战空袭时防空部署的《直到胜利之日》，若仅看其章节设置和前半部分的展开，把它视为手塚版的天真的政治宣传漫画也未尝不可。

但是，这部作品完成于6月10日，它描绘的题材是空袭，这一点非常重要。“手塚治虫展”的图录附册中收录了这部《直到胜利之日》，如果其中的解说部分真实可信的话，《直到胜利之日》当初预定于2月1日刊发，主人公似乎与《幽灵男》《老爹的宝岛》《遗失的世界》相同，都是胡子老爹。[⑤]但是，因为要参加高中入学考试等原因，当初的版本似乎没有动笔画，完成时间据推测是6月10日左右。这个日期很重要。

昭和二十年（1945）3月13日到14日清晨，274架美国B-29战机袭来，进行了第一次大阪大空袭，投下大量燃烧弹，造成近4000人死亡、数百人下落不明。少年手塚观看《桃太郎 海之神兵》也是在这片焦土之中。事实上，在那天日记的后半部分中，

---

① 手塚治虫.幽灵男 / 直到胜利之日（手塚治虫 过去与未来的印象展 附册图录）.东京：朝日新闻社，1995.

② 今村太平（1911—1986），日本著名的电影评论和理论先驱。1941年，他将自己对动画的思考以《漫画电影论》为题出版，被认为是日本最早的动画理论专著。——译者注

③ 乔治·麦克马纳斯（George McManus，1884—1954）又译乔治·麦克曼纽斯，美国连环漫画大师，代表作有《新婚夫妇》《乞丐皮特》《教教爸爸》等。——译者注

④ 十五年战争：日本对从1931年“九一八”事变开始，经侵华战争、太平洋战争到1945年日本战败15年间对外战争的总称。——译者注

⑤ 手塚治虫.幽灵男 / 直到胜利之日（手塚治虫 过去与未来的印象展 附册图录）.东京：朝日新闻社，1995.

手塚这样记录了大阪遭受空袭后的景象——“难波[①]附近几乎全部化为灰烬”“烧焦的店铺招牌、电线杆的残片混杂在铁屑、石屑、瓦砾之中，随处可见”。[②]

紧接着，在6月1日发生了第二次空袭，美军不仅出动509架战机，而且首次部署P-51战斗机进行机枪扫射。第三次空袭发生在6月7日，在长柄桥下避难的约400人死于燃烧弹的直接攻击和机枪扫射。在此之后，6月15日、6月26日、7月10日、7月24日、8月14日，又发生了共计8次以大阪及其周边为目标的大空袭。

如此看来，这部《直到胜利之日》虽然看似喜剧式地描绘如何防范空袭，但通过对角色的引用，其表面画风背后的深刻含义才终于得以显现。我已经数次指出，在《直到胜利之日》的后半部分，气氛突然变了，此前，在空袭中被炸到的玛吉和吉格斯也只是脸被烟熏黑而已（图1）[③]，这里却令人意外地插入了一个少年被机枪扫射击中、留下三条血迹的场面，他是唯一一个不是从已有漫画中引用的角色。我一直坚持认为，这个场景颇具象征性，它标志着手塚的角色获得了身体性，在少年手塚的心中支撑那种真实性的是什么，已经不言自明了吧。

图1　脸被烟熏黑的玛吉和吉格斯

最后一页以坠落在住宅街区的燃烧弹的场面和“在猛烈的燃烧弹攻击中，油脂燃烧弹以每四坪[④]投一个的比例落下”这样一句话（图2）[⑤]结束。

① 难波：地名。日本大阪市内横跨中央区、浪速区的繁华街。铁路线交会处，繁华地段“南”的中心。——译者注

② 手塚治虫．手塚治虫大全1．东京：Magazine House，1972.

③ 图1出自手塚治虫．幽灵男/直到胜利之日（手塚治虫 过去与未来的印象展 附册图录）．东京：朝日新闻社，1995.

④ 坪：日本度量衡的面积单位，用于丈量房屋和宅地面积。1坪约等于3.306m^2。——译者注

⑤ 图2出处同图1。

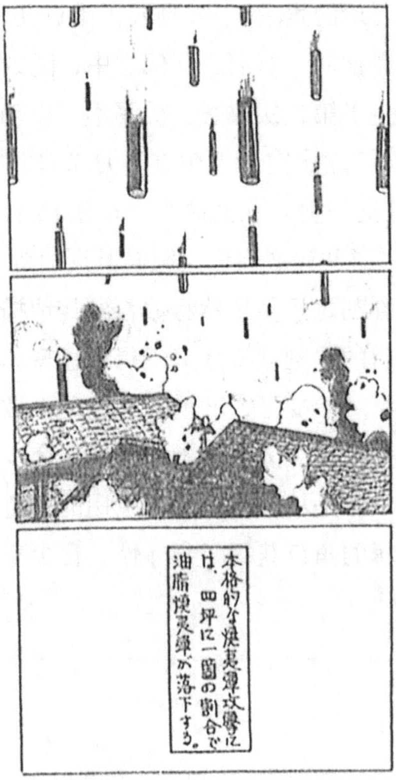

图 2　燃烧弹密集地坠落于住宅区

换句话说，这是极富纪录片色彩的。

在这里，我想再次验证一下这个少年被机枪射中而流血的场面，特地将与之相对应的五个页面全部加以引用（图 3）[①]。

图 3　少年被机枪射中而流血的场面（顺序从右至左）

① 图 3 出处同图 1。

二、清晰存在的“电影式漫画”

若不深入其内容而只看手法上的特征，《直到胜利之日》中有以下三个特点。

第一，以“米奇格式”描绘的漫画角色与以写实主义手法描绘的武器并存。

第二，向上观视的仰角、对“眼前—远处”的透视画法的强调，上半身特写、从不同机位拍摄的全身特写等多种多样的电影式的画格都存在于作品中。

第三，用和剪辑镜头同样的方法来编辑漫画的画格。

例如，不同于大城登《火车旅行》中消极的电影式手法，在这里明显可以看出一种积极的电影式手法。它将《桃太郎 海之神兵》中所展现的迪士尼式角色与写实的武器配置在以电影式的透视画法构成的画格之中，对其进行广义的蒙太奇。虽然无须立即断言这是受了《桃太郎 海之神兵》的影响，但有一点是可以肯定的，那就是在十五年战争之下渗透到孩子脑海中的“文化电影”“纪录片”等导演技法被置换到了漫画的表现中，“电影式漫画”明确地成立了。至少可以说，这里所引用的数页是反映了少年手塚所经历的大阪大空袭这一现实的用漫画来表现的“纪录片”。而且我认为，当为大城所钟爱、为今村巧妙的理论所拥护的迪士尼式的角色如此这般地被重新配置在电影式手法中时，包括此时同时产生的身体性，除了故事以外，此处明确地包含了战后“电影式漫画”的所有要素。

顺便说一句，如果把这个机枪扫射的场面视为一个十六岁少年靠自学掌握的技法，那也仍然是达到了令人惊讶的水准。例如，阿尔弗雷德·希区柯克被誉为电影史上最出色的剪辑者，即使是与他的《西北偏北》（1959）中逃亡者罗杰·桑希尔被飞机袭击的那一段场景相比，这几个画格作为电影的分镜图来看也丝毫不逊色。图 4[①] 是对《西北偏北》中相应桥段所画成的分镜图的引用，手塚一方面以和希区柯克相同的构图描绘少年被战斗机追赶的镜头，另一方面加入从飞机的视点拍摄的镜头，同时插入战斗机中米老鼠的脸等。虽说两部作品中的情景所拥有的含义有所不同，但可以看出它采用了更为丰富多样的剪辑技术。当然，这部电影是在《直到胜利之日》完成的十多年之后公映的，手塚是不可能受到它的影响的。

---

① 图 4 出自［美］路易斯·贾内梯（Louis Giannetti）. 电影技法的素养 1 ：影像的法则 . 堤和子，增田珠子，堤龙一郎，译 . 东京：电影艺术社，2003.（中文译本：认识电影 . 14 版 . 焦雄屏，译 . 杭州：浙江文艺出版社，2021.——译者注）

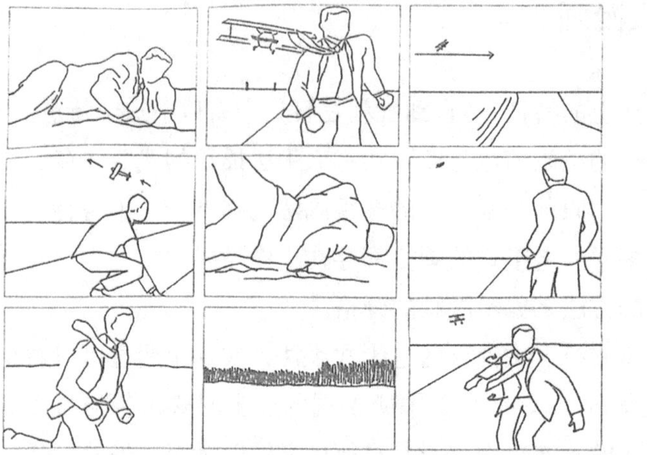

图 4 《西北偏北》中主人公被飞机袭击场景的分镜图（从右至左）

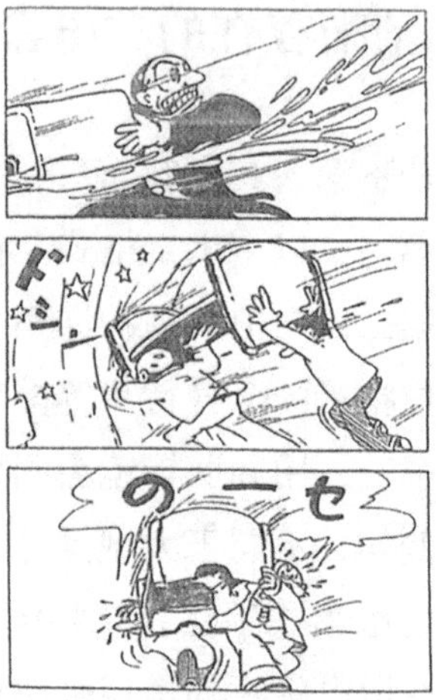

图 5 横切镜头

如此多彩地切换摄影机机位的技法，在与《新宝岛》的场景具有相似性的《老爹的宝岛》中见不到（从横向位置的切换如图 5[①] 一样散见于作品中），并且另一方面，在《新宝岛》卷首的对开页中，汽车不是被描绘成写实风格的机械，而是被替换成了迪士尼式的符号化的汽车，在此基础上采用了这种技法。姑且可以认为《新宝岛》中也存在着狭义的电影式手法。但是，手塚此处的意图有可能是创作冈本一平式的“胶片漫画”，这一点我前面已经指出了。

仅从这一点来考虑，似乎也应该认为手塚所思考的电影式手法乃至如电影一般的漫画具有更多层次的含义。

三、对十五年战争时期电影理论的引用

不仅少年手塚在日记中准确地使用了“文化电影”这一专业术语和说法，而且“故事漫画”这一被战后漫画界公认的用语和概念也是出自今村太平等人在十五年战争时期的电影批评。从这件事上可以推测出，手塚治虫在开创自己的漫画表现方法的过程中大概是借鉴了十五年战争时期的电影理论。作为其中一处例证，首先我想确认的是，手塚的“漫画符号说”有可能是对库里肖夫等人的蒙太奇理论的奇妙借用。

所谓手塚的漫画符号说，是指他晚年开始明确主张的一种漫画观。对此我已多次加以引用，为了便于读者理解，再次引用如下：

① 图5出自手塚治虫.老爹的宝岛（手塚治虫漫画大全集DVD-ROM发售纪念特典）.手塚治虫数字漫画大全集制作委员会，2001.

我啊，最近突发奇想，总觉得自己不太会画画儿。我原本就不是以画画儿为本职的，素描什么的也没学过，完全是自成一派的画儿，所以，我是把它作为表现的手段，碰巧作为编故事的工具画着一些貌似画儿一样的东西，但最近我真的开始认为，那恐怕不能叫画儿。

那，它不是画儿又是什么呢？我觉得，它大概是类似象形文字一样的东西。我那些所谓的“画”，基本上是一感到惊讶就眼珠圆瞪，一生气必定像胡子老爹一样眼睛那儿挤出皱纹、脸突出来。（笑）。

对，我的画儿是有套路的。换句话说，是一种符号。一个个模式组合起来，就形成了一个完整得像画儿一样的东西。这种用于组合的模式，在我的脑海中有几百种。不过，我认为那不是纯粹的绘画，而是一种省略至极的符号。

（中略）换句话说，对我而言，漫画只不过是表达手段的符号，实际上，我觉得自己不是在画画儿，而是在用某种特殊的文字写故事。[①]

在这里，手塚治虫认为自己的画不是写实主义，而不过是由“一种省略至极的符号”“组合”而成的类似“象形文字”的东西罢了。毫无疑问，这与十五年战争时期在大藤[②]和今村等人的言论中可见的构成主义式的角色观是相同的。但另一方面，从“象形文字”这一词语和由部首笔画组成的“文字”人们马上会联想到的，是类似以下这段爱森斯坦对蒙太奇理论极为著名的解释。

其要点是：结构最为简单的两个象形文字的联系（与其说是联系，不如说是组合），它不是两个物体之和，而是其相乘的积，被认为是属于其他次元、其他等级的价值。每一个象形文字，如果分割出其中一个，就分别对应着某个对象、某个事实，但当这些东西被组合起来后就对应着某一个概念。由各个象形文字融合而成的便是——表意文字。依靠两个“描写体”的组合，那些不能作为绘画来描绘的东西就能很好地描绘出来了。

比如说，表现水的画和眼睛的画组合在一起就意味着“流眼泪”，耳朵的画被组合在门的画附近则恰似表示听的“闻”字。[③]

有一种日本文化论式的漫画论至今仍在一部分范围内公然被谈论，它从爱森斯坦将

① 香月千成子．手塚治虫专访：咖啡红茶之夜．漫画专业杂志ぱふ，1979，10.

② 此处的“大藤”，是指日本动画早期的天才人物大藤信郎（1900—1961），以他的名字命名的“大藤奖”成为日本一流的动画片奖项。——译者注

③ 爱森斯坦．电影的辩证法．佐佐木能理男，译·编著．东京：角川书店，1953.

日语（与其说是日语，不如说是“汉字”）与电影这种视觉表达的结合而联想到，因为日语是由汉字和假名组成，汉字是象形文字，即一种绘画，而假名是表音文字，所以由“绘画”和“语言”构成的漫画在日本发达起来。甚至连有些在大学教漫画和动画的老师都扬言：因此，没有假名文字的中国人是不会画漫画的。但是，正因为“汉字”是中国的发明，中国人更擅长“符号说”式的漫画、蒙太奇式的画帧连接，这种解释在道理上也说得通。所以，把某种文化圈文字的特质与漫画这种现代性产物的繁荣相结合当然是牵强的。

原本，爱森斯坦就断言日本电影中没有蒙太奇。在别的文章中，爱森斯坦用“波利尼西亚的习惯”和“布什族的思考”来说明蒙太奇理论。以民俗学式的原始思考为例并从中找出理论性，是当时俄国先锋派的常见做法。

但是，蒙太奇理论与构成主义都是通过组合没有单独含义的最小单位来产生含义，在这一点上，它是与包含民俗学家弗拉基米尔·普鲁普等俄国形式主义在内的同一时代的思考，这一点我前面已经讲过。倘若如此，那么爱森斯坦使用汉字对蒙太奇概念所做的说明，原本就适合解释构成主义的构思。因此，当手塚提到自己的画，也就是漫画画面中恰是源自大正先锋派的构成主义式画风时，引用了爱森斯坦等人的蒙太奇理论的用语和逻辑，这一点是没错的。

四、“漫画符号说”的起源

那么，手塚是何时接触到这种想法的呢？当然，有可能是在战后爱森斯坦的电影理论被正式介绍到日本以后。但是，用“象形文字”对蒙太奇进行解释的逻辑在十五年战争时期的电影论中屡屡被谈论，不胜其烦。例如，今村太平也曾论及如下：

> 蒙太奇的手法虽然自大卫·格里菲斯等人之后在美国被巧妙地运用，但它作为正常的电影表现手法被认识到，却是靠纪录片摄制者。因为正是在这里，仅靠画面来表现的需求最强。并且，这个仅靠画面产生的内容，做了所有必要的准备。为了要表现与相对可以任意支配对象的故事片相同程度的观念性的真实感，几乎是靠把画面与画面如同象形文字一般组合起来撰写文章，换言之，就是唤起了将事实作为文字加以描绘的“文学者”的意识。
>
> 将胶片作为文字来认识的是普多夫金，而在日本的文字中发现蒙太奇的是爱森斯坦。他们是最典型的纪录片摄制者。
>
> 因此，蒙太奇在令人们将胶片视为一种新文字的同时，也使人们认识到胶片的

组合所创造的观念的重要性。[①]

就像这样，“象形文字”这个日语译词不论在今村太平的论述中还是爱森斯坦的翻译中均可看到。那么，“符号”一词来自何处呢？若深入探究，首先可以在昭和十五年（1940）出版的爱森斯坦的专著译本[②]中找到“符号”一词，比这更早的是在昭和八年（1933）开始陆续被翻译的《库里肖夫电影艺术论》中关于“符号”一词的如下用法：

> 为了能让诸位迅速理解画面内容和电影情节，画面必须作为符号、作为文字发挥作用。倘若观众无法理解情节，那么就是因为画面没有发挥自己的作用——符号的作用、文字的作用。换言之，每个画面都应该发挥和每个文字一样的作用，而且它应该是自始至终均可被迅速理解的。
>
> 为了使出现的画面作为符号被观众理解，需要极多的组织性的努力，为此可以使用的方法却是少之又少。[③]

库里肖夫将画面形容为“符号”甚至是“文字”，手塚治虫则称自己是将漫画的图画视为“符号”或“某种特殊的文字”来“描写故事”，库里肖夫的用词和思考与手塚治虫的漫画理论有着相同的逻辑结构。手塚治虫的“漫画符号说”未涉及符号之间的辩证法和冲突而仅止于组合，这一点相比爱森斯坦更加具有库里肖夫的特点。从这一点来看，我认为手塚治虫“漫画符号说”中“符号”的出处之一便是库里肖夫的翻译。库里肖夫电影理论的风靡程度甚至都传到了少年加太浩二[④]那里。不难想象，在十五年战争期间，早熟的少年手塚治虫以某种形式接触到这一理论的可能性非常大。至少，少年手塚对电影批评的熟悉程度足以使他就“文化电影”做出正确的评论。

手塚治虫在“漫画符号说”中表述的“符号”一词，在夏目房之介的漫画批评之后，无论好与坏都成为学术化了的漫画研究的基础术语甚至是分析概念，而关于该词的出处却至今无人问津。然而，如果说手塚治虫谈论自己在作画领域和角色领域的方法论时运用的理论框架和术语是源自十五年战争时期的俄罗斯先锋派式的电影用语，那么，从田河水泡到今村太平再到大藤信郎，这样对迪士尼的俄罗斯先锋派式的理解这一理论框架和实践之中，手塚也把自己定位在了其中。考虑到宫崎骏曾近乎不逊地指出漫画艺术表现中所包含的爱森斯坦性，可以说，日本的漫画表现与迪士尼同样地，在今天难以

① 今村太平．电影艺术的形式．东京：大盐书林，1938.

② 爱森斯坦．爱森斯坦电影理论．袋一平，译．京都：第一文艺社，1940.

③ 库里肖夫．库里肖夫电影艺术论（我的经验谈）．马上义太郎，译.// 电影艺术研究（第1集－第9集不定期连载）．东京：艺术社，1933-1934.

④ 加太浩二（1918—1998），日本评论家、平民文化研究家、连环画剧作家。——译者注

想象到的历史的深层都深深地扎根于俄罗斯先锋派艺术。

五、“故事”与“历史”的扩展

这么想来，有必要对今村太平在战争时期有关另外一个电影术语——“故事”（Story）的论述再进一步加以探究。对于手塚治虫开创的战后漫画的形式，我们效仿他，也仿佛不言自明地习惯性地称之为“故事漫画”，但“故事”这个词出自今村太平等人的电影术语，这一点已经很明确了。那么，作为战争时期电影术语的“故事”概念与战后的“故事漫画”的概念应该能找出一定的一致性。

今村太平非常厌恶电影中老套的故事性，更本质性的问题是，他将“故事形式”中的“故事性”理解为“历史性”，这一点值得我们注意。

> 正如前章所述，记录式与故事式是当前电影中两大对立关系。过去的电影以戏剧、文学为基础逐渐兴起。我以前称这类电影为“故事形式”。(《电影艺术研究》第十七集拙论）这种情况下的电影是将文学中所做的“历史的放大”作为其故事内容。这一点与电影有限的时间是多么矛盾，至今也未引起重视。其对策是尽可能赋予其复杂的时间变化，满足人们的想象，从而带来意想不到的效果。为此，电影从小说中借鉴了故事，其情节主要就是戏剧文学的移植。并且与文学作品一样，历史题材在电影中占有极大的比例。此后出现的连环武打片也几乎都显示了对故事的兴趣。①

今村太平认为，在“连环武打片”②出现以前小说带给电影的是历史题材，但电影的长度有限，不适合展现“历史”这个超长的时间跨度。这里所说的“历史题材”并非指古装片或以过去发生的事作为素材。而是认为，例如要表现一个人从童年到壮年再到老年的变化过程，就会分别使用不同的演员，这种做法与电影作为记录“现在”的媒介的本质属性相矛盾。因此，电影归根结底是反映“现在”的媒介，它所描写的不是“历史”的扩展而是“空间”的拓展。

> 因此，小说讲述了时间上的历史，电影创造了空间上的历史。小说是历史性的，而电影则是地理性的。很多历史电影并非将我们带入过去，而是将过去还原成

① 今村太平．电影艺术的形式．东京：大盐书林，1938.

② 连环武打片（連続活劇）是1910—1920年流行的一种电影形式。每部是以10—20分钟的动作为主题的短篇电影，每周上映1部，大约15部完结，可以说是现在电视连续剧最早的起源。——译者注

现在。在装扮、语言、动作、背景、气氛之中总是能看到对现在的摄影。也就是说，摄影机与拍摄对象只能处于同一时间。进一步来说，这就意味着电影以现在作为描述对象时最具说服力。很多电影艺术家也是因为这个特点才有意识地支持纪录主义。这是在从地理上来弥补历史。摄影机正在把触手伸向现在这个地球的每一个角落，只是在书写现代史。①

原本今村太平就对亀井文夫在纪录片中所做的“人为”（所谓的“摆拍”影像）持批判态度。今村想要排除的是把过去或现在用演技加以再现的“人为”性，而对运用蒙太奇手法创作出新内涵的拍摄手法则完全不反对。这一点，从今村对莱尼·里芬斯塔尔执导的《民族的节日》大加赞赏也可以看出。在这个意义上，今村所说的“现代史”，就是里芬斯塔尔记录下的纳粹党大会和柏林奥运会，就是爱森斯坦等人拍摄的苏联正在发生的革命。那么，用动画来“再现”日军对荷属东印度的侵略岂不是混入了“人为”的成分？但今村却持拥护态度，认为只要动画运用不同于现实的运动规律在其内部构造出角色的造型和动作，它就与庸俗的“再现”有本质的区别。

但是，在今村的论述中，电影无法描绘“历史”，即无法描绘时间的漫长积淀，正因为如此他主张电影应该是非故事形式的，他的这一主张反而无形之中把“故事”这一术语作为“历史”的同义词进行了定义。这一点，与手塚在“故事漫画”《森林大帝》中对狮子一族的命运跨越四代加以描写、在《火鸟》中将人类历史作为素材都不无关系。手塚治虫所认为的“故事”并不是指戏剧理论或情节，而是文学上所说的“英雄传说”，或者简单来说，是包含着近似“大河剧”的概念。虽然文学研究把福克纳②或中上健次的作品作为一个家族或一片土地的历史故事用“英雄传说”加以形容，但实际上，手塚之后日本的长篇漫画或多或少都有“英雄传说”化的倾向。

六、“文学式的漫画”

但是，若问今村太平是否曾认为“电影”与“小说”应当切断联系，却也并非如此。

曾经有作家将电影的手法引入小说之中，而如今人们却欲要创作受电影形式支配的文学作品。我们数年前无意间提出了“电影文学”这一概念，而今已发展成

① 今村太平．电影艺术的形式．东京：大盐书林，1938.

② 威廉·福克纳（William Faulkner，1897—1962），美国文学史上最具影响力的作家之一，意识流文学在美国的代表人物，1949 年诺贝尔文学奖得主，最有代表性的作品是《喧哗与骚动》。——译者注

“剧本文学”这种公开的运动受到广泛的议论，这是令人始料未及的。

或许是因为想要把小说置于记录客体的基础上，同时却产生了完全主观性的倾向。不过，那依然是更接近心理学式精神分析学式的记录。①

说起来，文学家向电影的靠近不必等到昭和初年川端康成的《疯狂的一页》的脚本，谷崎润一郎等人就是例子。然而，今村所说的“电影文学”恐怕类似于爱森斯坦的“电影小说”。爱森斯坦的主张在于将电影剧本从以数字排列的摄影剧本中解放出来，而在今村的讨论中值得注意的是，其中所构思的是如电影一般的文学，乃至如文学一般的剧本。少年手塚不仅尝试“电影式的漫画”还尝试“文学式的漫画”，应该也是以此为前提的。

之所以这么说，是因为手塚治虫在其习作版《遗失的世界》的开篇便做了如下宣言：

这既非漫画
亦非小说
笔者（手塚治虫）②

也就是说，可以看出少年手塚想要尝试“文学式的漫画”，或者将文学与漫画进行结合。早在此时，这位早熟的少年便已掌握了将电影式的演出论用于漫画实践的技术。而且，这种方法是萌芽于纪录片式的漫画之中的。

尽管如此，这个少年仍然试图将小说用漫画的形式表现出来。

那么，手塚治虫所构思的小说是什么样的呢？习作版《遗失的世界》首先是从胡子老爹这一讲述者的第一人称叙述开始的。

像现在这样写下记录，让我感觉此次遭遇的不可思议的经历完全像是一场梦，不仅像是遥远的前世的记忆，甚至怀疑现在这样记录这些胡话的我是不是疯了。（中略）其中的男男女女，凡与此事相关的人现在全都不在了，得以留下来记录这件事的只有我一人……难道是这个偶然却悲剧性的结局让我此刻的心中产生了那样的感觉么……③

虽然运用第一人称的自述可以说是小说式的，但这是胡子老爹此刻内心的记录，这

① 今村太平．电影艺术的形式．东京：大盐书林，1938.
② 手塚治虫．手塚治虫漫画全集360遗失的世界——私家版①．东京：讲谈社，1994.
③ 手塚治虫．手塚治虫漫画全集360遗失的世界——私家版①．东京：讲谈社，1994.

一措辞需要注意。因为，爱森斯坦在关于“电影小说”的议论中有如下的论述：

> 大体说来，在小说之中达到的自然主义，是以“避开过度人为干预”的正确性与严密性为目标的“心”的记录或“物”的记录。并且，主张事实的记录要么与故事相关，要么本身具有故事性。①

这里，爱森斯坦所说的“‘心’的记录”与《遗失的世界》的开头所蕴含的思想不谋而合。我在前面已经指出，对手塚治虫而言“故事”这一概念类似于“英雄传说”或“大河剧”，但另一方面，可以认为手塚是通过将小说统合至漫画之中，想要实现一种记录了心灵记录即内心世界的自然主义漫画。而事实上，在战后的作品中，手塚治虫偏爱给迪士尼式的能直立行走的角色赋予心灵。自不待言，这种漫画的自然主义化，最终与萩尾望都等“24 年组”② 的展现内心的漫画表现再次回归文学也密切相关。

七、手塚治虫想要尝试什么

这样看来，我们就能充分理解手塚治虫在“故事漫画”这一概念中想要尝试什么了。

也就是说，在日本战败之前的昭和二十年（1945），摆在手塚治虫面前的是，变身为文化电影，排除故事，同时运用蒙太奇理论以独特的方式拍摄而成的电影化的漫画和动画。而手塚想在这个排除故事的情况下拍成电影的领域再次引入故事和文学。不过此时，手塚与电影、与围绕故事和文学的十五年战争时期的电影理论仍然是相呼应的。

在此前的讨论之中，手塚对战争时期的电影批评究竟接触了多少，只有一些用词和逻辑相 致这些间接证据。

但是近年发现了少年手塚治虫在昭和十九年（1944）制作的小册子《漫画自学指导ADAMSON》，其中一部分内容公开之后引起了广泛关注。这个小册子是一本漫画的入门书，单从公开的内容可以看出，它明显受到了大正后期至十五年战争时期大量发行的漫画入门书的影响。大正后期至昭和初期，虽然在数量和水平上不及电影理论书籍，但它是漫画入门书和理论书大量发行的时期。

---

① 爱森斯坦．电影形式的辩证法．佐佐木能理男，译．东京：角川书店，1953.

② 萩尾望都（1949— ），日本著名女漫画家，2020年被日本政府授予“文化功劳者”称号。她为少女漫画带来了革新，开创了少女漫画的黄金时代，与竹宫惠子、大岛弓子、山岸凉子等生于昭和二十四年（1949）前后的女性漫画家一起被称为“24 年组”。——译者注

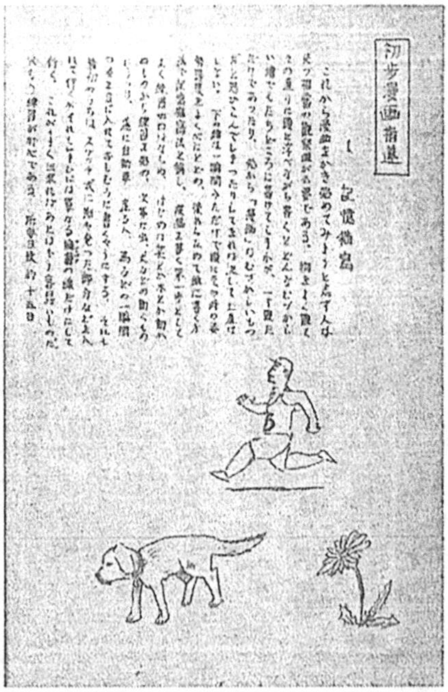

图 6　“初步漫画指导”之“记忆描写”

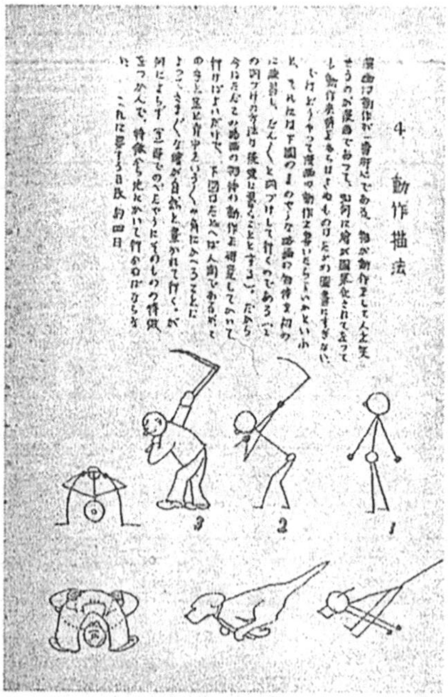

图 7　“初步漫画指导”之“动作画法”

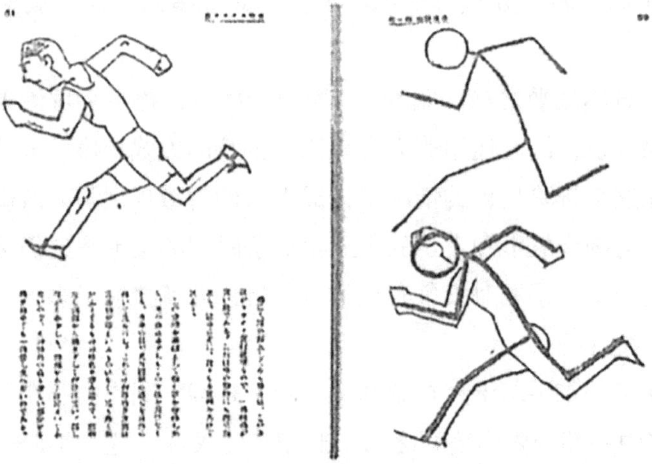

图 8　漫画人物表现的本质是“动作”

例如，图 6① 中有关于“记忆描写”这种练习方法的说明，手塚治虫写道：“只看一眼，瞬间在脑海里留下当时的姿势和形态，之后再重新绘制成画。”不同于所谓的素描和写生，而是把印象转换成画，大正中期以后，漫画的图画并非素描式的写实，而是描

① 图6出自手塚治虫私家书.亚当森·漫画自学指导（六绫绘画班漫画部，1944）// MANDARAKE ZENBU.东京：MANDARAKE 出版部，2010：46.

写本质的理念主义，这一想法与漫画入门书中所体现的想法遥相呼应。图 7[①] 如同图 8[②] 中所展示的例子一样，是十五年战争时期的漫画入门书中频繁出现的技法，认为“不论画面怎样被图案化，不加上动作就仅仅是图画”而已，把漫画中人物表现的本质理解为“动作”，即运动的图案甚至是构成，这种态度明显带有构成主义色彩。

此外，在手塚治虫同时期的记事本中可以看到与这个小册子相同的“ADAMSON”的字样，旁边用小字标注的是“落语 阿伊努人故事史”，具体是什么意思现在已无从考证，但当与前面今村太平关于历史和故事的讨论联系起来看时，“故事史”这个说法就很值得注意了。

在这本小册子部分被公开的内容之中，虽然未见与电影批评相关性的表述，但至少可以看出，少年时期的手塚治虫已经接触了漫画的理论书，并尝试从方法的层面去理解漫画表现并将其体系化。

八、《罪与罚》的实验

那么，手塚将“故事”“文学”与“电影式漫画”相结合的具体尝试又是如何进行的呢？至少这并不是把原作和分镜图都交给酒井七马，只在开头的对开页和后面的几个地方能看到手塚创意的《新宝岛》。相反，在《遗失的世界》(1948，不二书房)、《大都会》(1949，不二书房)、《未来世界》(1951，不二书房)这个初期科幻三部曲，以及《森林大帝》中可以看到那种实践。但是，手塚将“电影式漫画”与“文学”“故事”相统合的实验性作品应该就是《罪与罚》了。

自不用说，《罪与罚》是陀思妥耶夫斯基同名小说的漫画版，于昭和二十八年(1953)由东光社发行。手塚在昭和二十五年(1950)尝试创作歌德《浮士德》的漫画版之后，与《罪与罚》一起，还尝试将斯特林堡[③]的《死之舞蹈》、同为歌德作品的《威尔逊·迈斯特尔的学习时代》等作品进行漫画创造，但据说没有出版。

至于手塚将这部《罪与罚》漫画化的动机，官方说法如下所述：

> 我的读者层稳定下来后，我便面临一种需求：即便是为了那些读者，我也得在每一部作品中让他们有所收获。因为读者在来信中会贪婪地要求“再来一些冒险！”“再尝试一些新的手法！”我是不可以停滞不前的。[④]

---

① 图 7 出处同图 6。

② 图 8 出自日本漫画会 . 漫画讲座 第 1 卷 . 东京：建设社，1933.

③ 奥古斯特·斯特林堡（August Strindberg，1849—1912），瑞典作家，瑞典现代文学的奠基人，是瑞典的国宝，世界现代戏剧之父。——译者注

④ 手塚治虫 . 手塚治虫漫画全集 383（别卷 1）手塚治虫随笔集① . 东京：讲谈社，1996.

在上面的叙述中，回应了要求“再尝试一些新手法”的读者，这个说法很有意思。因为这意味着《罪与罚》中有意尝试了某种新的手法。原本《罪与罚》的一个出版预告就比实际出版还早得多，刊登在《漫画大学》(1905 年，东光社）上。除了之前的小册子外，这本书是手塚的商业出版物中最早的漫画入门书，而从《罪与罚》出版的前一年即昭和二十七年（1952）到昭和二十八年（1953）间，他在连载《森林大帝》的同时还做了“漫画教室”的连载。而且“漫画教室”还提到了我后面要讲的《森林大帝》中所使用的电影式手法。正如已经指出的那样,《森林大帝》是一个“英雄传说”式的故事，在“漫画教室”的连载结束后，手塚就开始进入《火鸟》(《漫画少年》版）的连载。

这样看来,《罪与罚》的发行期不仅是手塚对自己的方法重新定义的时期，同时也是“故事漫画”的确立期。

在这一点上值得注意的是，手塚关于自己阅读《罪与罚》的读书体验所做的如下描述。顺便说一下，手塚所读的《罪与罚》是中村白叶翻译的版本。中村白叶是一位研究俄国文学的学者，因大正三年（1914）将《罪与罚》直接由俄文翻译过来而闻名，而此前《罪与罚》只有内田鲁庵从英译本转译过来的版本。

> 在学生时代我如饥似渴地阅读以托尔斯泰、陀思妥耶夫斯基等作家为代表的俄国文学，他们的作品里散发着浓郁的泥土气息。特别是当时我热衷于学生戏剧，因为在舞台上表演过果戈理的短篇作品以及小说《在底层》等，俄罗斯人的气息令我怀念，使我能够毫无抵触地一直读下去。《战争与和平》《罪与罚》等作品作为我学习叙事方法的教科书，都是非常珍贵的。①

手塚称《罪与罚》是他“学习叙事方法的教科书”，这一点仍然是很重要的。在同一篇文章中，手塚还这样描述了他对《罪与罚》的兴趣：

> 我对这部作品产生兴趣的动机是，小说的背景与日本经历战败后不久的社会情形几乎如出一辙，不合逻辑的谋杀、贫困与无力、卖笑妇、学生犯罪等活生生的新闻都与日本出奇的相似。不过，二十年后的今天再次读这个故事却更具有现实感，使我深刻地认识到了作者的伟大。②

可见，有一点可以确定，在手塚的心中这部作品是接受“战后”这一现实即今村式

① 手塚治虫．圈内人的学生时代与俄国文学：MY CLASSICAL. THE HIGH SCHOOL LIFE. London：MAC，1968.

② 出处同前。

“现代史”的一个框架，这与手塚将大阪大空袭接受为动画角色和“电影式手法”共存的“文化电影”这一态度相重合。此时的青年手塚，一边挣扎着接受战时、战后的“现代史”和“现实”，一边又摸索着如何使“漫画”发展进化。

九、“故事”与“时间”观念的问题

话虽如此，但手塚在“电影式漫画”的方法论和“故事漫画”的确立时期却硬要将《罪与罚》进行漫画化，其根据之一依然可以参照战争时期的电影评论。这是因为，在围绕“电影”“故事”“小说”的议论中，今村屡次提及的便是《罪与罚》。

例如，今村曾做出以下的论述：

> 像《罪与罚》那样将几分钟的事情写上几十页的情况，我们可以通过想象将其压缩。相反地，数十年的时光也可以通过想象加以延长。而电影没有这样的想象空间，故事的时间就是实际上的观影时间。总长两小时的话就只能感受到两个小时。这是因为空间在其中进行了全面性的支配。这个被时间形式所支配的表现手段很不可思议，与文学一样，它并不表现历史性的时间。[①]

在小说《罪与罚》中，读者可以自由地理解时间，而在电影中，“故事的时间”就是实际观看电影的时间——如果遵循今村太平的这一主张，那么电影全部只能作为电视剧《24 小时》而存在了。因此，这一主张本身是非常极端的理论，但是在小说《罪与罚》中，仅仅几分钟的心理活动有时会写几十页，有时却仅用一行来描绘，今村正是把小说的这种自由性作为文学的特性而指出来，这一点很重要。因为这仍然是电影中故事与时间观念的问题。也就是说，今村提出了这样一个问题：当电影与文学结合之后再次变成“故事电影”时，如何能表现文学中时间的自由性呢？

另外，今村曾认为爱森斯坦关于内心的记录问题是在通过物来解释心理，在他的论述中也提及了《罪与罚》。

> 像这样，通过物来表现心理状况的做法在电影中非常明显。这是基于纪录形式将物提高到了与人同等地位的某种方法。

① 今村太平 . 电影艺术的形式 . 东京：大盐书林，1938.

在杜辅仁科[①]的《伊万》中，失去孩子的母亲冲到了事务所。长长的走廊里有很多的门。它给人的印象是实际上并不需要那么多的门。也就是说，杜辅仁科反复地拍摄了母亲打开三扇或四扇门向前走的样子。这种反复很鲜明地表现出了母亲震惊、充满焦虑、必须尽快向谁求救的心理状态。展示她内心的是多到超乎常识的门和漫长的走廊。

相同的例子在皮埃尔·谢纳尔执导的电影的《罪与罚》中也可以看到。在拉斯柯尔尼科夫走向阿廖娜家去的这一场景中，从他的住处到放高利贷的老太婆家那段长长的灰色墙壁和令人不耐烦的楼梯的画面一直延续。背景的墙壁与漫长的楼梯就是这个杀人者的心理表现。主人公被不安和恐怖包围着的心情，通过这个整体上灰色沉闷的墙壁背景表现出来了。[②]

这段引用认为，纪录形式的电影与文学的结合在于“将物质提高到与人类相同地位的方法”，以谢纳尔版的《罪与罚》（1935）为例，论述了拉斯柯尔尼科夫谋杀放债老婆婆的那段著名场景是如何被电影化的。顺便一提，《罪与罚》在1923年由《卡里加里博士》的导演罗伯特·维内[③]拍成德国电影，又在1935年由约瑟·冯·斯坦伯格在美国翻拍。就这一点上也可以说《罪与罚》是在电影与文学的议论中很容易让人联想到的作品。

就像这样，假设手塚接触了十五年战争时期的电影批评，那么，他应该相应地了解到了这一点：如何能将《罪与罚》拍成电影，不是纪录片方式与老套故事的结合，而是与如何用纪录片方式将作为文学的故事形式和进化发展后的电影再次结合，与这一讨论密切相关的。

十、手塚治虫的“电影式手法”

那么，具体来讲，手塚是如何将《罪与罚》创作成漫画的呢？并且，其中采用了怎样的电影式手法呢？

首先，关于由电影式的纵深和剪辑构成的狭义的电影式手法，如图9[④]所示，在作

① 亚历山大·杜辅仁科（Aleksandr Dovzhenko，1894—1956），苏联导演、编剧、作家、诗人，苏联电影学派奠基人之一。代表作品有电影《兹韦尼戈拉》（1928）、《兵工厂》（1929）、《大地》（1930）、《伊万》（1932）等。——译者注

② 今村太平．电影艺术的形式．东京：大盐书林，1938.

③ 罗伯特·维内（Robert Wiene，1880—1938），出生于波兰布雷斯劳，德国电影演员、导演，被称为德国电影的奠基人。作品有《卡里加里博士》《奥拉克之手》等。——译者注

④ 图9出自手塚治虫．罪与罚．大阪：东光堂，1953.

品中得到了正确的运用。这是主人公杀死老婆婆后返回家中的一段，他的心理通过 6 个画格被表现了出来。在这个场景中，包括投射在台阶上的影子在内，阴影成了表现的对象，这一点也值得注意。这样表现恐怕也是因为这是比较具有电影特点的一个元素。

手塚已经在《漫画大学》中将四格漫画应用于长篇漫画，并如图 10[①] 一样展示了对描画了阴影的画格进行蒙太奇的例子。虽然手塚在此书中姑且将“四格漫画”以起承转合论进行了说明，但毋宁说长篇对四格的借用正是存在于画格的“剪辑”这一概念中的，这一点从上面的引用中也可以看出来。顺便说一句，在我看来手塚的剧本建构论很接近三幕构成论，此处不做深入探讨。

图 9　电影式的纵深和剪辑

图 10　对描画了阴影的画格进行蒙太奇

对于这种由多样的镜头及其剪辑构成的电影式手法，手塚在他的专栏“漫画教室”中也以昭和 27 年（1952）正在连载中的《森林大帝》为例进行了解说（图 11）[②]。

① 图 10 出自手塚治虫．漫画大学．大阪：东光堂，1953.

② 图11出自手塚治虫京都粉丝俱乐部．补丁葫芦猪时报，1983：20.（首次刊发于：漫画少年．东京：学童社，1952：9.）

图 11　运用了多种镜头和剪辑的电影式手法

顺便提一句，附在这八个画格上的说明文字如下：

右页第一画格 背景一定要画。尤其要表现出这一画面周围的感觉

右页第二画格 在构图上，或从上看或从下看，赋予其显著的变化很重要

右页第三画格 只看一个方向的图如果连续出现，整体就会变得平淡无奇，令人厌倦

右页第四画格 尤其要表现出远处物体和近处物体大小的区别

左页第一画格 与四画格漫画不同，一定要加入充分的、有趣的台词

左页第二画格 很多时候，长篇漫画的趣味性都是来源于其台词

左页第三画格 但是，有时也需要不用台词，用变化很轻快的画面

左页第四画格 特写镜头，也就是放大来描写，有时也要大量地使用①

其中，在背景中，针对“表现出周围的感觉”这一说明文字，配的图是从上方拍摄的远景镜头，这个画格的摄影机机位不仅“或从上看或从下看，赋予其显著的变化”，还从眼前到远处多重配置对象来表现纵深，使人联想起动画制作的复合平面方式（当然，也可以说是像俄国先锋派）。这里，可以充分看出手塚在漫画中使用摄影机机位

① 手塚治虫京都粉丝俱乐部. 补丁葫芦猪时报，1983：20.（首次刊发于：漫画少年. 东京：学童社，1952：9.）

（即取景角度）的自由度与大胆之处。

现在的电影式手法，比手塚在这里展示的狭义的电影式手法更为突出，当然就需要使用更多的页面了。但是，无论是每一回仅用几页就想展开一个英雄传说型故事的《森林大帝》，还是将原作仅用不足 130 页的篇幅改编成漫画的《罪与罚》，仅靠尽情使用这一种手法实际上是很困难的。因此，只是部分地采用了。

此外，关于这种手法还有一点必须注意，手塚在“漫画教室”专栏中有这样的记述：这种“主要受到电影的影响才开始”的表现手法，因“福井、马场、牛尾、高野、手塚这些人，变得越发让人印象深刻”。[①] 也就是说，手塚并不认为狭义的电影式手法是自己的独创，而将之视为同时代的漫画家们共用的表现手法。除了“漫画教室”，手塚的漫画入门书中并未提及电影式手法，与此也有关系。前面我已经提到，手塚在《新宝岛》的开头特意将电影式手法画成了胶片漫画的形式，但从这一点可想而知，对手塚而言他所认识到的电影性是更加多样的。至少在《罪与罚》中，手塚并没不想停留在狭义的电影式手法中。

十一、对“库里肖夫效应”的奇妙引用

来看几个具体的例子吧。

例如，关于主人公去杀害老婆婆这段情节的心理描写，今村以舒尔纳版的《罪与罚》为例有所提及，但是，手塚将这个场景的前半部分用如图 12[②] 所示的那种奇妙的形式加以表现。右边是同样模样的主人公，左边则配上作为其心理剧的回忆，类似的内容用了 4 页、15 个画格加以展开。今村在小说《罪与罚》中特别指出“将几分钟发生的事情用几十页”来进行表现，如今回想起来确实意味深长。他特意以画格作为“量”对原本是瞬间发生的心理活动加以表现。

但是，原本这样的表现若放到现在是可以通过将回忆过去的场景切回现在的场景而连接起来的。那么，手塚在此处之所以没有使用这种手法，与其说是因为对他而言这种手法是不可能的，我更想说，在这里手塚有可能是在尝试其他形式的电影式手法。

换句话说，这正是对“库里肖夫效应”的奇妙引用。十五年战争时期发行的日本电影评论家关于蒙太奇论的著作中，有一本满井达所写的《蒙太奇论与有声电影理论》（1933 年，往来社）。电影评论家满井达虽说只留下这一部著作便猝然离世，但在提及关于库里肖夫和爱森斯坦时使用了“象形文字”和“符号”这两个术语，加上这一插图

① 专栏“漫画教室”第 17 回 // 手塚治虫京都粉丝俱乐部. 补丁葫芦猪时报，1985：22.（首次刊发于：漫画少年. 东京：学童社，1954：2.）

② 图 12 出处同图 9。

被刊载的事实，这很有可能是手塚的蓝本之一。

其中有关于库里肖夫效应的如下教科书式的评论和广为人知的插图（图 13）：

图 12　对“库里肖夫效应”的引用

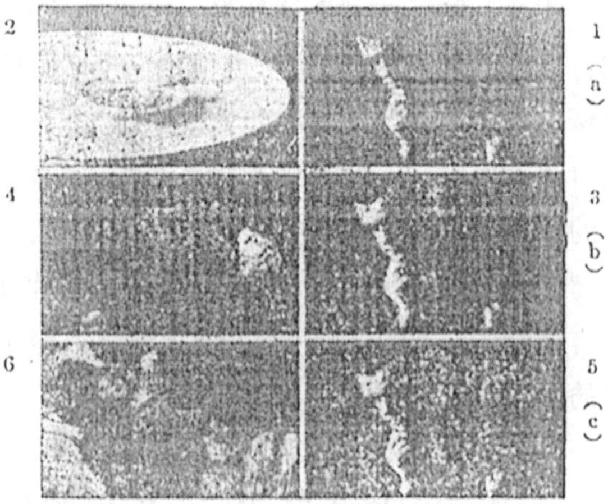

图 13　“库里肖夫效应”

在 1、3、5 这样的相同静态的场景之后，安排像 2、4、6 这样不同的画面，同样的表情就变成了三个不同的表情，也就是说在（a）中变成了食欲、在（b）中成了杀人后的沉默、在（c）中则成了性欲的表现。这给观影者留下了极为强烈的印象，比舞台上的名演员所做的表情更让人铭记于心。也就是说，通过将凝视某处的表情，将其对象通过蒙太奇手法构成了决定性的电影表现，库里肖夫曾断言，这里有着电影特有的方法和电影审美的根据。①

这张图片解释的是在图 13 中的（1）和（2），或者是（3）和（4）被蒙太奇之后，相同的画面（1）就拥有了不同的意义。针对人物的表情，通过对其所回忆事物的表征进行蒙太奇来表现人物的心理。对于这一著名的说明图，手塚几乎原封不动在右面安排同一表情人物的构图，在左面配上心理剧，就这样略显牵强地进行了引用。

当然这是引用，甚至可能是曲解，但考虑到手塚将作为蒙太奇理论说明的“象形文字”“符号”的术语和逻辑借用到了“符号说”中，他对库里肖夫的引用也并非不可能。此时的漫画还未发现像后来大岛弓子将《罪与罚》改编成漫画时所采用的方式一样（图

① 以上引用及图 13 均出自满井达．蒙太奇论和有声电影理论．东京：往来社，1933.

14）[①]，在对话框外配上作为语言的独白乃至第一人称叙述来表现内心的手法。而且，此时的手塚想必是执着于将内心进行电影式表现。手塚曾追述过，读者要求他尝试新的手法。因此我认为，此时出现对库里肖夫理论牵强的引用也不足为怪。

而且，去杀老婆婆的这段情节，进而发展成了以下这样的内容（图15）[②]。这次使用相同的构图居然持续了11页。加上之前的“库里肖夫效应”一共是15页。也就是说，超过全书百分之十的篇幅都花费在这段情节中的心理描写上了。这个场景一看便知，明显是以舞台为原型的。关于这一点，手塚有以下的证言，这是他对参加学生戏剧活动时的回忆：

图14　对话框外配上独白来表现内心

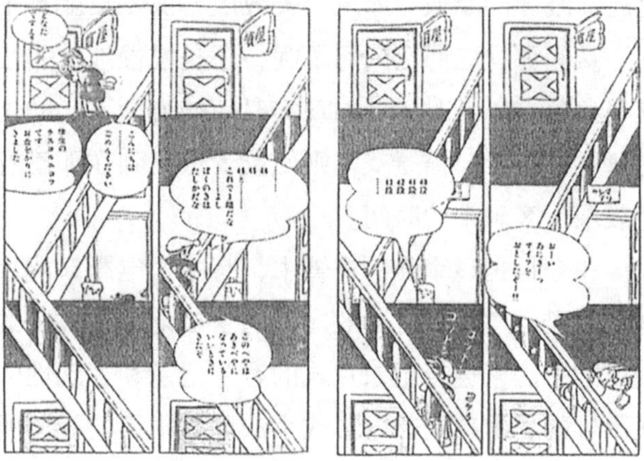

图15　重复使用以舞台为原型的构图

我立志演戏，加入了关西民众剧场，当时它与青猫座一样在大阪都是规模很大的新剧团。我也暂且走了一段演员之路。

但遗憾的是总也遇不到正经的角色。大部分都是老人的角色。曾经在朝日会馆演过一次陀思妥耶夫斯基的《罪与罚》。

此时的我，饰演的是圣彼得堡一个女里女气的学手艺的小混混。我精心化好妆之后意气风发地登台表演，帷幕拉开后，才发现舞台上搭建了一个三层的布景，而我的位置在最上面一层，根本不像想象的那样。我就像躲在云中的释迦牟尼佛一

① 图14出自大岛弓子．罗迪恩·罗马诺维奇·拉斯柯尔尼科夫．东京：朝日有声杂志，1976.

② 图15出处同图9。

样，因为，我的眼前垂着厚帘幕，据说后面三分之二的座席只能看到我的脚。[①]

与手塚实际演出时的舞台装置相同，图 15 中这个桥段的构图与手塚实际站过的舞台装置相同，这一情节是从侧面看到的三层建筑，手塚曾经饰演的油漆匠也作为角色出现在其中。

在此，我并无意说它类似《卡里加里博士》和《大都会》这些德国表现主义的电影将舞台装置的布景放进了电影中，也不打算说村山知义等大正先锋派的工作最大的成就是舞台装置。

我倒是认为，手塚在这里之所以搬出舞台布景，是因为以今村的论述为前提的作为漫画作品中时间管理的问题。也就是说，今村认为由于电影是实拍的，所以电影胶片的进行总是要追随着时间的流逝。而另一方面，小说可以将时间变长或变短来进行表现。这时，刚才的疑似“库里肖夫效应”那一页就是主人公心理时间的表现，也就是说，是在一瞬间那样的回忆闪回了呢，还是慢慢地被回忆起来了呢？不管是哪一种，表现的都是与角色在思考时所处的现实时间的流逝不同的主观性的时间。与此相对，他明显地模仿舞台的布景、描绘戏剧则使读者意识到在那里有着和现实时间一样的流逝。换言之就是表现了客观性的时间。

在今村稍显牵强的逻辑中，有主张电影只能表现客观性时间的一面，但可以说，手塚则用酷似“库里肖夫效应”的手法记录主人公的内心以及主观性的时间，并且用舞台剧式的手法来进行纪录片式的客观记录和客观性的时间的描写。而且，这一镜头与已经展示过的、由狭义的电影式手法和对阴影的强调所构成的连续镜头是相联系的。这些多样的实验性手法全都是为了描写主人公的心理而被使用的。

十二、“漫画”如何能表现“文学”

像这样，手塚将主人公或作品中人物的主观和将其视为客体的场景在《罪与罚》中区分开来使用。

在这一点上，我还想介绍的一处是图 16[②] 中一段对话之后的描写，波尔菲里警官对主人公说：“罪犯这种人就像聚集在灯火周围的飞蛾一样……就算放任不管他们也会扑向火里。”火焰吞噬了飞蛾，而那团火焰则变成了警官，这是一种平庸老套的象征性表现。这个被角色化了的火焰的描写借用了迪士尼的《糊涂交响曲》（*Silly Symphony*）及其他作品中可见的火焰的拟人化，而且火焰是爱森斯坦在草稿中用“原形质”“多形态”

① 手塚治虫 . 手塚治虫乐园 . 东京：大和书房，1977.

② 图 16 出处同图 9。

这些词来形容迪士尼的本质时也提及了的。也就是说，在描写主人公的心理时，这里不仅引用了电影，甚至借用了迪士尼的手法。

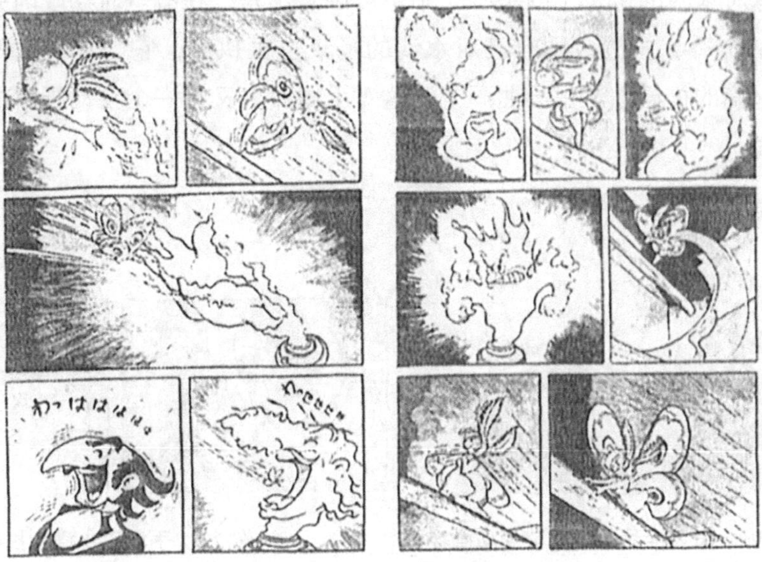

图 16　火焰吞噬了飞蛾后变成警官（从右至左）

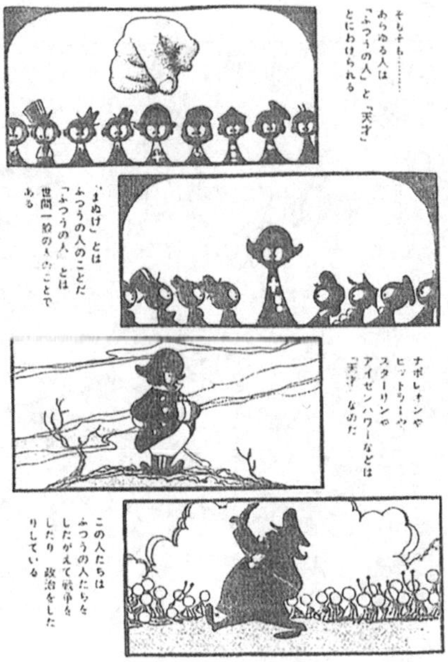

图 17　《罪与罚》中剪影画的使用

另外，在解释主人公所写论文的桥段中使用了剪影画（图 17）[①]，这不禁让人联想到

① 图 17 出处同图 9。

在《桃太郎 海之神兵》的中间阶段，只有在试图将日本侵略荷属东印度合法化的场景中使用了剪影动画（图18）①。就像这样，《罪与罚》中也强烈地反映着手塚的动画体验。另外，从手塚对水滴的执着（图19）② 中也可以看出来，在战争时期政冈宪三的动画作品《蜘蛛与郁金香》中，政冈自己对水滴的场景也很执着，它与《桃太郎 海之神兵》中战斗机里水滴的描绘方法也异曲同工。这对手塚而言又是一个在动画性的层面上颇具电影性的桥段。

图18 《桃太郎 海之神兵》中的剪影动画场面

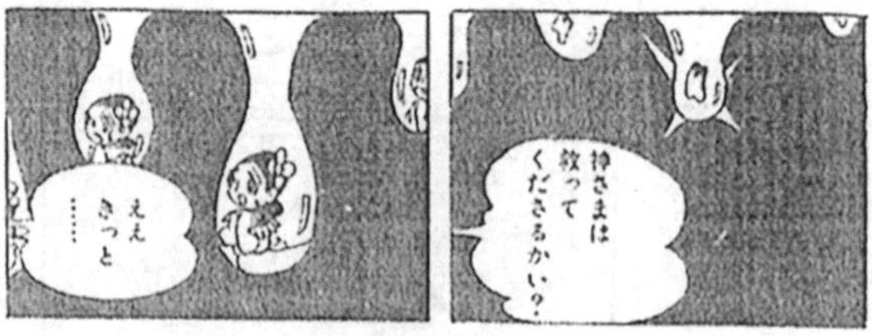

图19 手塚对水滴的执着

但是，在《罪与罚》中最具电影性的恐怕是在作品的最后，民众蜂拥而至引发骚乱的那个群众场面所展现的故事高潮（图20）③。

图20 《罪与罚》中的群众场面

① 图18出自濑尾光世导演的动画片《桃太郎 海之神兵》（1945年）。
② 图19出处同图9。
③ 图20出处同图9。

手塚治虫此前的漫画中，几乎百分之百地会出现用对开页描绘的群众场面，他在《漫画大学》中也曾特意与全景漫画一起谈论。这种画法的一个源头便是从“全景馆”到《野狗黑吉》系列漫画中可见的全景画，而在这部《罪与罚》中，对开页内的构图和技法也并未超越《野狗黑吉》。

但是，提起群众场面，不必举出《罢工》或《战舰波将金号》的奥德萨阶梯场景，在《亚洲风暴》等苏联电影和《大都会》等作品中也有令人印象深刻的表现，它恰是作为电影式的创意存在过的。

正因为如此，在故事的最后，主人公告白自己杀人的声音被群众所湮没，也就是说，主人公的内在在俄国革命这一历史的时间里烟消云散（图21）[①]。手塚喜欢描写主人公们这样被历史和时间无情吞没的过程，这是因为手塚所考虑的故事是超越了个人的。

图 21　主人公的杀人告白被群众所湮没

手塚的《罪与罚》的最后，如图 22 所示，以主人公的远景映在风景中的镜头结束。这与《漫画大学》中手塚使用了全景漫画的技法描绘的结尾一页有着相同的性质（图23）[②]，是把故事收录入风景的远景镜头之中的手法，从这点上来讲，此处“全景”的含义已经与田河水泡式的用法有了很大的区别。

---

① 图 21、图 22 出处同图 9。

② 图 23、图 24、图 25 出处同图 10。

图 22 《罪与罚》中的全景镜头

图 23 《漫画大学》中的全景漫画

在电影性这一点上，其他还有《罪与罚》的预告（图 24），从中可以看到“主演《未来世界》《20 岁的小飞雄》的彼得·库克”“《阿童木大使》的阿童木、拉姆内、卡皮斯共同出演”这样的字幕，这是因为手塚此时采用了将动画角色比拟为演员、在每部作品中都为角色分配所饰演角色的“明星系统”（图 25），这是比田河水泡在他的《大眼睛的小不点》中用演职员表尝试体现电影特色更彻底的做法。

图 24 《罪与罚》的发行预告

图 25　手塚治虫工作室的所有明星

包括在《罪与罚》中没有采用的胶片漫画手法在内，在这部作品中以包含动画和舞台剧在内的形式尝试了多种多样的电影特色。可以说，那是因为这部作品就是作为对故事形式漫画的实践——漫画如何能表现像《罪与罚》那样的文学——而存在的。

顺便说一句，据说昭和二十年代（1945—1954）的手塚经常在画了超出单行本页数的长篇作品之后将其剪掉出版。他的回忆录中有这样的内容：

> 因此，胡乱画画和那些没用上的原稿的数量也不可小觑。画《上世纪》的时候，二百页左右的单行本，我画的画中有五百多页都没有用上。《未来世界》的时候也是，我把六百页左右的原稿裁剪、拼接，最后整理成了二百页左右。这个剪切和拼接工作，对于我来说正是编辑作品的乐趣。就和电影的剪辑把胶卷全部剪掉进行编辑时的快乐心情是一样的。旁边负责编辑的人恨恨地看着我，一副在说“又开始了”的表情。根据作品不同，有时候如果不满意，就会从头开始重画。而有时候也会遭遇冷酷无情的结果——因为花了很长时间反复摆弄，最后反而成了一个不知所云的作品，销售情况也不好。那本书的题目就叫《罪与罚》。[①]

从这段对往事的追述中可知，《罪与罚》是将大量画好的原稿像爱森斯坦那样进行剪辑而重新构成的，从中可以窥见手塚的方法意识，颇为有趣。听了这样的发言甚至会

① 手塚治虫 . 后记：我的私房话 // 手塚治虫漫画全集《森林大帝》第四卷 . 东京：光文社，1959.

让人觉得，手塚在制作电视动画片《铁臂阿童木》时反复使用被称为“兼用卡”[①]的那些储存好的场景，与其说是单纯为了节约经费，不如说是带有爱森斯坦式的特点，这种程度的强词夺理岂不是已经准备好了的吗？

就这样，手塚在《罪与罚》中同时尝试了通过引用战争时期形成的狭义的电影式手法和战争时期的电影批评来表现多种多样的电影特色。迪士尼的技术也被嫁接了进来。后来，石森章太郎将这个作为英雄传说的故事与多样的电影特色限定为“以主人公为核心的故事线”和“狭义的电影式手法”，同时将其改编为第三者可用的方法，那便是他的《写给少年的漫画家入门》（1965）。

① 兼用卡（日语：バンクシステム）是一种常用于动画和特摄作品中的技术，将一段制作好的内容多次使用，多用于节省经费。早在《铁臂阿童木》创作时，手塚治虫就大量运用了重复使用相同作画的技巧来减少作画张数，压低制作经费，而这一系统由于与银行类似，故被其取名为“バンクシステム”（Bank System）。

我国动漫研究的现状、热点与趋势（2002—2022）
——基于 CiteSpace 的可视化分析[①]

北京第二外国语学院　段静宜[②]

［摘要］近年来，动漫受到了学界各领域的广泛关注。本文通过可视化软件 CiteSpace 对中国知网（CNKI）数据库中 2002—2022 年收录的 1201 篇有关动漫的相关文献从发文量趋势、作者合作网络、研究机构网络、关键词共现和聚类、时区图和时间线以及关键词突现六个方面进行了统计和分析，旨在厘清我国动漫相关研究的发展脉络和趋势，探索相关研究的关注点和问题点，以期为今后相关领域的研究提供数据参考。

［关键词］动漫研究，可视化分析，CiteSpace

引言

"动漫"是一个越来越被广泛使用的词汇，它曾被简单地定义为动画和漫画的集合，但随着这一概念的内涵和外延不断丰富和发展，其定义也不再单纯局限于动画和漫画。本文使用的是广义范畴下的动漫概念：不仅包含动画和漫画，也包括视频网络游戏，周边、文创产品等衍生物，以及与此相关的娱乐、产业、艺术和文化。近年来，随着动漫作品及相关产业的蓬勃发展，有学者认为动漫产业是 21 世纪最具发展潜力的产业[③]。

近年来，我国非常重视动漫产业的发展。2006 年，《关于推动我国动漫产业发展的

① 本文系北京第二外国语学院校级科研专项"新时代政府的漫画形象研究"项目（项目号：KYZX22A021）的阶段性成果。

② 段静宜：北京第二外国语学院日语学院讲师，研究领域为认知隐喻、漫画语言及文化。

③ 隋杨洋，毛佳，隋映辉．动漫产业：21 世纪最具发展潜力的产业．青岛行政学院学报，2005（5）：26-29.

若干意见》[①]中指出动漫产业的发展对于满足人民群众精神文化需求，促进社会主义先进文化和未成年人思想道德建设，推动文化产业发展，培育新的经济增长点都具有重要意义，强调了动漫的文化属性对于精神需求和思想建设具有重要作用。2008 年，《文化部关于扶持我国动漫产业发展的若干意见》[②]中指出我国动漫产业发展很快，国产动漫产品的数量大幅度增长，质量有所提高，一批动漫企业和动漫品牌崭露头角，中国动漫“走出去”步伐加快。但同时也指出，我国动漫产业的发展现状与人民群众不断增长的精神文化需求还不相适应，与旺盛的市场需求不相适应，在原创能力、人才培养、技术开发、产业链整合、知识产权保护等方面还需要进一步提高，跻身世界动漫大国和强国行列的目标任重道远。这表明我国在动漫发展方面与动漫大国和强国之间仍存在差距。2012年文化部推出《“十二五”时期文化改革发展规划》[③]，其中把“国家动漫振兴工程”列为文化产业重点工程，提出要加大对原创动漫游戏产品的扶持力度，支持重点动漫企业和动漫产业园发展。由此可以看出国家对打造国产动漫、原创动漫的决心。2017 年，《国家“十三五”时期文化发展改革规划纲要》[④]中指出要优化文化产业结构布局，加快发展网络视听、移动多媒体、数字出版、动漫游戏、创意设计、3D 和巨幕电影等新兴产业，推动文化创意与相关产业有机融合，增加文化含量和产业附加值，把文化资源优势转化为产业和市场优势。至 2021 年，《文化和旅游部“十四五”时期文化产业发展规划》[⑤]明确指出为了文化产业发展要优化重点文化行业供给，并具体列出包括动漫业数字文化业在内的 9 大重点文化行业。这表明我国对动漫产业发展的支持，对打造具有我国特色动漫品牌的重视，也凸显出动漫作为文化软实力的重要性。今后，动漫在我国文化生活、经济发展方面将发挥更多更大的作用。

在此背景下，本文旨在通过对近年来动漫研究的相关文献进行梳理和统计，厘清我国动漫相关研究的发展脉络和趋势，探索相关研究的关注点和问题点，以期为今后相关领域的研究提供数据参考。

---

① 国务院办公厅转发财政部等部门关于推动我国动漫产业发展若干意见的通知，http://www.gov.cn/gongbao/content/2006/content_310646.htm（2022.07.28）。

② 文化部发布关于扶持我国动漫产业发展的若干意见，http://www.gov.cn/gzdt/2008-08/19/content_1075077.htm（2022.07.28）。

③ 文化部发布“十二五”时期文化改革发展规划纲要，http://www.gov.cn/gzdt/2012-02/16/content_2068848.htm（2022.07.28）。

④ 中共中央办公厅 国务院办公厅印发《国家“十三五”时期文化发展改革规划纲要》，http://www.gov.cn/gongbao/content/2017/content_5194886.htm（2022.07.28）。

⑤ 文化和旅游部发布《“十四五”文化产业发展规划》，https://www.mct.gov.cn/whzx/whyw/202106/t20210608_925081.htm（2022.07.28）。

一、研究方法

1. 数据来源

本研究以中国知网（CNKI）数据库作为数据来源。以动漫为关键词进行文献搜索时发现相关的学术研究始于2000年后，2002年发表的《什么是动漫》[①]一文对动漫现象提出了思考。因此本文将文献检索时间限定为2002—2022年，文献类型限定为期刊。以动漫为关键词，检索出25 000篇以上文献，为了缩小研究范围，考虑到日本动漫的世界影响力以及漫画形式在动漫发展中的重要地位，在进行数据检索时，以关键词“动漫”“漫画”“日本”作为检索依据，借助人工筛选和查找的方式，排除了与本研究领域明显不相关的文献后，初步检索1201篇文献作为本研究的分析样本。获取的相关文献数量就广义的动漫研究而言不算丰富，但能基本呈现近年来我国动漫相关研究的发展脉络。

2. 研究工具

本研究主要运用科学文献分析工具CiteSpace，对搜集数据进行可视化分析。CiteSpace是计量和分析文献数据的信息可视化软件，通过绘制相关研究领域发展的知识图谱，展现该领域的信息全貌，帮助辨别该研究领域中的热点课题、重要文献、前沿动态，预判研究趋势。本文将检索后的1201篇文献数据信息转换为CiteSpace可识别的Refworks格式，从发文量趋势、作者合作网络、研究机构网络、关键词共现和聚类、时区图和时间线以及关键词突现六个方面对我国的动漫研究进行了可视化分析。

二、基于CiteSpace的国内动漫研究可视化分析

1. 国内动漫研究年度发文量趋势

图1显示了国内动漫研究领域近20年的发文情况。整体来看，大致可以划分为三个阶段：研究的起步阶段（2002—2004）、快速发展阶段（2005—2011）、平稳发展阶段（2012年至今）。

① 笑眉．什么是动漫．文化时空，2002（2）：69.

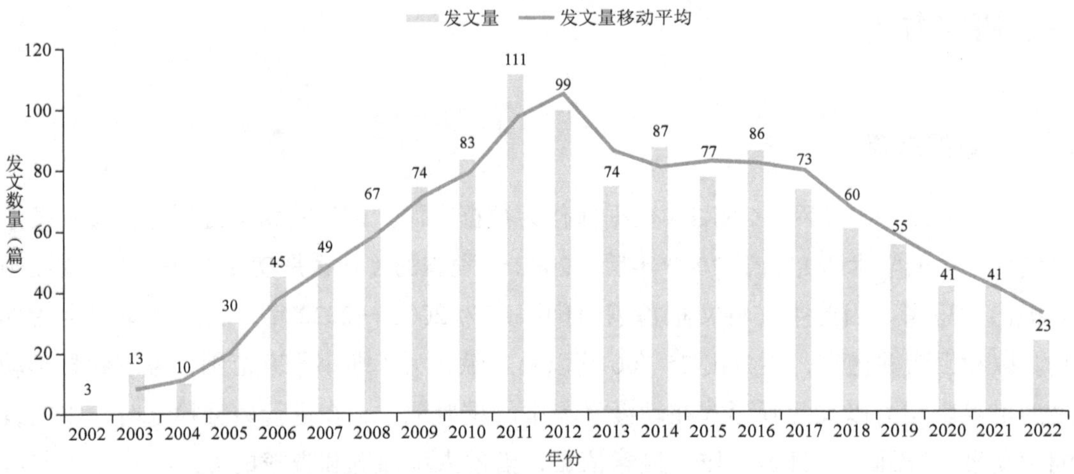

图 1　国内动漫研究年度发文趋势

2004 年之前为我国动漫研究领域的起步阶段，这一时期的文章短小精悍，多为介绍类和思考类内容。李子臣、李薇（2003）[①] 对“动漫”这一不同于传统卡通片、动画、漫画的概念进行了引进，指出在美国、日本、韩国等国动漫火爆发展的现状，而内地动漫却面临日美动漫垄断、盗版作品盛行的尴尬处境。虽然自 1995 年以来，我国开展了中国动画出版工程以促进本土动漫产业发展，但从整体发展情况来看仍不乐观。刘洋（2003）[②] 通过对比我国与日本动漫产业，认为在日本，动漫是作为一种文化产业而不断发展的，动漫在日本的文化中占据着重要的地位。而当时中国动漫发展仍处于幼苗阶段，虽然早期曾创作过《大闹天宫》《九色鹿》《葫芦娃》等一系列动画精品，但是缺乏在出版、销售、设计等方面的有力支撑，并未形成如日本“产供销”的运作体系，这成为当时中国动漫发展的“死穴”。中国需要通过完善动漫市场环境和发行体系，秉持动漫可持续发展的观念来探索“有中国特色的动漫产业道路”[③]。这也是较早关注国外动漫的飞速发展，并对国内发展现状进行思考和剖析的研究。但是受到研究方法、视角、关注度等方面的局限，这一时期的高质量文献不足，研究资料匮乏。

2005 年发文量开始快速增长，于 2011 年达到一个小高峰，这一时期是我国动漫研究的快速发展期。当时动漫已经成为日本的大众文化，扎实的受众基础使得包括动画、漫画、游戏以及相关产业迅速发展，并由此带动了经济发展的连锁效果。2005 年，动漫产业产值占日本国内生产总值的 20%，已经成为日本第三大产业。同时，日本动漫文化的兴起使得国际社会也注意到文化软实力的巨大力量。这一时期的学者们尤其关注日本动漫产业的发展，希望从中获得启示，并且从文化软实力的角度深入思考日本动漫

① 李子臣，李薇．火爆动漫：动漫的发展现状及社会心理需求．社会，2003（2）：22–24.

② 刘洋．中国与日本动画与漫画产业的比较与思考．齐鲁艺苑，2003（3）：21–22+24.

③ 吴起．浅论有中国特色的动漫产业道路．电视字幕（特技与动画），2004（8）：16–18.

对国际社会和我国国内的影响。景宏（2006）①分析了日本的“动漫兴国”战略，指出战后日本动漫的发展已经形成了一个成熟的文化产业模式和结构，可以借鉴其改善人才结构、保护知识产权、引入最新技术成果等经验。李常庆、魏本貌（2010）②以日本动漫产业的商业化运作模式等为中心，探讨日本动漫产业发展具有的优势和特点。何建平、刘洁（2009）③对日本动漫产业的运作模式进行分析，提出“编辑部中心制”“漫画团队”工作制等日本模式值得参考。徐滑（2006）④从文化角度考察动漫，指出作为日本文化的直接产物，日本动漫有其积极的一面，但也存在文化痼疾。日本动漫形成了独特的“二次元”文化，深刻影响了中国、亚洲乃至全球的年轻人。李娟、李月敏（2007）⑤在肯定日本动漫对青少年的想象力、对人与人、人与自然问题进行反思等方面具有积极影响的同时，也指出色情、暴力、颓废等内容具有潜移默化的危害。吴咏梅（2008）⑥探讨了日本借助动漫、影视等软实力，实施营建日本酷文化、打造日本国家品牌、赢得世界好感的“文化外交战略”，同时也对长期浸润在日本流行文化下的中国年轻群体表达了担忧。归永涛（2012）⑦指出动漫不仅成为日本产业振兴政策的重点领域，而且成为日本政府推行大众文化外交的重要工具。这一时期对于日本动漫的研究呈现出接受和批评的两种态度，在产业运作和发展模式上积极吸收经验，而对于日本动漫文化的传播则持有警惕、审慎的态度。在此背景下，探讨中国动漫产业的发展之路就显得尤为重要和必要⑧，学者们对于中国动漫产业进行深入思考，并探索其发展及对策⑨。

2012年以后动漫研究的发文量呈逐年下降趋势，发展逐渐稳定，进入平稳发展阶段。这一时期的研究对上一阶段的研究有所延续，但也呈现出新媒体背景下数字化资源开发、建设、运营的特征。陈雷（2014）⑩即指出移动信息平台的普及对传统的动漫产业形成了巨大冲击，动态漫画等新的动漫形式开始涌现，动漫发展面临机遇与挑战。这一时期，新科技对数字动漫产业产生深远影响，文化产品和服务呈现新形态，动漫产业链也不断重新整合⑪，动漫角色已经成为一种消费符号⑫，具有巨大发展潜力的IP运营也

① 景宏．日本动漫产业的发展及其对世界的影响．日本学刊，2006（41）：133-144.
② 李常庆，魏本貌．日本动漫产业探析．出版科学，2010（4）：94-98.
③ 何建平，刘洁．日本动漫产业运作模式研究：兼论对中国动漫产业的启示．当代电影，2009（7）：72-77.
④ 徐滑．关于日本动漫的一种文化考察．日本学刊，2006（5）：129-141.
⑤ 李娟，李月敏．日本动漫文化输出战略．河北大学学报：哲学社会科学版，2007（4）：122-125.
⑥ 吴咏梅．浅谈日本的文化外交．日本学刊，2008（5）：90-103+159-160.
⑦ 归泳涛．日本的动漫外交：从文化商品到战略资源．外交评论，2012（6）：127-140.
⑧ 韩英．陈少峰．中国动漫产业发展的对策分析．东岳论丛，2006（5）：177-180.
⑨ 章莉．景进安．中国动漫产业发展问题与对策．生产力研究，2006（11）：154-155+186.
⑩ 陈雷．从动态漫画的兴起看信息时代下动漫形式的发展趋势．装饰，2014（12）：19-21.
⑪ 熊澄宇．刘晓燕．国际数字动漫产业现状、趋势及对我国的启示．东岳论丛，2014（1）：41-48.
⑫ 韩若冰．动漫・角色・符号：日本当代都市民俗的意义表达．民俗研究，2013（2）：135-146.

引发国内学者的关注。金韶、黄翀（2018）[①] 通过分析日本动漫产业的 IP 运营模式，强调了 IP 的创意价值和民族文化特色表达。对于动漫与文化的互动，余建平等（2015）[②] 探讨了日本动漫产业对日本文化精神层面的挖掘，指出中国动漫产业的发展必须从精神层面牢牢抓住本民族的优秀文化。文化内涵和创意成为这一时期研究的重点。从 2015 年《西游记之大圣归来》引发巨大反响，国产动漫蓬勃发展，学者们开始关注优秀的国产动漫，并积极探索国漫出海。

这一时期，学者们也开始注目于漫画资源在公共空间的应用。黄如花、李英子（2015）对日本图书馆的动漫资源建设进行了调查，发现日本几乎所有的图书馆都收藏有一定的动漫资源，对促进日本动漫的研究以及提高其国际影响力具有积极贡献。动漫也被有意识地应用于城市、国家、政府形象建设和传播中。牛旻（2019）研究了美、日、韩的"漫改剧"，并指出作为国家文化形象的隐喻编码载体，好的漫改剧能成功塑造国家形象，实现跨文化传播。赵新利（2016）[③] 注意到日本政党、政府在政治传播中会有意识地进行"卖萌宣传"，以吸引年轻群体，改善官民关系。可以看出，在新媒体不断发展的过程中，学界积极利用动漫的宣传功能，并探讨其在社会、政治、经济生活中的广泛应用。

2. 国内动漫研究的作者合作网络

在期刊上发表论文总数在一定程度上代表了作者在该领域的学术地位，作者合作网络能够清晰反映研究的核心作者群体及其合作关系。本研究通过 Cite Space 软件对 1201 篇文献的作者数据进行可视化分析，运行结果如图 2 所示。

从图 2 可以看出，图中并无显著的作者合作网络。作者主要的合作群体有网络 1：由李常庆和李芙蓉等人组成。李常庆的主要研究方向为日本漫画和动画产品的出版及传播，网络 2：韩若冰、陈少峰等人组成。韩若冰的主要研究方向为日本动漫角色的社会文化表达。从研究作者的合作度上看，主要作者中李常庆、方亭、黄如花的合作度较高，结合图 2，可以认为在相关领域内并未形成严密成熟的合作网络。

为了从时间序列角度进一步探寻各发文作者之间的关系，本文利用 Cite Space 的 Time zone 功能，将文献作者之间的相互关系展示在以时间为横轴的坐标中。由图 3 可知，相关文献发文量最大的节点为李常庆，首次出现年份为2009年[④]，该节点连线丰富

① 金韶，黄翀 . 日本动漫产业的 IP 运营模式和经验启示 . 传媒，2018（24）：53–56.

② 余建平，蒋乃鹏，胡峰 . 日本动漫与日本文化的互动关系：兼论对中国动漫产业发展的启示 . 日本问题研究，2015（5）：64–72.

③ 赵新利 . 日本政治传播中的"卖萌宣传". 青年记者，2016（10）：89–91.

④ 根据知网数据，该作者最早的一篇文章为《日本现代漫画出版研究》，北京大学学报（哲学社会科学版），1999（5）。由于本研究选取的时间跨度为 2002—2022 年，因而不包括在内。

且时间跨度长，可以看出其在动漫出版与传播、图书馆动漫资源建设研究领域具有重要的学术地位和参考价值。其他高产作者基本处于2004—2015年，说明在此阶段相关研究逐渐成熟，研究成果丰富。但主要作者们近期成果产出较少，推测相关研究很可能已经过了鼎盛时期。

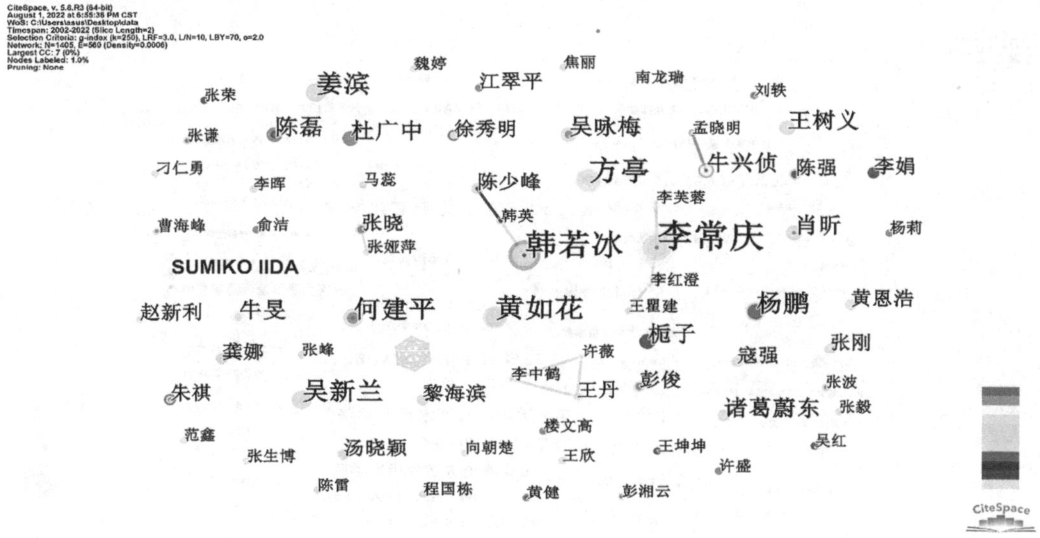

图2　作者及合作网络知识图谱

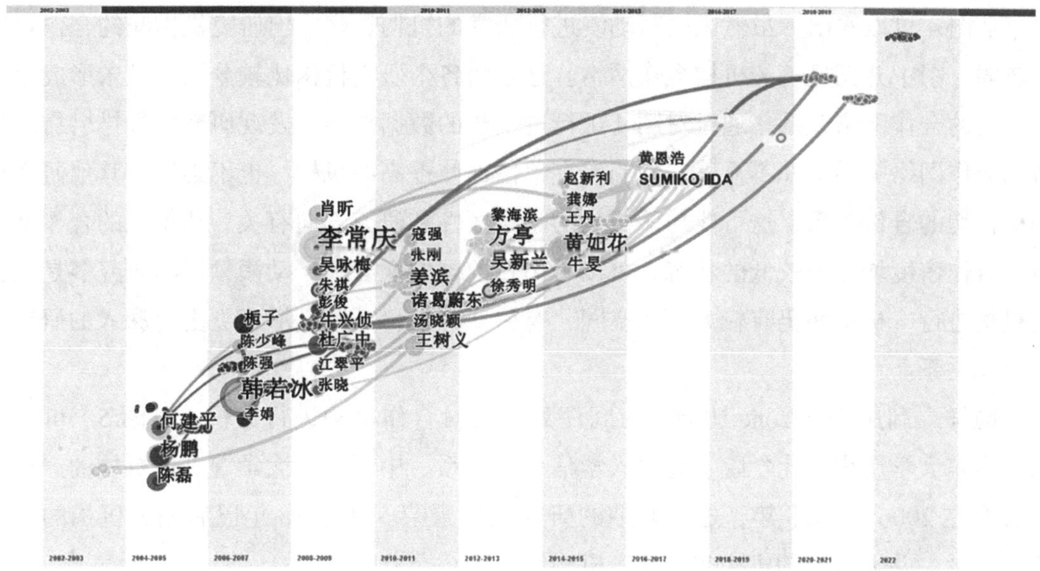

图3　作者时区图谱

3. 国内动漫研究的机构合作网络

研究机构合作网络图谱诠释了该领域研究力量的空间分布，能直观地反映机构间的合作情况，为科学评价机构在学术范围内的影响力提供参考。国内动漫研究的机构分布网络图谱如图 4 所示。

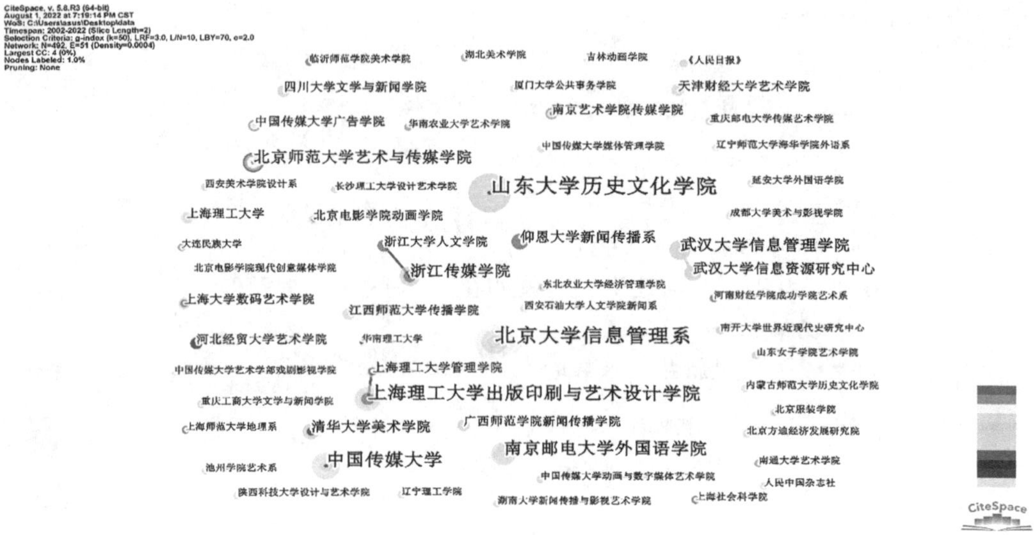

图 4　机构及合作网络知识图谱

从图 4 可以看出，虽然国内对动漫进行研究的机构较多，但研究机构间的合作强度比较弱，图中并无显著的机构合作网络。这表明各个研究机构比较分散，且未形成较强且广泛的合作网络关系。通过对图 4 进行进一步的数据挖掘，发现研究成果排名靠前的机构合作网络关系也并不显著。说明研究单位即使是高产机构，也不必然与其他研究机构有密切的合作关系，这可能与该机构的学科属性和研究方向有关。从单位的合作度来看，合作密度均处于较低的状态，可以看出目前国内学者关于动漫领域的研究多是以独立机构进行，机构间仍有较大合作空间，有待从跨学科、跨区域建立更为深入的研究机构合作关系。

同样，利用 Timezone 功能从时间序列角度对合作机构进行分析（见图 5）可以看出，山东大学历史文化学院、北京大学信息管理系、中国传媒大学等高产机构的产出大致分布在 2006—2015 年，这一时期的研究较为繁荣。在 2018 年以后相关机构的产出逐渐较少，并无显著的机构或者高产机构研究延续至此。

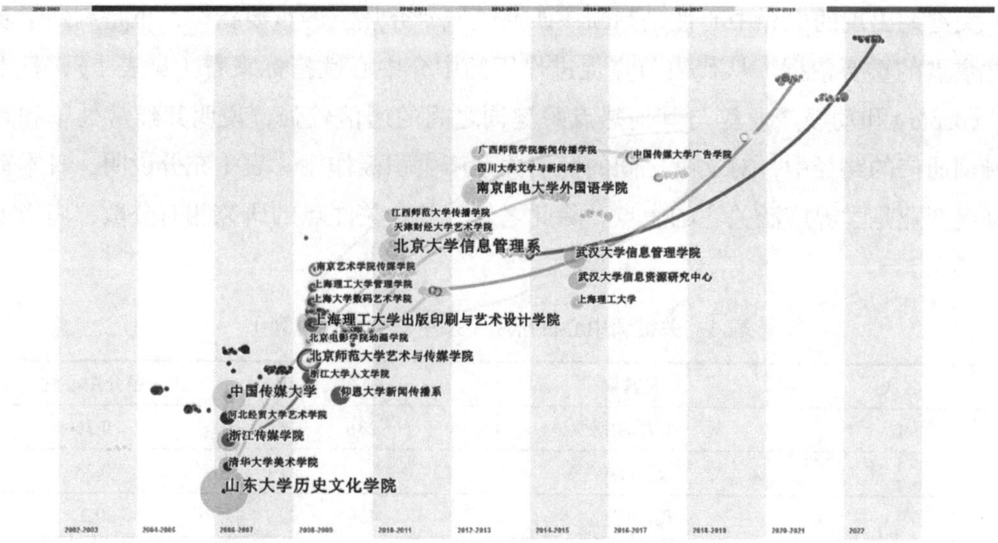

图 5　机构时区图谱

4. 国内动漫研究的关键词共现分析

通过对高频关键词的研究，可以把握一段时间内某领域研究的热点。从高频关键词共现知识图谱（如图 6 所示）可以看出动漫产业是最大的节点，其次是日本动漫和动漫。说明在动漫相关的研究中，学者们普遍关注动漫产业和日本动漫的发展。从统计出的时间跨度上来看，日本动漫、动漫、动画、动漫产业、国产动漫等出现时间较早，而最近则出现了神话主义、数字漫画、科普漫画、IP 化等关键词，这也预示着相关研究可能成为未来研究的新方向。

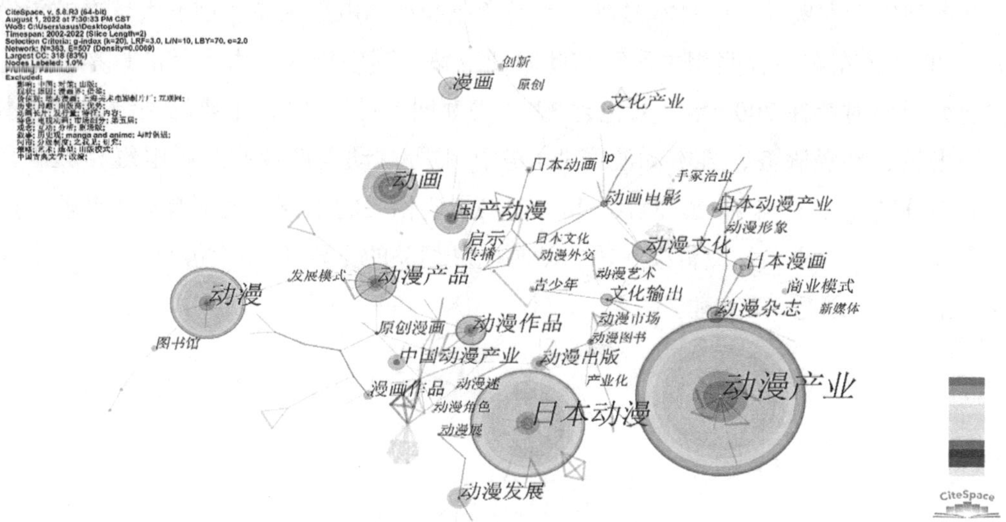

图 6　关键词共现图谱

关键词出现的中介中心性是判断该研究领域研究热点的重要指标，也是判断学者们关注焦点的重要依据。从代表节点促进作用的中介中心性指标来看（见表 1），日本动漫、cosplay 和动漫产业等与其他热点关键词之间的通信较强，说明其经常处于和其他关键词通信的路径中，对文献之间的互引关系产生积极作用。表 1 充分说明，日本动漫和动漫产业是学界广泛关注的焦点。除此之外，其余关注点的研究相对分散，尚未形成研究热点。

表 1　关键词中心性排序（按中介中心性排列）

名次	关键词	频次	中介中心性
1	日本动漫	238	0.36
2	cosplay	7	0.33
3	动漫产业	430	0.3
4	动漫文化	42	0.3
5	动画电影	24	0.29
6	动漫迷	11	0.25
7	manga	7	0.22
8	二次元	1	0.21
9	传播	14	0.21
10	动漫杂志	39	0.21

研究热点主题是某一学术领域学者关注的焦点，也是该领域在某一时期主要探讨问题的体现。关键词共现的聚类分析，能够直观反映研究热点主题。我国动漫研究呈现的关键词聚类图谱如图 7 所示。其中色块代表聚类的区域，色块内部包含聚类关键词。图中一共展现出十大聚类，以日本漫画、动漫产业和动画电影为首。前五大聚类的年份在 2008—2012 年左右，说明相关研究在此时期成熟。其中作为最大聚类的日本漫画，其相关研究成熟时期在 2009 年，共包含 33 个关键词（见表 2），主要的关键词有日本漫画、图书馆、动漫服务、日本动漫产业、漫画书等。动漫产业和动画电影相关研究的成熟时期分别在 2011 年和 2012 年，其中动漫产业相关的主要关键词有动漫产业、产业链、竞争力、日本漫画、教育模式等，动画电影相关的主要关键词为动画电影、二次元文化、IP、日本动画、宫崎骏等。

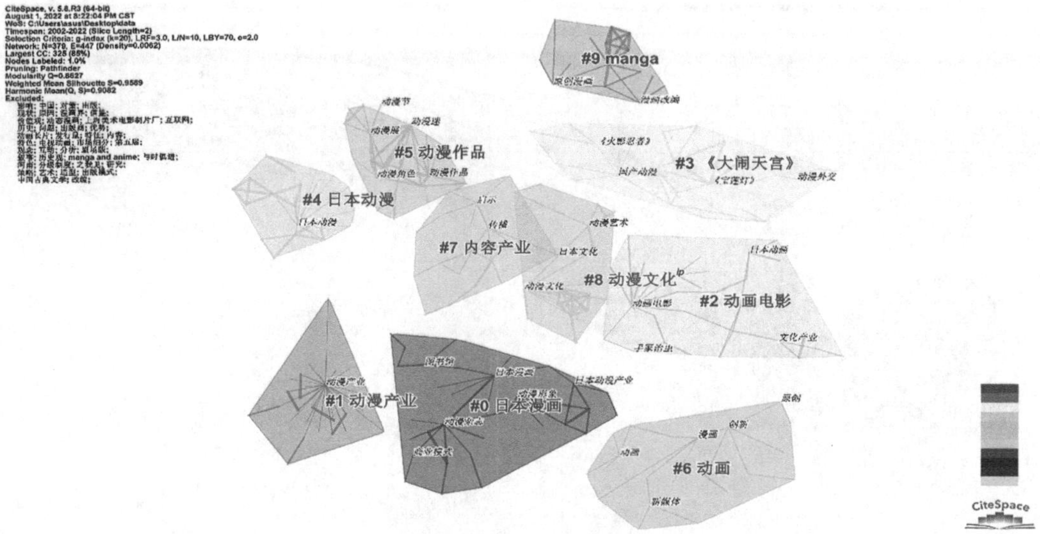

图 7 关键词聚类图谱

表 2 聚类的主要关键词

名次	聚类名	主要关键词	平均年份	关键词数量
1	日本漫画	日本漫画；图书馆；动漫服务；日本动漫产业；漫画书	2009	33
2	动漫产业	动漫产业；产业链；竞争力；日本漫画；教育模式	2011	31
3	动画电影	动画电影；二次元文化；IP；日本动画；宫崎骏	2012	31
4	《大闹天宫》	《大闹天宫》;《宝莲灯》;《火影忍者》；中国动漫；受众	2008	26
5	日本动漫	日本动漫;《封神演义》；东京；CG 技术	2011	26

5. 国内动漫研究的时间维度分析

为了从时间维度探寻动漫研究的发展演进过程，本文采用 CiteSpace 工具中的时区图和时间线对其进行分析。

由图 8 中可知，相关文献最大的节点为 2003 年出现的动漫产业，早期的研究中高频关键词有日本动漫、动画、动漫等。研究的相关概念跨度长，影响范围大，高频词集中在 2002—2011 年，说明此时期的研究热度较高，奠定了相关研究的基础。相关研究持续到现在，后续逐渐发展出数字动漫、IP、二次元文化、动漫旅游等新概念。而最近的概念则是提出动漫衍生产品、出版融合、神话主义等新关键词。

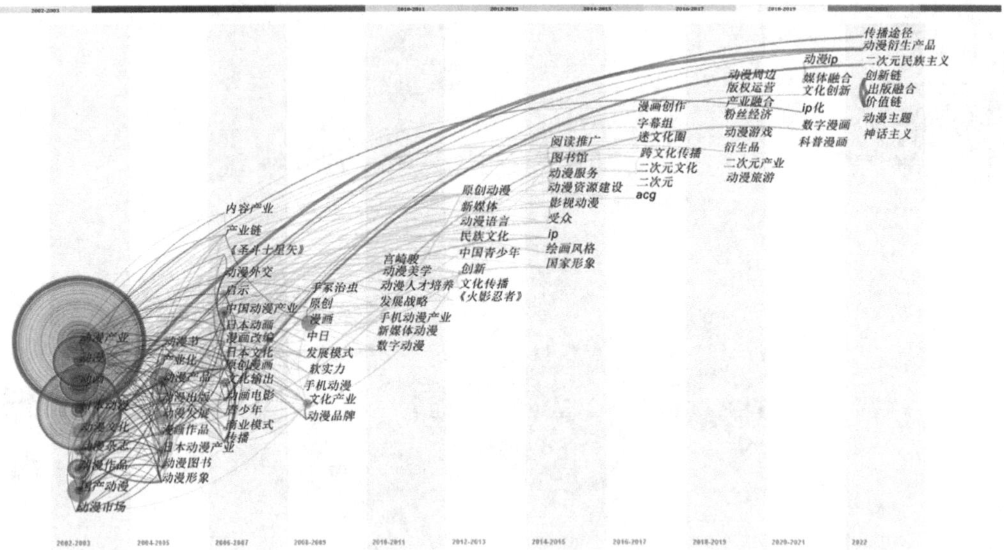

图 8　关键词时区图谱

作为 CiteSpace 的主要视图之一，时间线图谱将文献关键词聚类平铺在二维时间轴上，为研究者探寻某主题聚类的演变过程和前沿趋势，以及热点主题之间的相互关系提供参考。由图 9 中可知，相关文献最大的聚类是日本漫画，包含 33 个关键词，平均年份为 2009 年，其中包含的关键词有 2003 年左右提出的日本漫画、动漫杂志等。随着时间的推进，关键词有日本动漫产业、商业模式、发展战略、动漫服务等，其与动漫文化、动漫产业等聚类之间的连线丰富，说明相关研究在一定程度上出现了多主题共现。灰色的连接线表明各聚类之间今年仍有活跃。

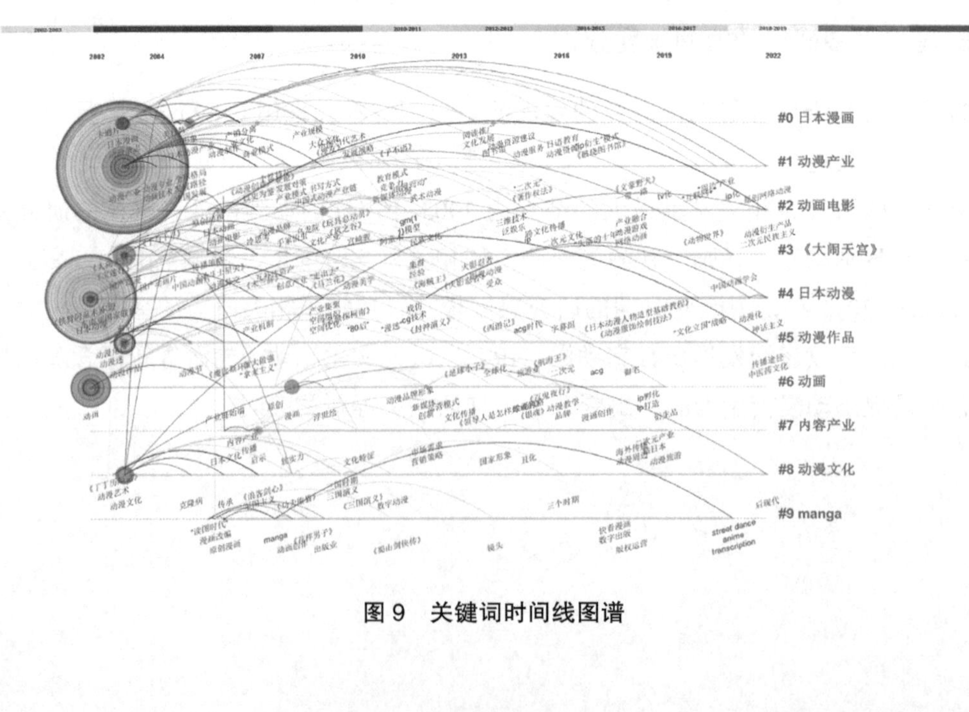

图 9　关键词时间线图谱

6. 国内动漫研究的关键词突现分析

突现词能够用来表示研究热点，反映研究前沿。从时间序列来看（见表3），“动画”“动漫展”“动漫市场”等开始时间最早。从突现持续时间来看，“动漫作品”“《火影忍者》”“动漫图书”等的突现时间较长，说明其在相当长的一段时间内，动漫作品，尤其是受众广、人气高的动漫作品是相关研究的热点；根据突现词的突现强度可以发现，“动画”“日本动漫”“图书馆”突现强度非常高，说明其出现频次大幅变动的情况。综合来说，“IP”“文化输出”“动画电影”等不仅突现强度高，而且距离时间近，可以认为其是最新涌现的研究热点。

表 3　关键词突现情况

Keywords	Strength	Begin	End	2002—2022 年
动画	10.59	2002	2007	
动漫展	3.81	2002	2007	
动漫市场	3.29	2002	2007	
动漫作品	2.7	2002	2009	
动漫图书	3.16	2004	2011	
《火影忍者》	1.9	2012	2019	
日本动漫	5.67	2014	2017	
图书馆	5.44	2014	2017	
动画电影	2.79	2016	2022	
IP	3.68	2018	2022	
文化输出	2.6	2018	2021	

三、我国动漫研究的结论与启示

通过以上分析，本文得出的研究结论如下。

第一，国内动漫的相关研究呈现阶段性特点。2004 年以前为研究的起步阶段，这一时期的研究数量较少，缺乏相应的理论指导和深入分析。2005—2011 年为快速发展阶段，这一时期涌现出了大量的研究成果，研究的广度和深度都有所拓展。2012 年至今为平稳发展阶段，这一时期的研究以前一阶段为基础继续发展，并且聚焦于一些新的研究主题，如 IP 运营、动漫旅游、动漫数字资源建设、动漫形象传播与建构等。

第二，国内动漫的相关研究呈现出多学科发展的特点。研究学科遍布语言、新闻传媒、民俗文化、图书馆学、出版发行、国际政治、外交、营销、设计、艺术等诸多学科。

第三，国内动漫的相关研究主题呈现出多元发展的趋势。研究焦点以日本动漫、动漫产业为主，围绕这两大核心主题，具体研究内容包括IP运营、文化传播、动漫外交、动漫形象、动漫旅游、启示、人才培养、日语教学等诸多方向，可见动漫的相关研究具有极强的延展性和包容性。

第四，国内动漫的相关研究发文作者和机构较为分散。作者之间并未形成密切的合作网络，发文机构之间也鲜少看到开展共同研究。

第五，国内动漫的相关研究缺乏连贯性和持续性。未见到同一作者或机构在研究主题和研究时间上有较强的持续性研究，大多数作者和机构的研究只集中于某一时段和主题。

国内关于动漫的研究已成为我国社会经济和文化发展中的一个至关重要的研究领域，并在近年来步入稳步发展的阶段，但与国外同类研究相比仍处于初步发展阶段。通过对国内动漫相关研究的可视化分析，我们得到的启示如下。

（1）加强本土相关研究。近二十年来，我国关于动漫的相关研究中有相当数量的研究是关于日本动漫的，如日本动漫的产业模式、日本动漫的传播发展、日本动漫文化对青少年的影响、日本的动漫外交、文化输出等，通过研究日本动漫，借鉴其先进经验，批判其糟粕文化。虽也有关于我国动漫发展现状、对策的研究，但在前沿性、独特性、本土化方面仍有欠缺，加强本土化研究，探索具有中国特色的动漫研究理论和方法十分重要。

（2）促进跨学科、跨专业的融合性研究。长期以来，我国的动漫研究处于各学者和机构各自为营的状态，作者之间、机构之间、学科之间鲜少沟通和交流。而动漫本身作为一个具有多学科研究属性的课题，单一视角和学科的研究会造成研究的片面化。促进各学科和机构之间的交流合作，进行跨学科的交叉研究对于我国动漫研究的发展具有积极意义。

（3）保持研究的连续性、深入性。国内关于动漫的相关研究主题与当时的社会环境、技术发展、政策导向密切相关，紧跟社会发展方向，具有较强的即时性。但在研究的持续性方面则显出不足，这也导致相当多的研究浅尝辄止，不够深入。在今后的研究中，应当对某一主题或者现象进行持续的、深入的研究和挖掘，从而真正揭示动漫在社会生活发展中的作用和意义。

结语

本文以国内动漫领域的相关研究为对象，通过可视化软件CiteSpace对中国知网

（CNKI）数据库中2002—2022年收录的1201篇有关动漫的相关文献进行了统计和分析，从发文量趋势、作者合作网络、研究机构网络、关键词共现和聚类、时区图和时间线以及关键词突现六个方面，对国内动漫领域的研究热点和发展趋势进行了梳理，明确了近年来动漫研究的特征和问题点，以及当前动漫领域研究的关注点。

动漫研究涉及语言学、传播学、政治学、文化学、艺术学、美学等多学科，研究视角有不同也有所相通，研究方法涉及量化分析也有质性分析，因而动漫研究呈现出来的框架是立体的、多元的、动态的。从不同维度对动漫进行深入研究，有助于提升我国的文化软实力，促进我国国际形象的传播，从而满足新时代文化建设的需求。

日本动画引进过程中的不同审查类型

——以 Bilibili 网站为例

刘炯浩 ①

[摘要] 随着网络的普及和中日文化交流的升温，日本动画越来越频繁地出现在日常生活中。哪些日本动画能够进入中国观众的视野？谁来决定？本文将以视频网站 Bilibili 为例，从政府、公众、平台的角度考察不同主体对日本动画进行的审查，进而探究不同审查类型间的相互作用。

[关键词] 日本动画，Bilibili，审查类型

一、审查的定义及其类型

审查（censorship）在传统意义上指对表达的官方压制或禁止②。20世纪70年代，福柯（Michel Foucault）在《性史》《规训与惩罚》等论著中提出自我管束，并指出具有审查功能的各权力主体之间相互制约。在这些论断的启发下，从 80 年代开始，关于“审查”的研究打开了新局面：审查不再仅是“官方”行为，也不仅限于“压制”和“禁止”的形式。如 Annette Kuhn 指出，审查是体现出权力间复杂关系的动态过程，不能被简化为某（些）机构或机构所采取的行动。③Helen Freshwater 号召对“审查”进行重新定义，建议关注被审查的一方、各审查主体的决策及相互影响、不同类型的审查间的差异。④

---

① 刘炯浩：美国宾汉姆顿大学博士研究生，研究领域为翻译理论、日本近世文学。

② Nicole Moore. Censorship Is. Australian Humanities Review，2013（54）：46.

③ Annette Kuhn. Cinema，Censorship and Sexuality，1909—1925. London，New York：Routledge，1988：317.

④ Helen Freshwater. Towards a redefinition of censorship//Censorship & Cultural Regulation in the Modern Age, eds. Beate Müller：Amsterdam and New York：Brill Rodopi，2004：242.

一些学者已尝试区分不同审查类型来探究其结果或相互作用。Siobhan Brownlie 从公共审查、结构审查、自我审查的角度讨论不同权力主体对《娜娜》英译本的影响，指出社会结构是公共审查和自我审查的基础。① Nitsa Ben-Ari 认为政治审查与自我审查的界限已经模糊，公众只是沉默的参与者。② Red Chan 甚而认为在中国大陆，自我审查已经取代了国家审查来进行信息控制。③ Olga Zeveleva 以图式展示出国家审查主要发生在不稳定时期，稳定之后则以自我审查为主导。④

前人学者大多按照研究所需来区分审查类型，并未形成统一分类。笔者以行动主体为依据，从政府审查、公众审查、自我审查的角度探讨三者在引进日本动画过程中的相互关系。其中，政府审查体现为国家机关颁布的法律法规、实行的奖惩机制等；公众审查指观看日本动画的社会群众对该动画存在合理性的态度，主要来源为大众媒体或社交媒体；自我审查是实施引进行为的主体所进行的审查。在本文案例中，Bilibili 的员工及用户均可上传视频，因此二者同为自我审查的主体。需要注意的是，由于员工及用户也是社会群众的一部分，这使得自我审查与公众审查间存在部分重合，既有一致也有冲突。

二、Bilibili 网站及日本动画引进中国的相关研究

Bilibili（又称哔哩哔哩、B 站）成立于 2009 年，已从最开始的小众 ACG 视频网站成长为包含 15 个分区和 7000 多个兴趣圈层的多元文化社区。目前，Bilibili 已成为国产动画的最大出品方之一，同时也是日本动画著作权的最大引进方（Bilibili 官网）。

国内对于日本动画引进中国大陆的研究目前以硕士学位论文为主，重点集中在翻译和思想政治教育两个领域。翻译领域的研究多以某（些）日本动画为例，探究字幕组的译者角色和字幕的翻译策略；思想政治教育领域的研究多探讨日本动画对中国青年的思想意识造成的影响。尽管暂未出现专门论述如何审查日本动画的研究，大多数论文都在结尾处提到当前官方审查的缺陷，它们一方面主张加大审查力度，避免部分日本动画对中国青年造成不良影响；另一方面呼吁建立分级制度，让大陆观众能够享受到更丰富的

① Siobhan Brownlie. Examining Self-Censorship：Zola's Nana in English Translation. Modes of Censorship and Translation：National Contexts and Diverse Media, edited by Francesca Billianai, Manchester, UK & Kinderhook（NY）, USA：St. Jerome Publishing，2007：206.

② Nitsa Ben-Ari. When Literary Censorship Is Not Strictly Enforced, Self-Censorship Rushes In. TTR 23，2012（2）：133–66.

③ Red Chan. One Nation，Two Translations：China's Censorship of Hillary Clinton's Memoir//Translating and Interpreting Conflict，eds. Myriam Salama-Carr，Amsterdam and New York：Rodopi，2007：127.

④ Olga Zeveleva. Towards a Bourdieusian Sociology of Self-Censorship：What We Can Learn from Journalists Adapting to Rapid Political Change in Crimea after 2014. European Journal of Communication，2020（35）：46–59.

日本动画。

三、政府审查

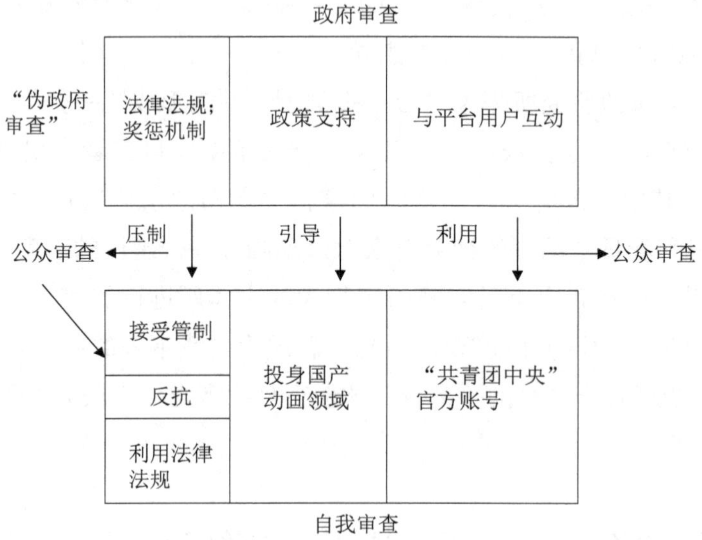

图 1

政府审查与 Bilibili 的自我审查及社会的公众审查之间主要体现为以法律法规进行约束、以政策支持进行引导、利用平台与公众互动的三种状态，如图 1 所示。以下将具体举例说明该图表内容。

1. 压制

政府审查对于 Bilibili 引进日本动画的压制主要体现在禁止引入无著作权的或违规的日本动画（如暴力、色情等）。进入 21 世纪以来，以国家广播电视总局为首的政府相关部门出台了一系列法规条例，对动画在电视上的播放情况进行管控，并从 2006 年起出台网络著作权的相关规定，2012 年开始关注外来视频，倾向于嘱托各单位进行自我审查，如《中国网络视听节目服务自律公约》，并逐渐加大执法力度。在国家加紧保护著作权的背景下，2014 年，Bilibili 购买了第一部日本动画著作权《每度！浦安铁筋家族》。2017 年，Bilibili 筛查视频库，清除所有无著作权动画视频，并设立举报功能。

以 2014 年为开端，政府对日本动画的审查从法规条例和行政执法两方面加大力度。例如，2015 年，文化部发布包含 38 部日本动画在内的黑名单，这是中国政府首次明确对网络上引进的日本动画进行查处。2018 年，文化和旅游部要求各大视频网站下线违规动画视频 27.9 万余条。而在根据政府通知整顿网站的同时，Bilibili 每年都会进行自我审查。如2019年6月9日至12日，Bilibili下架近300部动画进行自查（部分动画经删减后恢复上架）。

不过，自我审查并非一味顺从，它和公众审查一道，对政府审查的压制产生强烈不满，并不断尝试反抗。部分用户利用自我审查寻找政府审查的缺口，如通过为部分动画改名、为违规画面添加暗幕或圣光、对违规画面进行后期编辑等。例如，《暗杀教室》被列入2015年黑名单后，曾以《三年E班》《章鱼老师》等名称被再次上传Bilibili。

政府审查在小范围内默许二者的处理方式，但当自我审查和公众审查不能有效运行时，政府审查必须有力介入。例如，2018年7月，大批Bilibili用户涌入“血小板”百度贴吧，通过辱骂他人的方式试图维护同名“血小板”的日本动画女童形象。“血小板”吧是病人互助平台，Bilibili用户的举动破坏了社会秩序，而Bilibili网站未进行有效制止。中央电视台点名批评Bilibili网站内的不当言论，同月其客户端从各大应用商店下架，进行自我审查，历时一个月才重新上架。

在接受法律法规的管控的同时，Bilibili也运用政府审查保护自身合法权益。例如，2020年7月，因为Bilibili的检举，Dilidili网站创始人温伯特因侵犯他人著作权以及Bilibili商标专用权而被逮捕。

需要注意的是，在公众审查的干预下，社会上偶尔会出现“伪政府审查”。例如，在2015年文化部黑名单发布之前，网络上曾流传两份冒充官方口吻的黑名单，Bilibili等视频网站纷纷下架相关日本动画，引发用户对政府审查的不满，直到真正的官方黑名单出现才平定这场风波。

2. 引导

政府审查在对Bilibili进行管控和压制的同时，也在政策上给予新的发展方向，如投资国产动画。王威梳理了政策层面国产动画受到的鼓励和支持，例如2003年，动漫产业被国家广播电视总局列为重点扶持的文化产业；2004年，国家广播电视总局向全国印发《关于发展我国影视动画产业的若干意见》；在随后的几年中，国家连续下发多个政策文件进行资金、税收等方面的扶持。[①] Bilibili自2015年起便开始投资国产动画，如《那年那兔那些事儿》等，并于2017年设立了“国创”专区。据吕玥[②]统计，2019年国创区共上线104部作品，首次追平日本动画供应量，且国创区的月活跃用户人数超过日本动画成为Bilibili第一大品类。吕玥还将Bilibili形容为“承上启下、打通全产业链”的动画

① 王威．商业动画全攻略．北京：化学工业出版社，2018：11.

② 吕玥．“40部国产动画背后，B站的使命与野心”．深响（微信公众号），2019-11-17. https://mp.weixin.qq.com/s?__biz=MzUzOTc4NDQxMQ==&mid=2247491937&idx=1&sn=b41330e10453d59debaadacf3f463799&chksm=fac184d5cdb60dc32e1dabe299785caadd3e07e821a544dfe49546b28bccc8634072d6200c01&mpshare=1&scene=23&srcid=&sharer_sharetime=1574035897724&sharer_shareid=fcbcabca4790781cd428fafc82a60ac5.

平台，"'向上'激励内容创作者，'居中'做好内容的运营，'向下'帮助作品衍生和商业开发"，串联起国产动画行业，凸显其产业价值。Bilibili在国产动画方面的重要地位自然得益于企业管理层的长远目光，同时也离不开政府审查的引领和导向作用。

3. 利用

Bilibili的用户群体不断壮大，使国家层面不得不重视这一平台。政府审查利用该平台宣传国家政策方针，尝试引导Bilibili的自我审查和社会的公众审查。例如，2017年，共青团中央在Bilibili开设账号，陆续上传"青年网络公开课""青年学党史"等视频，积极与用户互动。知著网[①]指出，共青团中央走上Bilibili平台，是在尝试"与利益诉求更多元的网民对话""对政治话语进行创造性传播"，以期实现对青年群体的"润物无声的引导"。政府审查对Bilibili平台的利用有助于进一步引导该平台的发展方向，引导用户的世界观和价值观，侧面缓解用户对于政府审查导致部分日本动画下架的不满和反抗。

四、公众审查

在面对政府审查时，公众审查与自我审查似乎站在同一战线，共同接受其压制和引导，但二者之间也存在着冲突与矛盾。一方面，Bilibili作为企业的营利性与其应当承担的社会责任之间存在冲突；另一方面，公众审查的内部矛盾导致Bilibili无法满足所有人或多数人的意愿。

例如，Bilibili对待《我的英雄学院》的态度体现出其在追逐利益的过程中对社会责任的逃避。2020年2月3日，《我的英雄学院》漫画第259话出现新反派角色"志贺丸太"，并标注读音"しがまるた"。该角色是进行人体试验的医生，而"まるた"是日本侵华战争期间日本731部队对人体试验受害者的称呼。漫画发布后，中国各媒体及网友一致声讨该漫画作者及出版社。2月3日至5日，同名动画在Bilibili的评分从9分以上直降至近2分。5日，Bilibili将已购著作权的漫画及4季动画均进行下架处理。至此，Bilibili的自我审查与社会的公众审查意见一致，将国家和民族的利益摆在最高位，不少媒体称之为"大快人心"。

但是，据沐雨[②]介绍，GustaveNavy在ngabbs分析了Bilibili利用小萌技术公司在中国台湾服务器代理《我的英雄学院》手游并于12月3日开服的情况。"萌娘百

① 知著网："共青团中央上了B站以后，没想到……".2017-01-05. https://www.sohu.com/a/123539931_570240.

② 沐雨："有人关注游戏瓜吗？b站代理的《我的英雄学院》台服……2020-12-02. https://www.douban.com/group/topic/203215540/?cid=2826748225.

科”“iqeqicq”的讨论等也佐证小萌技术公司是 Bilibili 的子公司。尽管传递这一信息的页面均展现出网友的愤怒和不满，但这些反对的声音目前未引起广泛注意，也未对 Bilibili 的决策产生任何影响。在盈利的诱惑下，Bilibili 选择在大陆公众审查鞭长莫及的中国台湾服务器继续代理该游戏，其自我审查将金钱利益置于优先地位。

公众审查的内部冲突不断，并且不一定是大多数人的意见会左右 Bilibili 的自我审查决策。例如，2020 年 10 月新番《安达与岛村》的故事情节涉及两位女孩之间的同性情愫，Bilibili 买下其著作权并改名为《樱与抱月》（Bilibili 未给出改名缘由，部分舆论猜测是为增加通过审核的可能性）。11 月 27 日，该动画停播并下架自查。鉴于该动画不存在暴力或色情画面，突然下架的最大可能原因在于某（些）用户的举报。事实上，不少用户为观看该动画而购买了会员服务或充值支持，下架处理对这些用户以及已购买著作权的 Bilibili 来讲都会造成经济损失，但 Bilibili 依然决定下架该动画。

结论

从以上案例可以看出，Bilibili 的自我审查不可避免地要受到政府审查和公众审查的双重制约。当面对政府审查时，公众审查常与自我审查站在同一阵营，借助自我审查来试探政府审查的缺口。当公众审查与自我审查过于松懈，无法有效运转时，需依靠政府审查的有力介入，才能迅速保障社会秩序的稳定。

在政府审查的压制、引导、利用三方面中，“引导”的作用急需加强。Bilibili 已成为热爱 ACGN（动画、漫画、游戏、轻小说）的中国网民的聚集地，这一群体此前长期处于小众、边缘、被忽视的境地。随着网络的快速发展，该群体不断壮大，渴望获得官方的肯定和认可。政府审查应抓住这一机遇承认该群体的社会价值并引导其发展方向。正如 Robert Post 所主张，审查不应仅体现为位于被压制群体外界的压制性力量，也应成为权力的积极行使方式。“伪政府审查”的出现，正说明了政府引导力量的缺失，导致别有用心的人乘虚而入。①

公众审查的特点体现为范围过于广泛，内部很难达成一致。考虑到公众审查的异质性，Bilibili 的举报系统有待改善。目前，普通用户均有举报某一视频或评论的权利，且客服人员会优先考虑举报人的请求，这就使得最终处理结果不一定，甚至经常，不能反映出大部分公众的意愿。

从 Bilibili 自身来讲，其作为企业的社会责任感仍需加强，不应过分看重盈利。但反过来，要让该企业承担更多的社会责任，政府和公众应为其盈利模式创造更多的有利

① Post, Robert C. Censorship and Silencing：Practices of Cultural Regulation. Los Angeles：Getty Research Institute, 1998：2.

条件，否则企业难以为继。Bilibili 依托多元文化区成功转型，逐渐步入稳定、繁荣的发展阶段。但部分用户反对广告植入、部分已买著作权不得不下架处理等状况依然在加重 Bilibili 的运营负担。如果一味要求 Bilibili 自寻出路，企业很可能在利益与责任间迷失方向。

反对广告植入、反对动画下架的用户更希望 Bilibili 停留在小众但自由（免受政府审查）的阶段。很多用户提出建立分级制度，让成年人在 Bilibili 可以观看面向成人的日本动画（如 2015 年黑名单所禁止的动画）。这种期待很可能落空，因为 Bilibili 目前已经更换了主要观众群体。在网络普及的背景下，更多的青年、少年，如 00 后，接触到网络，成为 Bilibili 的主要用户。青少年是国家的未来和希望，党和国家历来重视对青少年的教育和引导，因此，Bilibili 不可能也不应该避开政府审查，而应积极配合和响应。要求分级制度的用户不妨更换观看渠道，将 Bilibili“降级”为青少年平台，转而寻找更适合自身的视频来源。

日本人工智能机器人动画的社会性研究

——以《铁臂阿童木》为中心

广岛大学　蒋笑宇[①]

[摘要] 战后日本的流行文化逐渐传播到世界，扩大了日本的国际影响力，在国际上得到了对日本文化的认可。动画和漫画等新时代的艺术，作为流行文化的符号，对政治、经济和科技发展发挥了重要的作用。通过对动画和漫画对社会的影响进行研究，便可以窥视日本文化与社会之间互相影响的机制。这对于把握战后日本社会文化形成的特征是非常有帮助的，也是一种深入了解日本社会的角度。为了理解动画、漫画的社会性，本文将以时间为基轴，对日本流行文化产业进行研究，以期探究流行文化所蕴含的社会功用，为中国文化创意产业的发展提供参考意见。

[关键词] 流行文化，社会学，日本动画，人工智能

流行文化是现代社会文化重要的组成部分，但是文化作品本身究竟有着怎样的社会性，这还是一个需要深入探讨的问题。如今的社会，文化作品与社会的关系是环环相扣、互相影响的，这种影响的根源是什么，它的作用方式是什么，这就是本文所要探讨的内容。

在日本，以人工智能机器人为题材的动漫，在战后日本流行文化中几乎可以说是核心之一，作为研究对象，是十分具有代表性的。这其中，最经典的莫过于开创了战后日本动漫文化的手塚治虫之《铁臂阿童木》，这部作品在其先行意义之外，所蕴含的社会深度、社会特质以及对科技和经济政治发展的思考与影响，都有着极大的研究价值。

其中需要明确的是，《铁臂阿童木》发展至今已经不只是一部作品可以概述的，原

① 蒋笑宇：日本广岛大学人类社会科学研究科硕士研究生，研究领域为流行文化与社会关系。

作者手塚不仅创作了漫画，还亲自参与了多数作品的创作过程。他对于阿童木系列的影响力和掌控度都很高，阿童木系列也因此跨越了多个时代仍能保持一定的核心特色。因此在本文中，我们重点将阿童木系列的多个作品作为一个完整的系列去统一看待，并分析其中的异同点。

一、日本流行文化概观

流行文化，或者说亚文化，是20世纪80年代在欧美产生，进而被广为接受的。当时的欧美普通民众因为反战运动等一系列社会事件，对先前西方社会的既定价值观产生了怀疑。传统文化代表着传统的上层阶级，代表普通民众的亚文化也在此时从“少数的文化”变成了“大众的文化”。随着流行文化持续的商业化，像电影这样的新兴艺术得以大量生产，拥有了和传统文化同等甚至更加庞大的影响力。

在日本，“亚文化（サブカルチャー）”这一词语作为舶来语，虽然概念上是80年代才开始认识，但日本的亚文化或说流行文化，实际上在此之前就已经形成，并有着丰富的多样性。在“二战”之前，日本就存在诸如纸芝居[①]等娱乐。

不过，动画的制作，对于当时的日本商界来说所需的费用和时间都太多。等到动画真正在电视上播放，已经要等到战后1963年的《铁臂阿童木》了。它不仅是日本电视动画的先驱，漫画原著作者手塚治虫独自摸索的动画制作方法和白手起家创建“虫制作公司”的经历，还给日本动漫产业打下了基础，指出了方向，一举奠定了日本动漫的基调。

20世纪60年代的日本从战后百废待兴的荒芜废墟中复兴。电视和漫画周刊的普及，把流行文化传进了百姓家。在经济发展的同时，日本民众的思想也在激烈变化。安保斗争、左翼运动、全世界兴起的反战和民权运动等，都影响了日本人的思考方式。手塚也不例外，他将当时的问题意识和设想的未来社会构造融合进作品，通过媒介把作者自己的思想向社会全体传播。

处于日本流行文化核心地位的动画和漫画，它特有的发展轨迹，是由手塚治虫和《铁臂阿童木》所创始的，所以以它为中心进行探究，绝不仅仅因为它是“日本第一部机器人动画”这种理由，而是因为它是日本战后至今的流行文化产业与社会影响总体的原点。

① 纸芝居是昭和时代一种用纸幻灯片表演故事的艺术形式，在大陆又称洋片，一般以街头演出的民间形式出现。

二、手塚治虫与《铁臂阿童木》的诞生

手塚的创造力和革命性，基本可以概括为三点：第一，《铁臂阿童木》确立了日本创作者们将自身思考转化为故事表达出来的制作风格；第二，在故事的构建和人物的设定上，手塚所描绘的实际上是各个时代的日本；第三，作为先驱，把日本的动画和漫画产业从大众消遣变成了正经的商业。

战前的日本漫画，在一众埋头于创造“趣味”的作品中，已经诞生了注重描绘鲜明的人物设定的作家。手塚从这些作品中学习技法，并融入了自己充满战后特征的叙事模式[①]。他在自己的漫画作品《失落的世界》（1948）的开头，写下了这样的话语：“这既不是漫画，也不是小说。”换句话说也可以认为，这既是漫画，又是小说。

而手塚形成这样的融合性的特色，有许多原因。一是绘物语作为日本固有的一种艺术形式，有着很长的历史，由它发展而来的漫画也影响了手塚这一代作家，手塚自身的写实主义思想，也自然以日本的漫画作为基础。二是由于演剧的影响。在手塚的作品中可以很明显找到日本剧作的悲剧倾向以及舞台剧的台本创作手法。在幼年时期一直受到宝冢歌剧熏陶的手塚，从他的观剧体验中，将这些对当时的漫画来说具有创新性的技巧运用到自己的作品中。

手塚曾将“赤本漫画”[②]比喻为“点心屋的玩具”[③]。而他做出的改变，就是以悲剧作为故事的结尾。在故事中，悲剧性是重要的一部分，它是升华剧情并反映现实的桥梁，而手塚是第一个在漫画中开拓这种叙事方式的人。

而剧本的创作，代表着提前规划人物和台词的配置，也就是在绘图之前，整个故事就已经构思好了。通过这种方式，即使是长篇的漫画，也有着比短篇漫画更优秀的故事构成和表现力。

因此手塚的作品对读者来说不再仅仅是读物消遣，而是完整的故事。手塚的作品将复杂的叙事以及深刻的现实内涵和细腻的人物情感传达了出来，让宏大世界观中登场的角色和故事丰满而真实，并赋予了这些角色和故事时代意义。手塚作为战前中产阶级富裕家庭的孩子，深受先进思想和文化的熏陶，但是战争击碎了手塚心中的理想世界。思想上的成熟随之反映到了作品的创作上，22 岁时，手塚的漫画中冲突和批判逐渐多了起来。对手塚来说，他对现实社会的考察，随着战争的结束，终于可以化为创作的热情发泄出来。在《铁臂阿童木》中对未来科学社会的怀疑、角色们复杂的性格和命运主义

---

① 竹内一郎 . 手冢治虫 = ストーリーマンガの起源 . 講談社選書メチエ，2006：39-40.

② 赤本漫画是指在战后日本大批量印刷流行的漫画读本，得名于红色的封面，内容通俗，印刷质量较差，但很受欢迎。

③ 手塚治虫 . ぼくのマンガ人生 . 日本：岩波书店，1997.

的叙事，以及理性与感性的冲突，都是这种阶段性的思考演变的结果，这样的故事正体现着当时日本社会和人的矛盾心理。

虽然手塚在漫画上取得了创新性的成功，但战后复兴时期的日本，没有构建好的动画产业，也没有投资方和市场，更没有制作动画的技术水平。在这样的现状下，手塚治虫在1961年创立了手塚治虫制作动画部（简称虫制作公司），来亲自制作自己漫画改编的动画。《铁臂阿童木》由此成了第一部以周刊漫画为原型的漫改动画作品，在相关制作技法方面也做出了创新和普及。有了技术基础，动画真正以文化和艺术的身份开始开拓自己的道路。

在商业模式上，虫制作公司开创了以出售版权和出口海外来赚取制作经费的先河，这如今一直是日本动画工作室的主要盈利模式。手塚治虫所构思的理想的制作团队摆脱了当时日本动画创作的局限性，当然，这样的经营模式，也离不开阿童木作品自身的高质量。

诚然，手塚不是一个完美的商人，他在之后由于公司经营的问题而离开，但不可否认的是，想要充分理解《铁臂阿童木》为何拥有如此庞大且丰富的影响力，这三个特征都是不可或缺的要素。

三、《铁臂阿童木》作为战后漫画的意义

在分析作品的社会性时，不仅要看创作的过程，还要深入挖掘作品的内容及其变迁。《铁臂阿童木》是一个长期制作并诞生了许多续集和衍生作品的系列。根据内容的变化，阿童木系列大致分为以下三个发展阶段。

1. 第一阶段

阿童木第一次出现，是在1951年由光文社连载发行的《阿童木大使》中。当时的手塚已经不仅在杂志上创作短篇，还开始了《新宝岛》和《森林大帝》等中长篇作品的尝试。此后，阿童木系列持续了近20年，这一时期应当作为一个整体来考察。

阿童木系列此时的作品还没有非常明确的主线剧情，故事逐渐推进，给人的感觉是人物和故事的数量都在增加。手塚创作中对自己和社会的思考的反映，仍然可以从各种故事中捕捉到。其特点不仅体现在典型章节，还体现在基本设定和主题上。

例如，作为战后日本最核心的和平问题之一的“反核”，便是《铁臂阿童木》的主题之一。不过，它与当时日本最具影响力的特摄电影《哥斯拉》却不完全相同。《铁臂阿童木》没有进行完全的批判，或反过来谱写着科学的宇宙赞歌，而是通过描写发生在与科学共存的社会中的事件和故事，来进行客观的论证。它揭示了科学的好坏取决于运

用的方式这一主旨。

故事中的阿童木虽然是天马博士儿子的替代品，但却注定无法成为人类。这一设定与众多年轻一代和战争孤儿面临的成长问题不谋而合，这些关系通过阿童木在学校和家庭中发生的故事中得到体现。手塚通过一个有心的机器人的童年经历，展现了孩子在一个支离破碎的社会中成长的过程和他遇到的矛盾与认知。

手塚在《铁臂阿童木》的“地球上最大的机器人之卷”和“青骑士之卷”两章中，描绘了阿童木与其他机器人之间的战斗。前者是人类私欲引发的战争，后者是青骑士反对人类压迫的革命，但故事的主旋律并不是阿童木个人的英雄传记，而是在这些斗争中，阿童木所学习的关于和平共存与权利平等的重要性。

看过这些章节，也就不难理解为什么手塚将当时的漫画归类为玩具。儿童漫画的长度、技法、题材都有限制，所以支持不了宏大的世界观和厚重的故事。手塚在《铁臂阿童木》连载之前积累了丰富的经验，并在此基础上创作了融合时代性和社会性的作品。我们从这些故事中得到的不是一部热血物语，而是对手塚在他的创作中所表达的社会现象和问题的一种思考。他的思想源于他的生活经历和思考，在战后流行文化这一大背景下，以漫画的形式诞生，并传达给了读者。

2. 第二阶段

20 世纪 60 年代和 70 年代是寻求和平与权利的时代，在日本也有越来越多的人希望通过不断发展的动漫产业来表达自己的想法。始于 20 世纪 50 年代的日本安保斗争、学园斗争等一系列左翼运动，最终在 60 年代初结束，但这种思想依然在民众中间存在，这些人选择用漫画和动画来讲述自己的故事。

手塚也是其中的一员，当时的作品创作中，有两件大事给手塚的作品留下了深刻的印象：一是民权运动，二是越南战争。

美国的公民权运动是一场为争取非裔美国人平等权利的非暴力抗议的群众斗争。该运动旨在消除美国的种族隔离、种族歧视和对黑人的剥削。而越南战争始于 1955 年的地区冲突，由于美国的干预，逐渐演变为东西方阵营之间的代理人战争，最终对美国社会产生了巨大影响。反战运动与民权运动一起成为 20 世纪 60 年代至 70 年代世界思想的中心。

《铁臂阿童木》本篇故事的后半部分和整个《今昔物语》的创作过程，在时间上与民权运动和越南战争的背景重叠了。最明显的例子就是《今昔物语》第 2 卷第 12 章中相当有名的故事《比利的惨剧》。

一个名叫比利的机器人想成为与人类享有同等权利的合法公民，他在市政厅被正式认定为公民，随即便被人类杀死。阿童木因为机器人法则被设定为“不伤害人类”而只能眼睁睁地看着比利在他面前变成了废铁。

读到这样的故事，你很难不会想起当时的民权运动。不仅如此，在其他章节中，阿童木跨越时空的冒险里，都出现了主题严肃的现实故事。其中，描写越南战争的章节画得更直白，也更震撼人心。越南村庄的男女老少暴露在美国的轰炸之下，阿童木却无法将他们从死亡中拯救。这部分的描绘与手塚描写战争场面的漫画相似，通过简单的故事和画面营造出逼真恐怖的骇人场景。

在这些故事中，阿童木不是英雄人物，他拥有强大力量却仍然在悲剧面前无能为力，但阿童木仍然愿意与现实抗争。尽管他是机器人，他表达的情感却比那些现实中的人类更深切、更真实。

在这些故事中，手塚治虫始终保持着阿童木系列惯有的悲剧色彩。这是他所设想的真实的人类世界，而阿童木就是这个世界上奋斗精神的象征。人类世界的悲剧可能永远都无法消除，但也总有像阿童木这样的人在寻求爱与和平。然而另一方面，历史总会重演，即使是阿童木这样的人也无能为力。手塚通过虚构的漫画与现实世界联系起来，融进了自己的认识和哲学的思维，从而提升了整部漫画的高度。在科幻的背后，是对现实的隐喻和对未来的思考。

3. 第三阶段

进入 20 世纪 80 年代，手塚操刀制作的作品比以前更多，但对《铁臂阿童木》的热情却是始终如一的。由于对第一部动画的制作和设定上的诸多遗憾，1980 年的手塚开始制作第二部，也就是重制版的初代动画。

第二部与第一部有很多相似之处，在第一部中展现的机器人设定、人类和机械的冲突等诸多方面。但第二部动画最大的变化是作品所反映的时代，而这里所说的不仅是作品的时代，也是内容的时代。

故事的大纲几乎相同，但整部作品的基调变得更加明亮，先进技术所实现的高质量作画，让流畅清晰的动作场景和丰富的色彩绘制成为可能。内容上的设定细节也随着时代的变化而变化，让整部作品充满现代气息的同时让人感受到手塚的用心。在技法和内容之外，这部作品更加重视在 20 世纪 80 年代日本动画产业市场中的商业开拓，除绘制技术产业的整体革新之外，电视台重播和广告公司的代理合作日益增加。随着日本动画的国际出口，阿童木成了许多中国孩子第一个接触的日本动画角色。

然而，从这部重制版动画开始，阿童木系列发生了显著的变化。20 世纪 90 年代泡沫经济崩溃，冷战结束，世界走出了冲突对立的阴影，日本进入了老龄化和经济停滞的时代。人们逐渐失去了对社会的思考，专注于个体的生活，人与人之间的隔阂越来越大。在这种情况下，强调市场价值的作品开始流行起来，人们的兴趣逐渐转向浮于表面的消费社会。

2003 年的第三部新作动画就是在这样的情况下诞生的。没有了手塚的它，是一部人与机器从冲突到友谊的动作冒险故事，是大河剧和美国卡通的融合，而不是像原著那样充满社会现实。尽管它获得了商业上的成功，但深度的丧失无疑是阿童木的一个新的时代特征。此后，无论是美国出品的阿童木 CG 电影《阿童木》，还是仍在连载的《阿童木：起源》，都难以脱离现代动画行业的惯例。

在和平繁荣的时代，文化作品往往侧重于个体的生活和浅显的故事，有的作品甚至仅仅追求商业的成功。这类作品虽然有时反响不错，但缺乏对当代的深刻社会矛盾的关注。然而，这在某种意义上同样也是一个时代的特征。每个时代的每部作品，都具有其时间上的代表性和局限性，也许它们没能体现出多么深刻的内涵，但是这一点，也正是当时那个社会的特质和属性。

四、日本与世界的人工智能技术

事实上，日本在人工智能研究方面并不走在世界前列，但它的发展却有着日本社会特有的特征。日本人工智能机器人发展有两个重要的关键词：第一个是“智能”，第二个是“行为控制”。这两项是日本动漫中经常出现的人形机器人的先决条件。

首先是智能问题。智能一直是日本研究人员最关心的问题，它包括认知能力和学习能力，以及更深层的，人类特有的感觉、情感和审美等特征。它的起源是东京工业大学名誉教授森雅弘发表的关于恐怖谷理论的研究。虽然这篇论文所提及的课题似乎与实际的 AI 技术本身没有太大关系，但可以说它们为日本的 AI 研究定下了从心理学和哲学的角度讨论机器人和人类的关系和相处模式的基调。

能够模拟智能的人脑出现后，就要提供模拟的人体并拥有控制它的能力。日本在工程机器人活动和协调领域的研究是很先进的，作为世界上最早普及工业机器人的国家之一，日本在机械的操纵与运动方面有很多成果。由此可见，日本对人工智能机器人的研究始终是关于如何再现人类，这都代表了日本社会对于人工智能机器人的存在模式的一种理想状态。

历史上，人工智能的文化思考是先于技术思考的，人工智能最先被讨论的，是人工智能是不是人的哲学伦理观，以及机器人和人类如何共存的问题。科幻作家阿西莫夫是第一个意识到这一点的人。他的作品不仅第一次认真思考了智能机器人与人类的关系，也初步改变了科幻小说中技术总是与人为敌的刻板印象。在小说集《我，机器人》的

《引言》部分，阿西莫夫提出了划时代的“机器人三定律”①，这一思想不仅成为他写作的中心为文坛所知，也为科学界所知。机器人伦理学——探索机器与人类之间关系的学科——也应运而生。故事中随着三定律的出现，机器人承担了社会责任并在社会中占有一席之地，而不仅是人类创造力的附庸。这是阿西莫夫创作的核心，也是流传至今的一个问题。

手塚笔下的《铁臂阿童木》接近于阿西莫夫的作品，描绘了拥有人性的机器人。同时阿西莫夫也影响了许多西方作家和作品，然而欧美的主流作品中人工智能和机械常常扮演着与人类发生冲突的角色。

日本对人工智能的想法与欧美相比并不完全相同，这是由于社会和文化的差异造成的。日本人工智能研究最突出的特点就是对机器的人性化要求。首先是人类的行为，然后是模仿人类的思维。对人类情感的追求，机器人在人类社会中的存在方式，对人类智能的完整模仿，这些课题的根源都来自这里。

在专门的人工智能学者中，受到阿童木系列启发的不在少数。研究人员也认识到了人工智能机器人中人性的重要性。人工智能是用机器再现人类特有的智能，如果不了解人类智能的基本原理就无法做到。手塚用漫画的形式描述了人与机器、机器与社会的关系，对研究人员产生了深远的影响。这就是流行文化对现实中的科学技术的影响。

五、何为人工智能机器人动画的社会性

结合上述分析，再回到本研究探讨的问题，即人工智能机器人动画的社会性本质是什么？它所代表的社会和流行文化的相关性究竟是什么？

手塚的创作历程从小就受到社会的影响，这些影响决定了他的思想和表达情感的方式，而通过漫画这种形式，他自然而然地表达了他的经历与思考。尽管他不是开发未来技术的工程师、社会学专家或政治家，但手塚超越时代的思想，通过人物和故事发展出了一个丰富的漫画和动画世界。

人物和故事是手塚最重要的工具。作为具有人工智能的机器人，阿童木结合了两方

① Law Ⅰ：A ROBOT MAY NOT INJURE A HUMAN BEING OR，THROUGH INACTION，ALLOW A HUMAN BEING TO COME TO HARM.

第一定律：机器人不得伤害人类个体，或者目睹人类个体将遭受危险而袖手旁观。

Law Ⅱ：A ROBOT MUST OBEY ORDERS GIVEN IT BY HUMAN BEINGS EXCEPT WHERE SUCH ORDERS WOULD CONFLICT WITH THE FIRST LAW.

第二定律：机器人必须服从人给予它的命令，当该命令与第一定律冲突时例外。

Law Ⅲ：A ROBOT MUST PROTECT ITS OWN EXISTENCE AS LONG AS SUCH PROTECTION DOES NOT CONFLICT WITH THE FIRST OR SECOND LAW.

第三定律：机器人在不违反第一、第二定律的情况下要尽可能保护自己的生存。

面的特征。通过刻画机器的人性，他创造了阿童木的世界，赋予了角色丰富的个性，并通过将所有东西组合在一起，创造了一整部故事。这是一种在那个年代之前都未曾有过的表达方式，体现着手塚创作的核心思想，它强调了漫画也可以成为创作有深度的作品的平台。

手塚的作品超越了文化的界限，对日本社会产生了不可估量的影响。《铁臂阿童木》的商业模式影响着日本动漫产业的走向，阿童木的机械的感性影响着日本机器人研究的思维。这一切都源于《铁臂阿童木》本身的深厚魅力和艺术价值。

同时也要看到另一方面，社会对文化作品的影响也很大。手塚的作品反映了他的思想并影响了读者和社会。但首先，他的思想和自我价值的发掘先被他的经历和当时的社会影响，并且根据生活和社会背景的变化，他的作品也产生了细微的差别。手塚的《铁臂阿童木》不仅仅是个人的幻想，而且是一朵充分吸收了日本社会土壤的养分而盛开的鲜花。

结论

社会性具有双重含义，包括对社会的影响和社会带来的影响。他们的关系则是螺旋上升的，作品的创作受到社会的影响，留下了那个时代的痕迹，也包含了作者对社会的思考。当作品传达给读者时，这些思想和特征会影响读者的价值观。读者是构成和造成社会变化的人，这种变化又影响着那个时代的创作者和作品。这种循环相互影响的机制，便是流行文化的社会性。

这个结论的意义在于，当我们看动漫这样的文化作品时，我们必须明白我们要从中收获到什么。第一是作者的思想在创作当时所反映的时代背景。第二是作品对当时社会的影响。从这两点出发，可以将它们概括为“作品继承了什么”和“作品传达了什么”。把握好这两个特点，就能看出作品的意义和价值。

亚文化和流行文化对当今世界的重要性不亚于传统文化，然而迄今为止的研究仍然具有单方面的局限性，这种相关性实际上是我们理解社会现象的重要方式。从本文抛砖引玉，可以用这种方式去看待各种流行文化，都能够获得各种各样的收获。如果想发展我们中国独有的流行文化，这样的思考角度在未来也同样是不可或缺的。

文学研究

近代以来日本佛教文学刍议（1868—1988）①

吉首大学外国语学院　潘贵民②

［摘要］1868年，明治维新使日本走上了资本主义的发展道路，一时间，西方各种思潮纷纷涌入，日本社会急速近代化。在传统与近代激烈碰撞的当时，日本佛教为顺应时代变革被迫做出改变，进行近代转型。在日本佛教加速近代化的过程中，日本出现了一大批与以往严格意义上的佛教文学有别的被称为"佛教相关文学"的作品，这些内容构筑了近代日本独特的佛教文学体系。日莲、亲鸾文学的兴盛及近代禅宗文学的兴起；批判、反思佛教的文学的大量涌现；新佛教团体、杂志等的产生及女性佛教文学家的登场等是新时期日本佛教文学转型发展的重要标志。对近代以来日本佛教文学进行梳理、分析，从文学上审视日本佛教的近代转型对当前我国佛教及其文学研究具有十分重要的现实意义。

［关键词］近代日本，佛教文学，明治维新，传统与现代

"佛教文学"一词，最早起源于英国汉学家塞缪尔·比尔（Samuel Beal）于1882年提出的"Buddhist Literature"。近代日本学者对佛教文学的论述颇多，如深浦正文的《新稿佛教文学物语》（上、下卷）、小野玄妙的《佛教文学概论》③、加地哲定的《中国佛教文学史》、平等通昭的《印度佛教文学研究》等，他们从不同角度对佛教文学进行了阐释，形成了较为独特的日本式佛教文学定义，且大多为当今学界所沿用。

进入近代以来，明治政府掀起的一场声势浩大的"神佛分离"与"废佛毁释"运动，彻底改变了日本佛教的地位。随着日本佛教的近代变革及西方文学思潮的大量涌

① 本文系2021年度湖南省社会科学成果评审委员会课题"芥川龙之介文学中的宗教书写研究"（项目号：XSP21YBC475）阶段性成果。

② 潘贵民：吉首大学外国语学院副教授，研究方向：日本文学、中日比较文学。

③ 详见小野玄妙．仏教文学概論．東京：甲子社書房，1977.

入，日本佛教文学发生了巨大变化，涌现出了一大批新型的佛教文学作品。它们较多地以批判、审视的眼光看待佛教，表现了诸多的近现代特征，有力地推动了近现代佛教文学学科的发展。本文拟从历时与共时的角度对近代以来日本佛教文学进行梳理、分析，探讨佛教近代转型背景下日本佛教文学的整体脉络，以期为我们更好地理解佛教及其文学提供参考与借鉴，从而加深对“传统与现代”的正确认识。

一、近代以来日本佛教文学的定义及其论争

近代以来日本论述佛教文学的学者主要由佛教领域的学者和日本文学领域的学者所构成。佛教领域的学者主要以小野玄妙、山辺习学等为代表，他们把佛教经典本身看成佛教文学，如《法华经》《阿含经》《大智度论》等。日本文学领域的学者主要以坂井衡平、坂口玄章等为代表，他们将与佛教紧密联系的作品或宣扬佛教思想的作品看成佛教文学，如《平家物语》《方丈记》《徒然草》等。但随着时代的变迁及学者们对佛教文学看法的分歧，佛教领域学者对佛教文学的论述日渐式微，尤其在昭和中、后期，日本学界对佛教文学的论述基本由日本文学领域学者的评价与研究占了主导地位。

小野玄妙（1883—1939）为佛教学者，毕业于净土宗宗教大学（现为大正大学），有较高的佛学造诣，在佛教史、佛教文学等方面均有研究。尤其他于1924年至1934年，与高楠顺次郎、渡边海旭等人共同主持编纂了《大正新修大藏经》，扩大了佛教在近代的传播。小野玄妙在《佛教文学概论》一书中从“将一切经全体看作文学”“佛教文学小史”“汉译经典文学概观”“中国的文学与佛教”“佛教与日本文学”五个方面对佛教文学进行了系统论述。从此出发，小野玄妙分十个方面论述了“本生经文学”“譬喻经文学”“因缘经文学”“纪传文学”“律藏文学”“阿含经文学”“起世经文学”“方广经文学”“论藏文学”“秘密仪轨文学”。山边习学著有《佛教文学》一书，他对佛教文学的定义提出了不同的看法，认为与其称其为佛教文学，不如称其为“藏经文学”或“佛教教典文学”更为贴切。[①] 山边习学主要将佛教经典以文学的眼光来审视其梗概、主要人物、宗教主题等，以使其具有故事或者戏剧式的可读性。该书最大的亮点是将经典的阅读方法以崭新的方法来开启，有别于过去分析佛教经典仅从汉译经典中寻找出处的方法，开启了直接阅读梵文版本的方式。

另一方面，坂井衡平出版了《今昔物语集新研究》，从日本佛教说话集《今昔物语集》出发对佛教文学进行论述。坂井衡平在该书中将“佛教文学系统”细分为：以《三教指归》《往生要集》《教行信证》《立正安国论》《三部假名抄》《御文章》等为主的佛

① 详见山辺習学．仏教文学．東京：大東出版社，1932.

教法语类；以《三宝绘词》《私聚百因缘集》《三国传记》为主的佛教说话类；以《平家物语》《谣曲》《今样》等为主的与某种音乐相结合的一类以及浸润佛教要素的宽泛的文学类。[①] 坂口玄章则著有《佛教文学序说》，该书由“社会阶级与佛教的交涉”“佛教说话文学的形态”“文学与佛教的交涉”三章构成。该书论述了“佛教与文学”的关系，但坂口玄章将“佛教与文学”放在事物的两极进行思考，很难将二者合体进行论述，其佛教文学概念具有暧昧性。[②]

有别于站在佛教立场或文学立场思考佛教文学的学者，近代以来日本亦出现了综合二者的声音，他们以永井义宪、筑土铃宽和深浦正文为代表。永井义宪在《日本佛教文学》一文中将日本佛教文学定义为“将日本佛教文学范围进行广义解释的话，是指佛教影响下的全部日本文学作品”[③]，并认为“对佛教知识及其对象的理解有所帮助的文艺作品皆属佛教文学的研究对象”[④]。筑土铃宽为日本著名僧侣、民俗学者，著有《日本佛教文化研究》《宗教文学・复古与叙事诗》等。他在《日本文学大辞典》（新潮社）“佛教文学”条中将佛教文学定义为：“不以文学的价值为问题，以宗教的价值为目的，但附带文学价值的作品；以宗教现象为素材，以文学的要求创作的作品，即创作动机是艺术的，且该类作品中由于丰富的宗教因素，如同从宗教的价值要求创作的作品一样为人们所接受；同时具有宗教价值与文学价值的作品。”[⑤] 筑土铃宽认为无论从何种方面看，佛教文学均包含佛教思想和文学艺术等因素，是佛教与文学的有机结合体。但筑土铃宽的佛教文学定义过于理想化，因为一部作品很难同时达到佛教思想和文学艺术的统一。山田昭全认为筑土铃宽的佛教文学构想的破绽在于宗教以彼岸为目标，而文学以此岸为目标，作品的宗教性与文学性难以两全，同时满足佛教的价值与文学价值的作品只是佛教文学的理想。即他认为既有文学价值微弱而宗教价值很高的作品，也有宗教价值较少而不失较高文学价值的作品，宗教价值与文学价值不可分。深浦正文亦持有与筑土铃宽相似的观点。他著有《唯识学研究》（上、下）、《俱舍学概论》《佛教研究法》等，属佛教学的本格派。尤以《佛教文学物语》[⑥] 反响巨大，不断重版，其自身亦不断进行修订增补，影响深远。深浦正文亦持有将佛教经典以文学的方式看待的立场。深浦正文将属于论藏、律藏的典籍排除在外，以《般若经》《维摩经》《金光明经》《首楞严经》《华严经》《法华经》《涅槃经》等经典为例对它们的成立、内容、本质等进行分析论述，其论述方法平易明快，通俗易懂。深浦正文还在《佛教文学的意义》一文中认为所谓的佛教

① 详见坂井衡平．今昔物語集の新研究．東京：名著刊行会，1965.
② 详见坂口玄章．日本仏教文学序説．東京：国書刊行会，1972.
③ 山田昭全．日本仏教文学の方法．東京：おうふう，2013：41.
④ 山田昭全．日本仏教文学の方法．東京：おうふう，2013：41–42.
⑤ 山田昭全．日本仏教文学の方法．東京：おうふう，2013：27.
⑥ 详见深浦正文．仏教文学物語．東京：東林書房，1929.

文学是作为佛教具有宗教的价值，作为文学又具有艺术的价值，二者兼而有之的作品。与小野玄妙相比，深浦具有启蒙家的姿态。同时，深浦在经典的构成、表现手法等研究方面，即在文学性质的研究方面亦有建树。但他指出，佛教文学的真正价值在佛教经典之中，日本文学中的佛教文学应居于从属地位。

关于佛教文学的定义，如前所述，日本学界存在过于狭窄或宽泛或者过于理想化等几种解释，很难达到高度的统一。随着各家论述的深入，出现了跳出佛教文学范畴来考察佛教文学的学者，其中山田昭全、见理文周的观点具有代表性。山田昭全在《日本佛教文学的方法》一书中认为，将一部作品看作宗教性抑或文学性作品，取决于读者的态度。这与将一个佛像看作信仰对象还是艺术对象是一致的，二者的区别不在所选取的对象，而取决于选取对象者的态度。他建议从对佛教文学的定义中解放出来，跳出这个圈子，并认为“明确自觉地将佛教文学看作是创造作品、享受作品时的方法之语，这是克服矛盾的唯一道路”[①]。此处的矛盾，是指作品的宗教性与文学性之间的矛盾。见理文周认为真正与佛教相关的近代文学作品很少，并对产生该问题的原因归结为“佛教本身的保守性、封建性与非合理性体质，不被社会所包容，而被时代潮流所排斥。佛教文学作品很少涉及佛教思想、教义等问题，大多只是关于表面上的风俗、生活样式，以佛教为素材或题材的作品”[②]。因此，作者将与佛教相关的近代文学与一直以来的佛教文学相区别而称作“佛教的文学”。

可见，近现代日本学界对佛教文学的界定较为困难，其中见理文周认为近代以来日本文学中真正的佛教文学作品较少的观点，具有一定的合理性。但近现代日本文学中亦涌现出了众多以描述佛教僧人修为、佛教经典、佛教历史等为素材的文学以及蕴含丰富佛教思想，如无常、因果轮回、善恶报应等的文学。该类文学我们可以称为“佛教题材文学”或“佛教相关文学”，从广义上来说均属于佛教文学范畴。

二、“日莲”“亲鸾”文学的兴盛及近代禅宗文学的兴起

随着明治初年“废佛毁释”运动的开展及日本社会“全盘西化”思潮的蔓延，日本佛教为顺应时代变革，出现了强调先祖的英雄人格的同时带有国家主义色彩的“日莲主义”、以反思基督教一神教思想而采取与其精神相似的“亲鸾主义”和反全盘西化的“禅”等倾向。在此背景下，日莲、亲鸾、禅宗等思想依然是近代以来日本佛教文学常表现的主题。日莲宗由大日莲（1222—1282）于1253年创立。日莲宗以《法华经》为最高经典，形成了以《法华经》为核心的教义体系。在日本，日莲宗追随者众多，影响

① 山田昭全．日本仏教文学の方法．東京：おうふう，2013：42.

② 田丸徳善等．近代文学と仏教．東京：岩波書店，1995：34-35.

深远。日莲主张专念无量寿佛，食肉娶妻。后因与当权者思想矛盾而被流放至新潟县，赦免后在各地广传佛法，著书立说，著有《愚秃钞》《净土和赞》《入出二门偈颂》等。亲鸾（1173—1263）为日本佛教净土真宗始祖，9岁出家成为天台宗僧侣，但苦修20年仍未能获得解脱。29岁时投入净土宗法然门下，著有《教行信证》，其法语由弟子唯圆整理成《叹异抄》。尤其从明治末年开始，《叹异抄》在日本深受知识界欢迎，日本民众通过该书加深了对亲鸾的喜爱，从一定程度促成了近代日本亲鸾文学创作的兴盛。随着日莲宗发展成日莲主义及亲鸾在日本影响的深入，日莲、亲鸾文学迎来了创作的高潮，其中分别以宫泽贤治、仓田百三的创作最具代表性。[①]

宫泽贤治（1896—1933）为一名虔诚的法华经信徒，从小深受佛教思想影响，四岁便能诵读"正信偈"，十岁时成为真宗革新派重要人物晓乌敏的侍童。1914年，从盛冈中学毕业的宫泽受岛地大等编纂的《汉和对照妙法莲华经》的影响，信奉日莲宗。宫泽在童话创作上成就较高，佛教思想贯穿于其创作之中，成了他文学作品的思想精髓。如《夜鹰之星》（1921）等隐含佛教因果轮回、追求永恒世界的思想。《蜘蛛、鼻涕虫和狸猫》（1918）暗含了宫泽打败净土真宗的意图，开始投入田中智学所倡导的法华经日莲主义的怀抱。1918年，宫泽加入了田中智学的国柱会。《银河铁道之夜》（1924—1933），借一列驶向银河的贯穿于生死两界的列车，传达了对待死亡的泰然与轻松，令人沉思。

仓田百三（1891—1943）为日本佛教剧作家。代表作《出家及其弟子》发表于1917年的《生命之川》杂志，1918年由岩波书店发行单行本后，在日本引起了强烈的反响。故事围绕亲鸾与其弟子唯圆展开，描述了开创净土真宗的亲鸾，早年因受诬陷，被判流放，在各地苦行巡礼。亲鸾苦行期间在某个下大雪的夜晚，因为借宿，与一个猎户人家结了缘分，与一名武士的女儿生下了一个男孩善鸾。十五年后，亲鸾大师带领弟子们建立起净土真宗的威望。猎户的儿子松若也出家修行改名唯圆，并跟随、近身服侍亲鸾，成为亲鸾最亲近的弟子。但亲生儿子善鸾却终日酒肉池林，不愿接受信仰的救赎，被世俗认作放荡儿。甚至透过善鸾的介绍，唯圆爱上了一名叫作枫的艺伎，让原本平静无波的寺院掀起了一场信仰与道德的风暴。

另外，在亲鸾文学创作方面，吉川英治的《亲鸾》和丹羽文雄的《亲鸾和他的妻子》亦具有鲜明的特色。吉川英治（1892—1962）的《亲鸾》于1938年初次在《名古屋新闻》《福冈日日》等报纸上连载，1939年发行单行本，并于1947年再次刊行。作品描述了亲鸾从出生至稻田草庵时期的故事，囊括了亲鸾的青年时期和中年时期，可以说该作既是一部传记小说，也是一部大众小说。吉川所描述的亲鸾，基本沿袭了典籍中

① 大河内昭爾．近代文学と仏教，武石彰夫．仏教文学を読む事典．東京：饺成出版社，2011.

对亲鸾的态度，但亦包含了其自身对圣人憧憬的心境。渡边贞麿认为该作作为大众小说，在“二战”前后两次出版发行，说明了亲鸾作为文学创作素材的独特魅力，更说明了社会大众从思想上受亲鸾影响之深，他们与吉川一样抱有共鸣与憧憬。[①] 丹羽文雄（1904—2005）深受净土真宗的影响，对亲鸾文学创作亦十分热心。丹羽文雄生于明治晚期，其父丹羽教开为日本三重县一个净土真宗寺庙住持。丹羽文雄在佛教文学创作方面作品较多，他描述了一个充满无限烦恼的痛苦的人间，其作品被称为“罪业文学”。《亲鸾和他的妻子》（1958）描述了亲鸾与女人赤裸的对决，与其说作者是从社会的立场或宗教的意义来考察亲鸾，倒不如说是描绘了亲鸾作为普通人一员的人性，但丝毫没有去破坏偶像的意味。可以肯定的是，作品通过“恶人正机”进行了宗教式的升华。但丹羽把亲鸾作为普通人去描述其平凡的生活、爱恋与困惑，有消耗掉亲鸾作为宗教家魅力的危险。

此外，高山樗牛（1871—1902）在晚年对日莲（1222—1282）十分崇拜，创作有《释迦传》。嘉村礒多（1897—1933）的《苦业》（1914）、《崖下》（1914）则多用净土真宗用语，体现了佛教他力思想的影响，反映了作者对亲鸾说教的重视。中里介山（1885—1944）由于受佛教思想影响，于1922年创作了《清澄归来的日莲》。木下尚江（1869—1937）的《日莲论》（1910）与《法然和亲鸾》（1911）、野间宏的《亲鸾》（1973）、吉本隆明的《最后的亲鸾》（1976）、真继伸彦的现代语译《亲鸾全集》（全五卷）、丹羽文雄的《亲鸾》（全四卷）（1969）与《莲如》（全八卷）（1982—1984）等均对日莲、亲鸾保持了高度关注。

禅宗在近代高举反“全盘西化”的大旗，倡导不立文字，教外别传的思想在日本国民心中有较深的影响力。禅宗思想已深度融入日本的庭园艺术、茶道等文化之中。在禅宗的发展过程中，近代日本作家多受其影响，纷纷进行参禅体验，如夏目漱石、芥川龙之介等。尤其夏目漱石（1867—1916）从小受禅宗思想影响，多次赴寺院参禅。夏目漱石曾参禅于著名僧人释宗演门下，甚至在他去世后，亦由释宗演为其超度亡魂。禅宗思想亦渗透入夏目漱石大多数的文学作品中。如代表作《我是猫》（1905—1906）中禅语甚多，《从此以后》（1909）描述了其禅宗志向，《门》（1910）以其圆觉寺参禅经历为蓝本，体现了其参禅感悟。邱雅芬认为《门》是由个人叙事与国家叙事共同建构起来的勾绘日本殖民扩张时代之“罪恶”与“救赎”的文本。[②] 夏目漱石从《论语》《菜根谭》《碧岩录》等中国传统儒释道经典中，寻求着“救赎”之路，尤其表现出对禅宗的浓厚兴趣。此外，《使者》（1912—1913）、《梦十夜》（1908）以及汉诗等作品中亦有众多禅宗思想的表达。如汉诗“圆觉曾参棒喝禅，瞎儿何处触机缘；青山小拒庸人骨，回首九

① 渡辺貞麿. 佛教文学の周縁. 大阪：和泉書院，1994.

② 邱雅芬. 帝国时代的罪与罚：夏目漱石的救赎之“门”. 外国文学评论，2019（1）.

原月在天”[1] 表达了他对参禅的感悟。可以说，“禅”是认识和理解夏目漱石文学的重要钥匙。

另外，在近现代日本创作禅宗文学的作家中，水上勉与川端康成亦具有代表性。他们为日本禅宗文学的近现代传播与发展做出了巨大贡献。尤其川端康成通过诺贝尔文学奖将近现代日本禅宗文学的影响扩展到了全世界。川端康成（1899—1972）是日本近代以来对佛教十分亲近的著名作家之一，一生受佛教及虚无主义思想影响颇深。他一生心情苦闷，具有感伤与孤独的性格，形成了川端康成文学创作的底色。“无常”“物哀”等是川端作品常表现的主题，尤其佛教生死观在其文学中得到了深刻的演绎。《雪国》（1935—1948）是一部带有宗教色彩的小说，深刻体现了虚幻之美、生死轮回、瞬间开悟等禅宗思想。此外，《抒情歌》《不死》《白色的望月》等亦受禅宗的深刻影响。川端康成在诺贝尔文学奖领奖现场以《美丽的日本和我》为题进行了演讲，对日本著名禅僧道元、良宽、一休、利休等进行了介绍，说明他受禅宗影响颇深的事实。水上勉（1919—2004），由于家境贫穷，先后在相国寺、天龙寺当过僧侣。他将在寺庙的经历创作成了《一休》（1975）、《良宽》（1983）等作品。《一休》描述了日本著名禅僧一休宗纯从出生至去世的一生，作品通过对一休逸闻的描述，解析了日本僧人生活的内幕。该传记小说不仅是作者对自身生活困苦、人间黑暗的透视，也是对生存之业障的思考。《良宽》描述了一个痛斥寺僧们堕落，但既不携妻及弟子，也不说法，在破寺里独自过着乞讨生活的愚人式的禅僧良宽形象，刻画了一个富有人情味的真正的宗教家的真实形象。尤其水上勉于 1987 年创作了《金阁炎上》可以说是昭和日本佛教文学的终章，此后，有关佛教文学的作品急剧减少，逐渐消失在人们的视野中，即使后来的三浦清宏的《长男的出家》（1987）、森敦的《有如我们逝去的东西》（1987）也无法与之前的佛教文学媲美，此外，高桥新吉（1901—1987）的诗集中充满了对禅宗的深刻理解，禅机颇丰。著有《参禅随笔》（1958）、《诗和禅》（1968）、《禅和文学》（1970）、《习禅》（1983）等。

三、批判、反思佛教的文学大量涌现

近代以来日本佛教的转型发展，使日本佛教失去了对传统正统思想的坚持，逐渐世俗化。受此影响，近代以来的日本佛教文学家们对佛教及其思想的描述逐渐由古代深刻反映佛教教理或宣扬、传播佛教思想的立场转变成了反思、批判佛教的立场。[2] 因此，近代以来日本较多地出现了以僧侣为主人公，以寺庙为故事发生场景的文学，或以批判

① 夏目金之助．漱石全集（第十二卷）．東京：岩波書店，1994：384.

② 杜继文．佛教史．南京：江苏人民出版社，2007.

佛教为内容的文学，深刻反映了佛教文学的近现代化特征。

明治时期的佛教文学创作，首推幸田露伴与泉镜花。幸田露伴（1867—1947）的佛教文学创作具有较深厚的佛学基础。他十三岁时从中学退学，成天在东京图书馆广泛涉猎经书、佛典及其他杂书，十九岁时结识一位僧侣，读遍了寺院中所藏经书，为其后来的佛教文学创作奠定了深厚的思想基础。如《风流佛》（1889）描述了雕刻师珠运将自己心爱的女人雕刻成栩栩如生的佛像，后来佛像复活，二人腾云而去，将恋人与佛像结合起来，增添了佛教世俗化情境。《五重塔》（1892）描述了十兵卫克服重重困难，在天王寺建造出完美的五重高塔的故事。两篇作品均以佛教物事及佛教思想为根，蕴藏了悟道净化的佛教理念，但《风流佛》将爱情故事与佛教物事联系起来进行描述，与传统的佛教文学主要体现佛教思想相去甚远。泉镜花（1873—1939）的《高野圣》（1900）主要描绘了一个云游僧人宗朝讲述的一段自身经历。在面对美色诱惑、凶险的环境中，宗朝依靠佛法最终战胜了色欲和恐惧，从而保全了自己，未变成奇禽怪兽。《高野圣》以高僧经历为背景，依靠佛法抵御诱惑，表现了佛教高僧的修为及佛法的精妙。

大正时期批判、反思佛教的文学以芥川龙之介的佛教文学创作最引人注目。芥川龙之介（1892—1927），是日本大正时期著名的短篇小说家。芥川在其作品中涉及了众多的佛教题材，塑造了诸如观音、释迦牟尼、长鼻僧等佛教人物形象，仅与佛教相关的作品就有 20 余篇，如《罗生门》（1915）、《鼻子》（1916）、《地狱变》（1918）等。芥川对佛教的描述，除了几部正面描述佛教的作品外，大都表现出了对佛教的疑惑，甚至是批判。如《运气》（1917）围绕参拜清水寺的观音菩萨是否可以得到现实利益展开，通过对观音信仰等的描述，聚焦于佛教的世俗化问题。《貉》（1917）、《龙》（1919）则对佛教的“信”及信仰问题进行了批判。《鼻子》（1918）、《道祖问答》（1917）通过对僧人日常修行的描述，表现了对佛教徒修行目的、行为的批评。芥川还有诸多将佛教与基督教进行对比描述的作品，如《邪宗门》（1918）、《阿吟》（1922）等，这些作品的出现反映了佛教在近代日本变容的社会现实。另外，松冈让（1891—1969）的《守护法城的人们》（全十三卷，1923—1926）也是大正时期批判、反思佛教文学的重要代表，该作描述了佛教寺院的实况，表现了对旧习俗反叛的主题。

昭和时期，日本批判、反思佛教的文学前一时期更为繁荣，涌现了较多的代表。今东光（1898—1977），出家入比睿山，成了天台宗僧侣，著有《春泥尼抄》（1957—1958），描述了出身于河内贫困家庭的尼僧春泥奔放的半生，对尼僧界存在的陋习、矛盾、不合理及阴暗面等进行了批判，使人们感受到了一名佛教徒内心深处的广度。但该作连载时由于描绘了日本战后的颓废情形而受到尼僧界等的批评。外村繁（1902—1961），早晚在聆听母亲念诵“正信偈”中长大，继 1938 年创作了《草筏》后，这一时期又相继创作了《筏》（1956）、《花筏》（1957—1958）。“筏”为佛教用语，假托将众生从此岸度化至彼岸之意。晚年，长篇《澪标》(1960)、《淋湿了哦淋湿了》(1960—1961)通过对一生性欲史的探明，描述了具有诸多烦恼的凡夫俗子对他力本愿的皈依。短篇《落日的光景》(1960)、《爱日》(1961)则描述了“自然法尔”的他力信仰的心境。[①]

值得指出的是，随着日本帝国主义野心的不断膨胀，日本采取了侵略扩张的政策，日本佛教僧人非但没有发挥出家人以慈悲为怀的佛教理念，反而与军国主义同流合污，许多僧人甚至直接参加侵略军队，或为军国主义摇旗呐喊，成为战争帮凶，这些现实在日本近代文学中亦有所反映。[②]石川达三(1905—1985)的《活着的兵队》(1938)，描述了一名参加侵略南京的从军僧片山，一手挽着佛珠，一手拿着铁锹，去追赶到处逃跑的中国士兵，随后不断进行杀戮。已经杀死20人以上的这名从军僧，却拒绝埋葬死者并为其超度。作者通过描述从军僧的残虐行为，批判战争的无常和宗教的无力。同时，石川达三的战后作品《在自己的洞穴中》(1955)，充满讽刺地描述了秋筱寺的僧侣们的生活，他们旁观时间的流逝，漂荡地过着生活。竹山道雄(1903—1984)的《缅甸的竖琴》(1947)描述了一名叫作水岛的上等兵，痛感战争的残酷和人生的无常，受佛教启发，返回故土后在当地成了一名僧人，并超越敌我关系，料理战死者后事并持续进行慰灵之旅。作者表达了对战争的批判和对和平的渴望，是一部珍贵的佛教战争文学杰作。

批判与反思佛教的文学作品的大量涌现，反映了明治时期开始的佛教改革所产生的影响。日本作为一个佛教文化十分浓厚的国家，近代化改变了日本佛教一直以来的传统，明治政府所推行的“废佛毁释”政策，使全国各地的佛像、经卷、佛具等被大量烧毁，政府甚至勒令僧尼还俗、寺院或废去或合并，并迫令僧侣沿用俗姓，鼓励僧侣食肉、带发娶妻等，使佛教遭受了巨大的冲击。因此也造就了社会批判、反思佛教的土壤，再加上日本佛教一些僧人的腐败习气，更加深了人们对佛教的批判，这是近代以来日本批判、反思佛教文学大量涌现的重要原因。

四、新佛教团体、杂志等的产生及女性佛教文学家的登场

在日本近代化过程中，日本佛教锐意革新，努力适应近代化进程，做出了一系列向近代转向的动作，其中佛教大学及近代佛教辞典的出现便是其中重要的表现之一，带动了近代以来日本佛教文学的创作与研究。

从明治初年到大正年间，由佛教各派创立的大学不断涌现。如1868年由净土宗创

① 杜武媛.亲鸾的自然法尔及其与老庄思想.日语学习与研究，2008(2).
② 匡伶，邱雅芬.日本佛教题材文学的演变及当代转型.日本问题研究，2016(6).

立佛教大学、1876年由曹洞宗创立爱知院大学、1872由日莲宗创建立正大学、1921年由净土真宗创立同日大学、1926年由天台宗大学和真言宗的丰山大学、净土宗的佛教大学合并而成的大正大学等相继涌现，开了日本佛教各宗派主办近代大学之先河。近代佛教大学的出现，扩大了佛教的影响，亦间接地推动了佛教文学的创作。在辞典编纂方面，由织田得能编著的《织田佛教大辞典》于1917年刊行。织田得能毕其一生从事该辞典的编纂，自明治三十二年的1899年开始直至1911年其病逝，该作都未能完成，后经高楠顺次郎、和田彻城、上田万年、芳贺矢一等监修补订，才得以出刊。尤为值得指出的是，佛学巨著《大正新修大藏经》，1924年由高楠顺次郎和渡边海旭发起，组织“大正一切经刊行会”编纂，由小野玄妙等人负责编辑校勘，于1934年印行。佛教大学、佛教辞典等的出现，是佛教人文氛围逐渐融洽的表现，充实了日本近代佛学内容。

与此同时，在佛教转型发展的过程中，一批近代佛教杂志亦应运而生，在宣扬、传播新佛教思想方面起到了传声筒的作用，催生了众多的新佛教文学作品。如打着抑制僧界颓势、反腐败、禁酒、进德等旗号的《反省会杂志》是明治时期突出反映佛教改革的重要同人杂志。此外还有众多由佛教徒等创办的杂志相继出现，为新佛教运动提供了有力的支撑，这些杂志主要有综合杂志《中央公论》、佛教清徒同志会的《新佛教》、清泽满之（1863—1903）的《精神界》、近角常规（1870—1941）的《求道》、伊藤证信（1876—1963）的《无我之爱》等。歌人伊藤左千夫（1864—1913）作为同人加入了《新佛教》，并在《求道》上发表了较多作品。特别指出的是，1962年5月，在大正大学成立了佛教文学研究会，极大地推动了后来日本佛教文学的研究。而丹羽文雄的《蛇与鸽》（1953）、三岛由纪夫的《金阁寺》（1956）和高桥和巳的《邪宗门》（1965）等作品反映了前述新型佛教团体的出现及其发展的社会现实。丹羽文雄的《蛇与鸽》描述了名叫“紫云现世会”的新宗教团体从产生到解体的过程，反映了当时新宗教团体产生的社会现实。三岛由纪夫的《金阁寺》最能体现日本战后文学特征，是三岛由佛教的教养中所产生的杰作，是三岛丰富的佛教知识和“三岛美学”的集中体现。三岛的绝笔之作《丰饶之海》（1965—1970）中大量引用佛教经典及佛教用语，并蕴含唯识学的思想，表现了“轮回转生”思想。高桥和巳的《邪宗门》通过描述救灵会从成立到溃灭的过程，反映了日本军国主义从扩大战争到战争失败再到改革的过程，体现了时间的流逝及事态的变迁。

另一方面，随着日本近现代化的推进，西方思潮的涌入，日本女性地位得到逐步提升，涌现出了一批女性佛教文学家，这是近代以来日本佛教文学的又一新动态。近代以来的日本女性佛教文学家主要以尼僧为主，她们对佛教的近代转型更有本质性感受。她们以手中的笔描述近代佛教尼僧界的情形，反映了尼僧们在近代转型时期的思想动向。冈本加乃子（1889—1939），出身于富豪之家，深受婚姻之苦，是《法华经》的忠实信徒。加乃子在感情受挫后出家成了天台宗的一名尼僧，并于次子死后开始佛教研究，并成为佛教研究家，其作品受佛教影响十分强烈，多处显露佛教思想。著有《老妓抄》（1938）、《母子叙情》（1937）、《生生流转》（1940）等。在佛教研究方面，著有《佛教读本》（1934，大东出版社）、《人生论》（1934，建设社）、《观音经述说》（1942，大东出版社）等。濑户内寂听（1922—2021），1973 年在岩手县的中尊寺出家，成为一名尼僧，后成为天台寺住持，创作了《女德》《比睿》等描述尼僧的作品。

此外，女性作家樋口一叶（1872—1896）的《青梅竹马》（1894）中的佛教思想表现亦十分突出。《青梅竹马》以东京下町的大音寺为舞台，以妓女 15 岁的妹妹登美利的幼年生活为中心，描述了她周围一群孩子受混浊社会环境的残害和腐蚀，预示着他们长大成人后的悲惨命运，表现了作者对佛教轮回思想的感叹。有吉佐和子（1931—1984）创作有《美丽的庵主》（1958），描述了北方曹洞宗庵堂的生活，通过对庵主的侄女与其男友的来访，描述了尼僧们的内心。吉田知子（1934—）创作有《无明长夜》（1970），通过一系列抽象的佛教名的使用，表现了对佛教的憧憬、祈祷、梦想、幻灭、绝望等。近现代女性佛教文学家的登场及女性文学家所创作的佛教题材文学，不仅从侧面反映了近代以来日本佛教转型发展的社会现实，也反映了近现代对日本佛教及佛教文学所产生的深远影响。

诚然，近代以来日本亦出现了一些正面描述佛教的称得上真正意义的佛教文学作品，这些佛教文学作品亦是近代日本佛教文学创作中闪烁的新星。如森欧外（1862—1922）的《寒山拾得》（1916）、田山花袋的（1872—1930）《某个僧人的奇迹》（1917）、坪内逍遥的戏曲《法难》（1922）、中勘助（1885—1965）的《提婆达多》（1921）和《犬》（1924）等。尤其佐藤春夫的《掬水谭》由于对法然上人有非常深的感悟而创作，该作有“法然上人别传”之称，同年，《掬水谭 法然上人别传》由大东出版社出版。此外，司马辽太郎（1923—1998）的《空海的风景》（1975），主要通过对 804 年日本著名僧人空海前来中国唐朝学习佛法及归国后对日本宗教、文化方面贡献的描述，反映了中日两国人民友好交往的历史。该作将空海如何在中国学习密宗，如何将真言密教传入日本等进行了细致描写，刻画了空海在中日友好交流中的光辉形象。日本诗人大冈信认为《空海的风景》亦是一部具有特色的密教入门书，足见司马辽太郎在佛教方面的深厚造诣。

结语

近代化使日本社会以“家”为中心的传统逐渐解体，人们开始崇尚资本主义式的民主与自由，日本佛教亦失去了“檀家制度”存在的土壤，开始了世俗化变革。明治维新以后，日本迈入了近代，佛教的影响虽不如从前，但仍在日本社会文化生活中起主导作用。一大批文人由于受传统佛教思想的影响，在其文学中体现了诸多的佛教思想。相反，通过文人在文学作品中对佛教思想的再演绎，在一定程度上又扩大了佛教的影响。日本学者见理文周在系列论文《近代日本文学中的僧侣形象》中将日本近代自明治以来与佛教僧侣有关的60余部文学作品进行了总结与归纳，并得出“相对于明治时期，大正时期、昭和时期的日本与佛教相关的文学逐年增多”[①]的结论，这充分说明了近代以来日本佛教文学以一种崭新的形式存在并得到了较大的发展。

日本佛教的近现代化，给日本佛教带来深刻影响的同时，亦给日本近代以来的佛教文学的产生、发展提供了丰富的土壤，拓宽了日本佛教文学创作的视野、范围与素材。近现代日本佛教文学在演绎佛教典故等的同时，在客观上亦促进了佛教在日本的传播与影响。近代以来日本佛教世俗化、佛教转型对日本佛教文学的转型发展产生了深远影响。日本佛教文学的转型轨迹必将对同样深受佛教影响的我国佛教及其文学的现代转型和研究提供较好的参考与借鉴。

① 見理文周．近代日本文学にあらわれた僧侶像（一）．駒沢女子短期大学研究紀要，1973（12）：49.

自我的迷失与重建

——《人间便利店》之拉康式解读

北京第二外国语学院　张文颖[①]　赵璐璐[②]

［摘要］《人间便利店》是日本当代女性作家村田沙耶香的芥川奖获奖作品。小说通过描写在便利店打工的36岁单身女性古仓惠子追求他者认同，刻画了主人公追寻自我、构建自我的过程。按照法国精神学家雅克·拉康（Jacques Lacan，1901—1981）的镜像理论，人类的自我意识的确立是在与他者的关系中被建构的。本文结合法国精神分析学家雅克·拉康的镜像理论中的三界论来解读古仓惠子在现代社会中，在他者影响下，追寻自我、构建自我的过程。

［关键词］《人间便利店》，自我构建，他者，自我意识

一、问题的提出

《人间便利店》是日本当代女性作家村田沙耶香踏入日本文坛中心地带的代表作，此小说2016年获得芥川奖。小说主要围绕一直在便利店打工的36岁单身女性古仓惠子努力追求他者认同而展开。惠子从小就与他人不同，因此开始隐藏自己。在大学一年级的时候开始了便利店的打工，至今已经有18年。在便利店中，惠子不断地模仿周围同事的穿着打扮、说话语气，想要成为他人眼中的普通人，最终通过与无业游民白羽同居，甚至辞掉她视为人生意义的便利店兼职，在排他性极强的日本社会中，来寻求他者的认同。但最终经历过离开便利店行尸走肉般的生活之后，重新进入便利店之时，惠子认清了自己，摆脱了社会的桎梏，挣脱了主流文明的同化，选择回归便利店，找回了真

① 张文颖：北京第二外国语学院日语学院教授，研究领域为日本近现代文学。
② 赵璐璐：北京第二外国语学院日语学院硕士研究生，研究领域为日本文学。

实的自我。惠子经历了自我的隐藏、自我的误认、自我的丧失，但最终惠子确立了自我，完成了自我重建。惠子的重建也体现了现代都市新时代女性摆脱时代束缚，追求个人主体性的热忱。

拉康认为人的主体由三个层面组成——想象界、象征界和实在界。“想象界是一个‘由感知觉、认同与统一性错觉’所构成的‘前语言阶段’”①。主体在想象界中受“小写他者”的映象之欺，形成错误的自我认知，构建他者眼中所呈现的理想化自我。象征界又称符号界，是先于主体而存在的。主体处在特定的文化社会领域，受象征界支配个体生命活动规律统一规范秩序的影响。语言是在象征界起主要作用的力量。拉康将社会文化规范等语言符号在社会中构成的力量强大的无形存在体又称“大写他者”。主体作为会说话的人，受大写他者的主宰，渴求大写他者的认同和社会身份的确认，自我不断异化。“‘实在’是一种原始的无知和无序，是欲望之源”②。“实在界是‘对主体是实在的一切’，这个实在是指主观现实界”③。主体在实在界中能够忽视象征界的规范秩序。

“自我只能在他者中生存，在他者中体验我，在他者中发现‘我’”④。他者在人类自我意识的确立中扮演着重要的角色，这是拉康主体理论的重要观点。拉康理论中将他者分为大写他者和小写他者。拉康认为，大写的他者只是由语言和言说话语构成的象征性的他者⑤。大写他者在拉康三界论中的象征界中起主宰作用，人成为说话的主体在象征界中就要受大写他者的主宰。大写他者作为一条无限滑动的能指链，形成了一张网，我们几乎意识不到它的存在，但它彻底影响着我们的生活。小写他者没有具体所指，同大写他者一样是一种抽象的概念，它包含了婴儿时期所认同的虚幻镜像，以及成长过程中亲朋好友施加于我的种种影响等。

《人间便利店》的主人公惠子在想象界中受“小写他者”即家人、朋友、同事等周边人对她的影响主导，对自我认知产生误认。在象征界中，受“大写他者”即日本社会的“村落”文化影响，不断迎合“大写他者”所要求的普通人，丧失自我。最终惠子在经历种种之后再回现实界中，重拾自我，打破“大写他者”的桎梏，摆脱“小写他者”的影响，完成了对自我的构建，打造了独立自我。

目前，中日两国对于《人间便利店》的研究现阶段数量较少，主要从婚姻观、生态女性主义、存在主义、空间维度和性别理论等方面入手展开。

---

① 肖恩．导读拉康．李新雨，译．重庆：重庆大学出版社，2014：74.

② 汪震．实在界、想象界和象征界：解读拉康关于个人主体发生的“三维世界”的学说．广西大学学报，2009（3）：8.

③ 卜华度．拉康的结构主义精神分析学．世界经济与政治论坛，1987（7）：37.

④ 福原泰平．拉康镜像阶段．王小峰，李濯凡，译．石家庄：河北教育出版社，2002：46.

⑤ 张一兵．魔鬼他者：谁让你疯狂？：拉康哲学解读．人文杂志，2004（5）：18.

雷冬、林进（2020）[①] 着眼于日本当代女性晚婚晚育和无性婚姻的婚姻观入手，指出惠子最终选择遵从内心，过自己一个人想过的生活与惠子接受过高等教育有关。杨洪俊（2020）[②] 从生态女性主义的视角入手分析惠子异于常人的行为，指出惠子的行为看似异常，其实是符合生态女性主义的主张的，他认为惠子最后最终回归便利店的选择是对日本现实社会中生态压迫、女性压迫的反讽，同时也赋予了“便利店”逃避与对抗双重隐喻的异质空间性质。周菲菲（2018）[③] 指出小说的都市书写呈现出以下三个空间维度：以便利店与附近商务区的清洁与秩序隐喻便利店“非世俗”的“正常”空间，以便利店空间的生存法则折射当代都市人对指南式生存模式的向往，以便利店空间与外部空间的对垒反映都市人对于“超越世俗关系”的自由空间的渴望，肯定了在都市感觉窒息的小众群体，也凸显了当代都市人对于精神世界独立的追求。吕卫清、郑格（2017）[④] 基于存在主义的角度，指出《人间便利店》揭示了存在主义研究的核心问题：人与人、人与世界的关系。他认为惠子的最终选择回归便利店使她获得了精神的再生和自我重建，从而为生活赋予了个人的意义。饭田祐子（2019）[⑤] 从性别酷儿的理论入手，指出惠子的特殊性在于她远离社会规范，使得古仓被异物化，也就是被“酷儿”化。桥本夏希（2019）[⑥] 着眼于村田作品一贯的主题“普通”和“异常”，指出村田作品中反复提到的，也是其作品的思想基础是“普通”和“异常”等所有概念都不具备普遍性。以上研究都是解读作品的有益研究，但笔者发现尚鲜有研究探讨人物主体构建的历程，分析主体在他者影响下自我认知的发展，以及社会大环境的影响之下失去自我主体性的现象。

本文在先行研究的基础上，结合拉康的镜像理论的三界论，通过文本分析，对《人间便利店》中主人公进行深入解读，来探究惠子的自我构建过程，探明“他者”在惠子的自我成立之路所起的作用。

二、古仓和大写他者　　排除“异物”的“村落”

“人的本质不是单个人所固有的抽象物，在其现实性上，他是一切社会关系的总和”[⑦]。马克思认为每个人维持自身生存生活的本质因素都必须通过社会中的他人来实现。这与拉康的大写他者理论不谋而合。“大写的他者就是那个由讲话的我和听话的他

① 雷冬，林进 . 浅析《人间便利店》中的当代日本女性婚姻观. 品位・经典，2020：12-13.

② 杨洪俊 .“正常”何谓的追问:《人间便利店》的生态女性主义释读. 外国文学，2020：139-149.

③ 周菲菲 .《人间便利店》中的当代都市书写的空间维度. 当代外国文学，2018：99-107.

④ 吕卫清，郑格 . 基于存在主义解读《人间便利店》. 长春教育学院学报，2017：37-40.

⑤ 飯田祐子 . 村田沙耶香とジェンダー・クィア :『コンビニ人間』、『地球星人』、その他の創作. JunCture: 超域的日本文化研究，2019（10）：45-63.

⑥ 橋本夏希 . 村田沙耶香『コンビニ人間』論:「普通」と「異常」の間. 玉藻，2019（53）：46-60.

⑦ 中共中央马克思恩格斯列宁斯大林著作编译局 . 恩格斯文集（第一卷）. 北京：人民出版社，2009：501.

者组成的地方"[①]。拉康认为，"大写的他者是由语言和言说话语构成的象征性的他者"[②]。我们存在于由语言符号所构成的社会这个象征界下，由社会约定俗成的规章制度、文化历史所影响着，这就是拉康所说的大写他者。在《人间便利店》中，主人公古仓惠子的自我构建在日本社会中，受排除异物的"村落文化"这个大写他者束缚，自我不断异化，与原初自我渐行渐远。

"日本人自古以来就重视集团。谚语'枪打出头鸟'明确表达出日本人的处世哲学，对于那些在集团中唱反调或是背叛团体的人有所谓的'村八分'的处罚"[③]。因此，日本人的集团意识非常强烈，将自我埋没在集团的意志当中被他们当作一种美德。长此以往，日本社会便萌生了非常紧密的共同性，因此，诞生了强烈的共同意识。

"世界也许还是绳文时代呢。村子里不需要的人会被迫害，被敬而远"[④]。像小说中白羽说的那样，由于日本自古以来的集团意识，现代日本和"村落"共同体一样，还是具有排他性，与其他成员步调不一致难以生存。在象征界中，惠子在日本社会的排他性和浓重的集团意识的大写他者的符号秩序摆布之下，坦然接受大写他者所给予她的标签，自然天性受到压抑。在自己各种奇怪的行为给家人带来困惑之后，惠子意识到自己的行为不符合大写他者的规训，于是她决定"除非必要决不说话，从不做出自主的行动"[⑤]。惠子开始对自我产生怀疑，隐藏自己的自然天性。

日本社会学者间庭充幸关于日本的集体性有以下的论述：

> 日本人的"集团"内摄性和排斥性。（中间略）由于社会强调具有同种性质的社会成员之间的同调性，社会成员极度害怕自己处于社会的异端。处于社会异端的人最终会被孤立，而且变得什么也不能做。除此之外，集团会通过将排除异端者来强化集团的同调性，提高集团的内摄性。[⑥]

总之，由于社会拥有共同意识，日本人通常会极度找寻共同体也就是集团的归属感，寻求与社会其他成员的均一化。

进入便利店之后的惠子，相比于学生时代，更加无时无刻不在感受着大写他者的规

① 拉康．拉康选集．褚孝泉，译．上海：上海译文出版社，2001：482.

② 张一兵．魔鬼他者：谁让你疯狂？：拉康哲学解读．人文杂志，2004（5）：18.

③ 学习研究社．日本纵横．赵丽君，译．上海：上海外语教育出版社，2007：34.

④ 村田沙耶香．人间便利店．吴曦，译．长沙：湖南文艺出版社，2018：18.

⑤ 村田沙耶香．人间便利店．吴曦，译．长沙：湖南文艺出版社，2018：13.

⑥ 間庭充幸．日本的集団の社会学：包摂と排斥の構造．東京：河出書房新社，1990．原文：日本人の集団には包摂と排斥の構造があるとした。（中略）の社会は同質のもの同士の同調性が強いため、自分だけが異端視されるのを極度にれる。異端は結局孤立し何もできなくなる。また、集団は異端者を締め出すことで同調性を強化し包摂力を高める。

训。为了变成大写他者规训中的“普通人”，惠子不得不寻求与其他社会成员的均一化，于是她开始认真模仿象征界中的他者——便利店同事的穿着打扮、说话方式等，努力地追寻大写他者所期望的自我。符号秩序的束缚让惠子被剥夺了自我意识，丧失主体性，意识不到自我的存在。

> 现在组成“我”的成分，全部都来自我身边的人，三成来自泉小姐，三成来自菅原小姐，二成来自店长，其余部分来自半年前辞职的佐佐木、一年前都还在做领班的冈崎等。从过去共事的他人身上吸收而来的东西，组成了“我”。①

社会的排他性，不断促使惠子异化成大写他者欲望中的自己。惠子在这样的符号规训之下，接受大写他者对自己的属性定位，将自己构建成他人的构成体。惠子在象征界中完全丧失自我，此时的惠子只是他人的构成体，这也是惠子对于自我的认知。

> 我跟你不一样，在很多事情上都无所谓。我没什么自我的意志，村子里有什么方针，我都会坦然接受，仅此而已。我会把众人觉得不可思议的部分，从自己的人生中删除掉。这或许就是所谓的治疗。②

为了融入这个排他性和集团意识极强的“村落”——日本社会，惠子选择删除她人生中众人觉得不可思议的部分，选择了将自我建构的决定权置于他者手中。在日本社会文化的审视之下，惠子不知不觉地套上了规范的枷锁，戴上了具有排他性的日本社会给予她的面具，甚至于意识到没有自我的意志，但这完全没有使她对大写他者强加给她的规训产生疑惑，在象征界中不断地与原始自我进行自主分裂。

三、惠子和小写他者

拉康认为人们的自我构建在想象界中受小写他者的镜像之欺。想象界与拉康的镜像阶段理论密不可分。“镜像阶段是关于自我的构成与本质以及自我认同的形成过程”③。镜像阶段是指 6—18 个月的婴儿，在看到自己的镜中之像时，会会心微笑，婴儿还不能完全控制自己，但却能够看到镜中所呈现的影像，意识到自己是一个完整的统一体，拉康称这一神秘的瞬间为“镜像阶段”。但镜中所呈现的影像只是影像，是相对于婴儿

---

① 村田沙耶香 . 人间便利店 . 吴曦，译 . 长沙：湖南文艺出版社，2018：32-33.
② 村田沙耶香 . 人间便利店 . 吴曦，译 . 长沙：湖南文艺出版社，2018：116.
③ 刘文 . 拉康的镜像理论与自我的建构 . 学术交流，2006（7）：27.

自身来说的他者，因此婴儿是受到了影像之欺，将他者误认为自我。拉康的镜像阶段不仅对人们理解婴幼儿自我形成过程中形象与想象的重要作用有着不可替代的地位，而且对人们认识在人类生活过程中主体的发展有持续的影响。

拉康认为主体在想象界受镜像之欺，在小写他者的影响下形成自我认知，构建起小写他者所认同的理想化自我。在《人间便利店》中，惠子不断地遭受镜像之欺，构建自我的过程中不断遭遇小写他者的先行性诱导。小写他者对"异物"的偏见、同情、歧视使得惠子不断追求小写他者理想化的自我，不断地进行身心的分离切割。

1. 自我的隐藏与家人

在惠子还没有拥有完善的判断辨别能力时，就已经遭受他者对她的先行性诱导。小时候的惠子，就已经被当成"异物"。惠子开始从他者之眼这面镜子来寻找自我。小时候的种种他人眼中的"怪异"行为，让惠子看到他人眼中的自己是奇怪的。"'怎么才能治好呢？'我还记得那次听见父母交谈的话语，让我决定自己身上的确有某些地方不得不修正"[①]。惠子的种种行为，在家人看来，惠子是生病了，惠子通过家人的眼睛这面镜子，看到了小写他者眼中的自我是有病的，某些地方是需要修正的。小写他者对惠子的看法，扰乱了惠子对自我的认知，从而遵循小写他者理想的自我形象，去塑造他者理想化的自我。

> 父亲和母亲尽管很是为难，却依旧疼爱我。让父母如此伤心，不得不向各种人道歉，并非出自我的本意，所以我决定在家以外的地方杜绝开口说话。要么模仿众人，要么遵从他人指示，放弃一切主动的机会。除非必要绝不说话，从不做出自主的行动。[②]

儿童时期在人生成长中起着至关重要的作用。儿时的惠子受父母的影响，对于自己的认知产生了混乱，对自我的定位模糊混乱。在小写他者的先行引导下，惠子最终决定遵循小写他者理想的自我形象去构建自我。于是惠子决定放弃一切主动的机会。主体一旦丢弃自我意识，身心会产生割裂和分离。惠子在家人的影响下，决定成为不让父母为难的自我，开始走上了模仿众人，遵循他人指示，抛弃自我意识的塑造他者理想化自我之路。

---

① 村田沙耶香. 人间便利店. 吴曦，译. 长沙：湖南文艺出版社，2018：14.

② 村田沙耶香. 人间便利店. 吴曦，译. 长沙：湖南文艺出版社，2018：13.

2. 自我的误认和便利店同事

惠子进入便利店后，开始感受到与象征界接轨。拉康认为想象界、象征界和现实界这三界并不是相互割裂的，而是共时地对主人公产生影响，使之成为多元决定物。惠子接触了便利店这个新的空间之后，接触了其他他者，开始构建新空间中他者理想化的自我。

> 开始工作之前的泉小姐，穿着虽然有点花哨，但合乎三十多岁女性形象的服装。于是我会观察她所穿鞋子的品牌，或者偷看她柜子里的外衣商标来做参考……每当看到泉小姐的穿着、小配饰、发型等，就觉得她才是标准三十余岁女性的典范。①

进入便利店后的惠子，在大写他者的束缚之下，将自我的认知寄托于他者身上，惠子认为与她同龄的泉小姐才是符合大写他者所要求的存在。惠子将泉小姐当作理想化的自我映象，向理想化的映象趋同。

> 现在组成“我”的成分，全部都来自我身边的人，三成来自泉小姐，三成来自菅原小姐，二成来自店长，其余部分来自半年前辞职的佐佐木、一年前都还在做领班的冈崎等。从过去共事的他人身上吸收而来的东西，组成了“我”。②

在大小写他者的束缚之下，惠子将自己塑造成了便利店同时构成体。惠子进入便利店之后，开始努力地通过模仿身边的人来使自己成为他人眼中这个社会所认同的普通人，并且以模仿能力高妙而自夸，此时的惠子在小写他者的诱导之下，不知不觉已经将自我定位为他者的构成体。

进入便利店的惠子，第一次感受到自己作为这个世界的零部件而重生。在便利店这个空间中，惠子通过便利店同事的虚假映象，追求与同事的同一化。在这个阶段惠子将便利店同事当作理想化自我，所构建的自我不断畸变，甚至自己变成他者的构成体也不以为意。在便利店这个空间中，惠子的同事对于惠子来说是镜像中的误认像，在小写他者的期许下，惠子将自己塑造成为便利店而活的他者构成体，丧失了主体性。

---

① 村田沙耶香．人间便利店．吴曦，译．长沙：湖南文艺出版社，2018：33-34.
② 村田沙耶香．人间便利店．吴曦，译．长沙：湖南文艺出版社，2018：32-33.

3. 自我的丧失和白羽

白羽在小说中是一位至关重要的人物。35 岁，没有结婚对象，没有正式工作，贫穷欠债，不修边幅……这样的白羽自然而然被这个排他性的社会当作了“异物”，被便利店排除。

惠子虽然与白羽在某些地方都不符合大写他者的规范，被当作“异物”。但惠子和白羽不同的是，惠子一直在以他者的规范来束缚修正自我。但白羽并没有想要改变自我，他将自己被当作“异物”的原因归于这个社会的偏见，最终“异物白羽”被便利店所排除。

> 正常的世界是非常强硬的，它会静静地排除掉异类，不够正经的人都会被处理掉。原来如此，怪不得我必须接受治疗，假如不治好，就会被正常人排除掉。①

白羽对于惠子来说，是和自己一样异物的存在。惠子对自己的认知同时也受白羽的镜像之欺，认为自己同白羽一样不符合世界的期许，会被当成异物被世界所排除。同为异物的白羽被排除掉了，这让惠子产生了自己会被排除的强烈不安。

惠子在这种不安之下，接受了来自他者的期许，那就是像身边朋友同事所要求的那样结婚生子找工作，仿佛结婚之后，就可以成为“普通人”，就能成为大小写他者所期许的自我。于是惠子便开始和白羽同居。同居之后，惠子又听从白羽的指引，辞去了非常喜欢甚至视之为生活中心的便利店的兼职，开始像大小写他者所期许的那样，开始寻找工作，放弃“便利店职员”的身份。

便利店的工作是惠子在自我构建过程中第一次由自我意识而决定的选择。

> 自从辞掉便利店兼职之后，我变得不知早晨该几点起床，过上了困了就睡、起来就吃的生活，除了遵照白羽先生的命令写简历，什么都没做。我逐渐不知道该按照什么基准来移动我的身体了。②

白羽不断地将大写他者眼中理想化的个体标准传达给惠子，将惠子误导进虚假的想象界，使惠子对真实自我产生偏差，将自己理想化的个体强加给惠子。惠子在接受白羽洗脑式的误导之后，对自我认知产生偏差，将自身构建为白羽欲望投射的理想化对象。但离开便利店的惠子，在丧失生活基准的同时，在大小写他者的压迫之下，开始慢慢感

---

① 村田沙耶香 . 人间便利店 . 吴曦，译 . 长沙：湖南文艺出版社，2018：99.

② 村田沙耶香 . 人间便利店 . 吴曦，译 . 长沙：湖南文艺出版社，2018：186.

知自我不断在分裂和丧失。

四、自我意识的觉醒

拉康认为实在界是原始的无序和无知，是欲望之源，因此处在实在界的主体可以忽视象征界的符号规章，摆脱大小写他者的束缚。惠子在想象界和象征界遭受大小写他者的影响下，不断地与原初自我进行分裂，被迫抛弃自我意识，追逐虚假映象中的自我，丧失主体性。多重压力之下，惠子开始重新审视大小写他者强加给她的虚假映象，开始质疑象征界的符号规则秩序，开始重新审视自我，开始意识到自我的存在。

在去面试的路上，惠子走进一家便利店。重新接触到便利店的惠子，意识到自己就是为了便利店而存在的。惠子从大小写他者所谓的“普通人”的枷锁中跳脱，“就算没有人允许，我也是个便利店店员”[①]。尽管听到白羽说这样的自己违反村落规定，会被村落排除掉，但醒悟的惠子不再对他者妥协，第一次开始违抗他者，发出了自己的声音。惠子不再期待他者对自我的接纳，不再想要受镜像之欺和大写他者对其的束缚，渴望回归到不受他者束缚的实在界。

> 我不经意间看到刚才那家便利店窗玻璃上映出自己的身影。我一想到这双手脚都是为便利店而存在的，就觉得玻璃上的自己第一次成了有意义的生物。[②]

在想象界和象征界不断遭受否定嘲笑的惠子，自我意识觉醒，在实在界中，颠覆了想象界的影像之欺和象征界的规训，完成了自我定位，同时寻找到了人生的意义。

惠子回归便利店的选择，是惠子构建独立主体、自我意识苏醒的体现。惠子最终不顾他者的压迫，回归便利店，体现了对村落文化遗留的日本社会排除个性的抵抗。惠子在实在界中通过欲望获得了反抗大小写他者的动力，最终没有选择与主流文化相向而行，而是选择逆流而上。实在界位于“知识与意识的裂缝中”[③]。惠子正是在这样的裂缝中，意识到大小写他者对其自我认知的压迫与欺骗，努力摆脱了来自他者的桎梏，最终构建起自我理想化的自我，而不是大小写他者所期许的理想化自我。

---

① 村田沙耶香 . 人间便利店 . 吴曦，译 . 长沙：湖南文艺出版社，2018：200.

② 村田沙耶香 . 人间便利店 . 吴曦，译 . 长沙：湖南文艺出版社，2018：201.

③ 黄作 . 不思之说：拉康主体理论研究 . 北京：北京人民出版社，2005：149.

结语

《人间便利店》主人公古仓惠子，在重视集团主义的日本社会中，一直饱受大写他者对其的规训，同时在想象界中，遭受小写他者的镜像之欺，产生了错误的自我认知，将自我不断地进行分割分离，渴望构建他者理想化的自我。在这种错误认知下，惠子不断异化，不断丧失自我。当她在想象界和象征界不断遭受否定与排斥之下，惠子开始重新审视大写他者的符号规则和小写他者的镜像之欺，最终通过自我意识的力量，选择回归便利店，挣脱了他者强加的枷锁，构建起独立主体。村田沙耶香通过惠子的自我构建体现了日本现代社会新时代女性渴望摆脱社会桎梏构建自我的自我意识。

社会对于个体的人来说是一个大的共同体，我们生存在这个共同体中，自然而然会遭受来自大写他者的规训束缚，同时在构建自我的过程中会不断地受身边小写他者的镜像之欺。他者的存在，一方面可以让我们约束审视自己的行为，另一方面会对我们造成欺骗，从而误导自我认知。因此，作为个体的人，在遭受他者的规训与欺骗时，需要有清醒的自我意识，去辨别是枷锁还是规则，避免被他者蒙蔽了眼睛，从而丧失主体性。

大江健三郎文学中的女性力量

——以《同时代的游戏》为中心[①]

北京第二外国语学院　甘　雨[②]　王丽华[③]

［摘要］1979 年出版的《同时代的游戏》以书信的方式记述了作为书中主要人物的"破坏人"开辟和发展"村庄 = 国家 = 小宇宙"的历史和神话。在一个个鲜活明亮的登场人物中，女性形象始终活跃在舞台上，她们在大江笔下闪耀着独特的光芒。因此，本文将运用文本分析和实证研究的方法，重点围绕《同时代的游戏》中登场的女性形象，通过分析可知女性形象作为"破坏人"的分身存在，同时也代表了作者对女性形象所代表的破坏——创造之力的推崇。

［关键词］女性力量，破坏人，诈骗师，阴阳人

序言

1979 年出版的《同时代的游戏》是大江健三郎（1935—）将自己的文学理论运用到小说中的一部带有实验性质的作品。甫一出版，对于这部作品的各种评价就蜂拥而至，其中也不乏批评的声音。但是对大江来说，这本书却是难以割舍的。大江曾说过，"对我来说，这部小说仍然是根本性的作品。"[④] 可见《同时代的游戏》在其心中的地位之重。而后为了能够让世界范围内的读者读懂《同时代的游戏》中的世界，更是先后写下了《如何杀死树木》（1984）和《M/T 与森林的奇妙物语》（1986）等作品。

---

① 本研究是国家社科基金青年项目（项目号：19CWW005）的阶段性成果。

② 甘雨：北京第二外国语学院研究生。

③ 王丽华：北京第二外国语学院副教授，研究领域为中日比较文学。

④ 大江健三郎，尾崎真理子 . 大江健三郎口述自传 . 许金龙，译 . 贵阳：贵州人民出版社，2019：152.

作品中由神秘传奇的故事、鲜活生动的人物构成了一个光怪陆离的世界。在登场的人物中，女性人物的活跃尤其亮眼。因此，本文将对作品中出场的斗牛场中的女人、村庄中三十岁的女人、代理人阿丑女和妹妹这四个主要的女性形象进行分析。通过分析可知，《同时代的游戏》中的女性不仅拥有创造的力量，更拥有破坏的力量。

一、斗牛场中的女人和三十岁的女人

墨西哥城中的某个斗牛场中一场斗牛正在进行，叙述者“我”也坐在观众席上观看。这场斗牛毫无紧张感可言，正当观众们百无聊赖之际，一个赤手空拳的年轻人跳进了斗牛场，对场中的牛加以挑衅，并且成功了。但斗牛士介入了战斗，年轻人被带离了斗牛场。而要求释放年轻人的示威运动也在运动场中展开，充满愤怒地走在队伍最前端的是一个女人。这位胸臂一齐晃动，瞪着虚空的混血小个子女人，让“我”想起了年少时在村庄中，同样也看到过一个愤怒而又绝望的女人。

“我”并不知道她的名字，于是称呼她为三十岁的女人。她有一个动手能力非常强的儿子。但其在一次实验①中不幸引发大火身亡了。村庄中不但没有人同情她的遭遇，反而对她进行了无情的谩骂并向她索赔，将这个丈夫战死孤立无援的寡妇逼到了绝境。一周后，绝望而又愤怒的寡妇拿起了五杆猎枪奋起反抗，她杀死了一个警察。她一边扣动扳机一边叫喊着自己是第三种族②。然而，她终于还是不敌村庄中的男人，不仅被轮奸甚至还被割头杀死。

斗牛场中的女人和村庄中的三十岁女人都是混血，本质上都属于边缘人物。在曾经长时间受到殖民统治的墨西哥生活也让“我”想起了“村庄＝国家＝小宇宙”的种种神话和传说，在与村庄十分相似的玛里纳尔柯小镇上度过的一天让“我”提前迈出完成自己的使命③的第一步。因此两个女人穿越时间和空间在“我”的脑海中相遇也绝非偶然。她们能得到的尊重虽然是有限的，但当自己和身边的人受到不平等的待遇时，却能够发挥自己的斗争精神，甚至献出自己的生命。

① 文中在战争结束之后占领军把不用的大型蓄电池发给了地方的小学。她的儿子反复将把试验器具接到电池上，在全部电池的电都耗尽之后，由于受到斥责，就尝试给电池充电，结果在充电时发生了事故。

② 在书中说到第三种族是混血［据传说，我们当地在创建时期，曾经把“在”（在盆地中另一处可以供人居住的地方的名字，距离峡谷不远）的人和峡谷的人当作两个蕃族而把他们分开。非常明显，只有在这两个集团之间确立通婚制，才能达到在这封闭的地区分割蕃族的目的。从这两个蕃族生出来的人，也就所谓的第三种族，就是受歧视的人们。但是，这第三种族和其他两个蕃族如果是开头就没有血缘关系的另外的人，那么，他们和其他两个蕃族之间的通婚就不是禁忌。这么一想，我们当地的居民之中，和这第三种族之间生的混血者甚至占全人口的多一半了。］，见大江健三郎．同时代的游戏．李正伦，李实，李长嘉，译．北京：作家出版社，1996：59.

③ 记述村庄的神话和历史（妹妹，现在我之所以终于重新认识了写我们土地的神话与历史的任务，并且开始动手，是因为我在一个名叫玛里纳尔柯的小镇上发现了我自己是在从心灵深处呼唤分身的你。），见大江健三郎．同时代的游戏．李正伦，李实，李长嘉，译．北京：作家出版社，1996：4.

在大江之后的作品《水死》中也活跃着与三十岁的女人十分相像的女性角色。在该作品中女性将男性加诸身体上的强奸引申为“国家在强奸”，以此表达自己的反抗。因此笔者认为《同时代的游戏》中的三十岁的女人可能也遭到了国家的强奸。五十日战争中拥有村庄真正灵魂的一半人已经死去，村庄虽然暗地里实行双重户籍制度，但实际上还是由大日本帝国统治。在这种情况下与其说强奸、杀死三十岁女人的是村庄中的男人，还不如说是掌控着村庄的大日本帝国。因此这种反抗可能也代表着对国家的一种反抗。

二、代理人——阿丑女

这里的代理人指的是破坏人的妻子阿丑女，她在破坏人消失后，变成了村庄最高权力的拥有者，她推动了“更换住所”的开展，并主导了复古运动。

在“更换住所”[①]运动中，打破了百年间建立起的私有制度与家庭制度，而家庭的重组，则让从创建期开始就承担传宗接代使命的妇女，从传统的家庭观念中得以解放，让村庄中的青年们重新认识了创建期的神话和传说，对“破坏人”的信仰也重新树立。而复古运动则让人们重新像古代那样进行集体劳作，并且打开了对外交易的通路。从幕府到明治初年，盆地出产的木蜡输往欧美，积累了大量财富，使村庄得以保持独立状态。尤其是复古运动最后的大火，使村庄从百年来的疲敝中苏醒过来。

但另一方面，在大怪音时期，阿丑女怂恿青年与孩子们迫害抵抗“更换住处”的人们。在复古运动中，她将“破坏人”的领导绝对化，使村庄中轻视创建者们的风气盛行。

创建期之后的百年间村庄的发展路线出现了偏离，需要修正。虽然“破坏人”很清楚这一点，但是他却没有行动，而是消失了。当阿丑女完成一切之时，“破坏人”又悄无声息地回到了村庄中。在阿丑女身上所体现出来的创造性和破坏性，无疑就是“破坏人”的映射。

阿丑女作为“破坏人”的代理人，同时拥有着破坏和创造的力量。而其中创造的力量则来自她作为“地母神”的一面。原文中描述了她为了恢复土地的精力，而与年轻人

① “更换住处”是被大怪声所苦的人们为了应付自然现象，出于临时措施的考虑，自发更换住处的运动。在盆地中听到大怪声的地点不同，声音的高低、强弱也不一样。比如在峡谷的 A 地点对那声音感到难以忍受，但换成“在”（在盆地中另一处可以供人居住的地方的名字，距离峡谷不远）的 B 地点时，却丝毫不觉得痛苦。这种情况，在所有的大人中，不论男女，概无例外。

在田地中性交的场面。①

藤泽佳澄曾在论文中论述道，在原始宗教中有敬畏女性的生育能力而形成的母神信仰。在人类非常依赖自然的旧石器时代，对授予自然财富的“大母神”“地母神”的信仰成了宗教的中心。② 从那之后，虽然父权占据了主导地位，但对“地母神”的信仰依旧传承了下来。植物的丰产与女性的生殖能力有着很深的关系，即便是在西非、中国和古希腊的传承中也可见一斑。为了保证大地的丰饶青年男女在大地上性交等无限制的狂乱的性行为可以说就是对“地母神”信仰的证据。另外，就如荣格学派的心理学者艾利克・诺伊曼（Erich Neumann，1905—1960）所指出的那样，阿丑女以巨人的身体与村庄中的年轻人性交，这一仪式让读者看到了她作为“地母神”的一面。

三、妹妹

双胞胎的妹妹作为“破坏人”的巫女被养育长大。“我”身在与故乡十分相像的墨西哥，在妹妹照片③的激励下，给她写了六封信讲述村庄的神话和历史，最终成了这部小说，且“妹妹啊”这一称呼贯穿全文。由此可见，妹妹其实是“我”决心写下村庄的神话和历史的源泉。

妹妹在与美国新任总统会面时声称日本是许多独立的自由单位的集合。希望总统可以关注“村庄 = 国家 = 小宇宙”这片土地，帮助其从日本独立。由此可见妹妹和“破坏人”在思想上拥有共通点，即认为村庄是一个独立的共同体。

通过原文可以看出，妹妹和“破坏人”有着某种联系。妹妹在美国逗留期间，在总统的关怀下接受了精密检查，结果发现自己是癌症晚期。据说，因此而绝望的妹妹从联络船跳海自杀了。不可思议的是，妹妹却活着回到了村子里。并且凭借土地的力量，治

① 大江健三郎．同時代ゲーム．東京：新潮社，1979：143.（原文：土地そのものの生産する力が、大怪音時にブーンという音となって消耗されたとみなすオシコメは、その田畑に精気を回復させる儀式の必要を感じていたのである。地面の上にじかに、この時代のわれわれの土地のただ一種の女性用衣服であった腰巻をはずして横たわると、権力をえて加速された巨人化によっていまや小山のようなオシコメの肉体は、すでに百歳に近い年齢であるにもかかわらずみずみずしく豊かで、若者たちの一群みなを性的昂揚へとみちびきこんだ。二十人もの若者が、夜の大地の上に片脇を下に横たわる巨人女にまつわりついて、それぞれに性的な内部爆発をおこし、満天の星と交感した。）（翻译：阿丑女认为土地的生产力都变成了大怪音时期的“嗡”的声音被消耗掉了，觉得有必要举行仪式让土地恢复精气。阿丑女将这个时代村庄里的一种女性穿的叫贴身裙的衣服脱下来，直接裸体躺在地面上。她因为手握权力而加速巨人化的像小山一样的肉体，即便已经年近百岁却仍然水润丰饶，年轻人们被性亢奋引领着沉溺其中。二十多个年轻人围绕在侧躺在夜晚大地上的女巨人，性欲在每个人的身体内部炸开，与漫天的星星交感。）

② 藤澤佳澄．女性の霊性に関する考查：女神たちのイメージから．大阪大学教報，2004（9）：107.

③ 书中对照片是这样描述的：妹妹，你那下身穿工作裤上身穿红衬衫，衬衫下摆打成结，露出肚子，宽宽的额头也袒露无遗，而且笑容满面的照片，还有那前额头发全用发夹子夹住的彩色幻灯照片，我全看到了。我把它用按钉钉在墨西哥公寓的板墙上，那火红的刘海，很能给我以鼓舞力量。

愈了癌症。而重生的妹妹用自己的身体让“破坏人”恢复到像狗那么大，“破坏人”的再生也成了村庄全面恢复活力的先兆。

正如上文所述，这部作品中登场的女性角色们都扮演着重要的角色，非常具有战斗精神。大江在其后的作品中展现出的对女性力量的重视，在本作品中已初现端倪。这种力量不仅是生育的力量，更是一种破坏的力量。柳田国男认为，女性拥有看不见的精灵的力量，这种力量可以轻易地毁掉某些东西，再勇猛的男性也无法轻易战胜。例如，如果从磨刀石上跨过，则磨刀石会断裂，如果越过钓竿、扁担，则会使其折断。虽然到目前为止，这种信仰已经消失了，但现存的各种关于女性的禁忌（莫名其妙的恐惧）仍然是这种信仰存在过的证据。①

四、女性的力量和“破坏人”的关系

前文提到的“破坏人”，可以说是本文的中心人物。幕府藩镇体制确立之后，“破坏人”和创建者们从四国的一个小藩镇被流放了。他们乘坐一条船从海上出逃，从一个河口溯流而上，发现了可以重建家园的新天地。在“破坏人”的带领下，创建出了“村庄＝国家＝小宇宙”。而“破坏人”本身就是一个非常神秘的存在，他的肉体会不停地成长，最终巨人化。牙齿一生换五次，其结构比鲨鱼还要优越。“村庄＝国家＝小宇宙”的神话和历史也是围绕他的死和再生展开的。揭开覆在“破坏人”身上的面纱对理解《同时代的游戏》这部作品至关重要，而要理解“破坏人”，对书中女性角色的解读也必不可少。就上文的分析，接下来会尝试对女性角色与“破坏人”的关系做分析。

在被斗牛场中的女人唤起的记忆中，三十岁的女人被人们逼到绝境，试图用枪破坏现有秩序，重新建立对自己和下层人更友好的秩序。阿丑女自不必说，在“更换住所”运动中她的所作所为虽然粗暴，但是却打破了原有的家庭制度和私有制，积累了财富。最后一场大火虽将现有的一切全部烧毁，却使村庄从百年的疲敝中恢复。最后，妹妹向美国总统要求让“村庄＝国家＝小宇宙”成为一个独立的国家。虽然可能会给村庄招来祸患，可是一旦成功，村庄就能重新获得独立。从前文叙述的内容来看，这些女性不仅仅是在破坏，而且是为了更好地重生。这可能是因为这些女性同时拥有破坏和创造（孕育）的力量。

大江在与尾崎真理子的对谈中，也提及了如下内容。

> 这座村子古代的情况是我自己想象出来的。其缘起，是一群年轻人逃离他们所

---

① 柳田国男．女性的力量．彭伟文，译．北京：北京师范大学出版社，2020：16.

> 从属的社会，来到森林里创建了村子。但是，他们又破坏了亲手建成的村子，进化到下一个时代。村子的破坏者，其实与最初创建了村子的人是相同的存在，这就是贯穿这部小说的历史观。……[①]

诚如大江自己所言，破坏可以让村庄进入一个全新的时代，即打破陈腐的过去，迈入新的未来。所以从某种意义上说，破坏也许更重要。原本，大江之所以会写《同时代的游戏》，其中最重要的一个原因就是三岛事件[②]的发生。“我那个时候（在印度旅行中知道三岛事件的时候），在东南亚进行追溯日本的旅行时，向一位当编辑的朋友写了一封信，信中表达了自己想写一本名叫《同时代》的长篇小说的想法。由三岛由纪夫自导自演的死亡，在我们的同时代中投下绝对天皇主义的光，……我对那个家伙是以嫌恶的态度来对待的。我希望这个时代反而能够被人们自己发出的光重新照亮。”[③]所以其内核就是为了表达对天皇文化制度的反抗。如果这种反抗化为破坏的力量，可以除去根植于人们内心深处的天皇文化制度，日本也将能够进入一个新的时代。这可能就是大江寄托在“破坏人”身上的希望，也可能是他重视女性力量的原因——在破坏的基础上创造。

书中登场的女性与“破坏人”如此相似，换言之可以将她们看作在各个时代重生的“破坏人”的分身。“用黑体字特殊标明的破坏者就是诈骗师理论小说化的人物形象。所谓诈骗师（trick-ster）是美国印第安神话中的人物，他既是创造者又是破坏者，……这种似乎形同水火的独特的人物，……”[④]由此可以知道“破坏人”就是基于诈骗师（trick-ster）塑造的人物，而诈骗师（trick-ster）还有一个非常显著的特点，就是具有男性和女性两种性别——阴阳人。在《同时代的游戏》中登场的“破坏人”很明显是一位男性人物，而其女性的一面很可能被分离成了书中一个个生动鲜明的女性人物。在本书中，“我”作为“破坏人”在现代社会的分身[⑤]，也曾经梦到过有关阴阳人的画面。张文颖在他的论文中提到“‘我’的梦表明了‘我’对阴阳人的憧憬。也就是说在城市中的‘我’

---

① 大江健三郎 著，尾崎真理子．大江健三郎口述自传．许金龙，译．贵阳：贵州人民出版社，2019：160–161.

② 1970年作家三岛由纪夫在呼吁自卫队奋起（政变）修改宪法后剖腹自杀。这一事件不仅给日本社会带来了巨大冲击，也在国际社会成为快报新闻。

③ 中村泰行．大江健三郎文学の軌跡．東京：新日本出版社，1995：172.（原文：僕はその時（インド旅行中に三島事件を知った時）、東南アジアを日本に遡行するように旅しながら、やはり同志的友人のひとりたる編集者に、仮に『同時代』と呼ぶ長論小説を書きたいという手紙を出した。三島由紀夫の自己演出による死が、われわれの同時代に絶対天皇主義の光を投げかけ、…そいつに僕は、嫌悪をこめてとらえられていたのだ。そして僕はその同時代を、逆に民衆において自発する光によって表現しなおすことを希望した。）

④ 王琢．试论大江健三郎《同时代游戏》的意义．外国问题研究，1998（3）：55.

⑤ 这时，破坏人就要挺身而出把那大岩体或硬土块炸掉。现在，我这爆破技术新的开拓者继承了破坏人的任务，躲在这交趾树丛里。对，妹妹，我确实是破坏人的继承者。（大江健三郎．同时代的游戏．李正伦，李实，李长嘉，译．北京：作家出版社，1996：24.）『菅野昭正　後藤明生　三田誠広　読書鼎談——大江健三郎 < 同時代ゲーム >、金井美恵子 < 単語集 >』（文艺．1980，3）中后藤明生也指出“我”也是诈骗师（trick-ster）。由此可以推测出“我”是“破坏人”在现代的另一种形态。

与在森林峡谷村庄中的妹妹在肉体和精神上是统一的。并且在此中，融合了对阴阳人的神秘性和灵魂的治愈力”[①]。由此可见，“我”与妹妹可以称得上是阴阳人的另外一种形式。也就是妹妹作为“我”的分身存在着。因此，作品中的女性也可以看作在不同时代以不同的姿态出现的“破坏人”的分身。其实大江完全可以将“破坏人”塑造成一个阴阳人的形象，但是他却没有那么做，究其原因，还是由于对女性力量的重视吧。

从上文可知，由于女性具有生育能力，所以原始宗教有着母神信仰，而随着男性神作为天空之神占领了统治地位，女性神的价值变化也在公元前数十个世纪就开始了。

滨本隆志等学者认为青铜、铁的文化传播和畜牧文化的渗透与父权密切相关。因为武器的制造促进了男性权力的强化，畜牧文化也引起了基于农耕文化的女性原理的波动。正如所指出的那样，父权化社会的出现与武器的制造密切相关。现在被核武器覆盖的社会当然属于具有男性优势的父权化社会。因此大江强调“女性的力量”的目的在于这些女神拥有在人类文明化和社会化过程中丢失了的具有根源性的灵性。也就是说，现在那个价值应该值得被重新审视。于是，复兴在当今文明化的男性优势社会中被遗忘的古女神和女性力量，这应该才是大江的本意吧。[②]

由此可知，该作品中对女性角色的重视就是强调对代表父权社会的现代化武器的反抗，也就是对侵略、战争、殖民等不正义行为的反抗。大江如果只是想要向读者传递村庄的神话和历史，就没有必要特地将诈骗师（trick-ster）所具有的女性的一面分离出来，创造出一个个女性角色，也不会在《M/T 与森林的奇妙故事》中将故事的讲述者换成祖母（母系的祖母）[③]。它预示着大江通过创造出与代表现代文明的父系社会对抗的母系社会来表达自己对由于武器发展而产生的战争、侵略和殖民等行为的反对。因此，《同时代的游戏》中的女性形象，一方面作为“破坏人”的分身存在，使这一人物形象更加充实；而另一方面，女性角色的活跃也显示出大江对女性所具有的原始的精灵之力的重视，而对该力量的重视则体现出大江反对由父权社会带来的侵略和战争等不正义行

---

① 張文穎．大江健三郎・莫言文学における女性像について．経営研究，2006（20）：91.

② 王麗華．核時代における現代人の信仰の問題について：大江健三郎の『燃えあがる緑の木』を中心に（東アジアの女性と仏教と文学）--（近世・近代文学の女性と宗教）．アジア学，2017（207）：5.（原文：浜本隆志等の学者が父権化には青銅、鉄の文化伝播や牧畜文化の浸透が密接にかかわっていると考えられる。というのも、武器の製造によって男性の権力の強化が促進され、さらに牧畜文化が、農耕文化にもとづく女性原理の揺らぎを引き起こしたからである。と指摘しているように、父権化社会の出現が武器の製造と深くかかわっている。今の核兵器に覆われている社会はむろん男性優位の父権化的な社会に属している。それ故、大江が右の引用文で「女性の力」を強調する目的は、これらの女神たちは、人類が文明化、社会化される中で見失われてきた根源的霊性を備える存在として、現在その価値を見直されるべきであるということであるだろう。すると、今の文明化された男性優位の社会で忘れられてきた古の女神や女性の力を復興させることは大江の本意であろう。）

③《M/T与森林的奇妙故事》可以看作《同时代的游戏》的改写，《同时代的游戏》中“村庄＝国家＝小宇宙”的历史和神话的叙述者是父亲＝神官，而在《M/T 与森林的奇妙故事》中变成了祖母，而且是母系的祖母。

为的态度和坚持既定道路的决心。

结语

《同时代的游戏》是一部具有实验性且值得深入研究的作品。文中活跃的女性人物作为“破坏人”的分身，与其他的男性角色共同编织出“村庄 = 国家 = 小宇宙”的神话和传说。而对女性角色的重视却不仅仅是因为要使文中的角色丰富多样，更重要的是对女性力量的重视。这种力量是破坏，也是创造，而它带来的则是希望。推崇这种力量的大江反对父权社会下的侵略、殖民和战争等不正义行为，希望建立起有人道主义关怀的新制度、新社会。

共同体中的女性力量

——以大江健三郎《水死》为中心[①]

北京第二外国语学院　胡　越[②]

[摘要]《水死》是大江健三郎晚年的长篇小说，作品思想内涵丰富，关于共同体的思考便是其中之一。大江健三郎通过《水死》重新审视时代精神，尝试建立独立于社会之外的新的共同体，以求治愈军国主义强权压迫带给个体的精神创伤。小说特别强调了女性对于建设理想共同体的作用。本文聚焦于共同体叙事中的女性力量，旨在探究大江健三郎晚年的共同体思想。

[关键词]《水死》，共同体，女性，祝祭，边缘

大江健三郎的《水死》成书于2009年，书中人物以“森林之家”为根据地形成了一个边缘的共同体。某种程度上，它具有柏拉图“理想国”的特质，反映出大江理想中共同体的存在方式，这些特质其中之一便是女性在共同体中占据优势地位，作者通过第二部的标题“女人们处于优势”明确表现了这一点。作品中的女性在大江笔下表现出独立、优秀、勇敢且富有想象力的特性，她们的话语在集体中发挥着重要作用。本文拟通过解读作品中女性在共同体中的作用，以探求作者的共同体思想的一个侧面。

一、《水死》中的共同体形态

作品全篇，“共同体”一词一共出现了两次。第一次是在第三章第二节“即使鬓发

---

① 本文系国家社科基金青年项目（19CWW005）的阶段性成果和北京第二外国语学院研究生院科学研究项目——大江健三郎《水死》中的“共同体思想”研究（项目号：2022GS14YB58）的阶段性成果。

② 胡越：北京第二外国语学院日语语言文学硕士研究生，研究领域为日本文学。

子是二十几岁加入剧团，可在这短暂的年月里，她就在这个共同体内如此清晰地表明了自己呀”①；第二次是在第十三章第二节“他（指破坏人）是二百五十年至三百年之前，在藩的权利所不能及的森林中缔造了独立共同体的人物”②。

过去的共同体与现代的共同体在谷间的森林村庄内形成时空对照，现代的人们在这里创建着与中心价值体系背道而驰的共同体，而历史上早已有先行者在此建立了“独立共同体”。此外，“森林之家”曾是长江家族的老屋，承载着长江家族的过往。由此看来，“森林之家”在体现着“理想国”的崭新而独立的同时，也连接着整个村庄共同体的历史与传说，体现了谷间的村庄这一地方共同体的连带关系。共同体内生者与逝者共存，过去延续到现在的时间里，体现了将过去、现在、未来融为一体的共同体理念。

这一共同体理念与德里达的“幽灵政治学”可谓有异曲同工之处。德里达以东欧剧变后的时代现实为背景，以去除现实政治的苦难为宗旨，从马克思“幽灵”的政治精神中提炼出了正义伦理。他认为，讨论幽灵抑或鬼魂是以正义的名义来进行，鬼魂归来实现了时间性倒转，将过去带回到现在，其目的并非追讨欠债，而是为了实现迟到的正义，“追求正义”才是我们构建理想生活的不二法门。③《水死》中大江的共同体理念便阐释了德里达思想中的“幽灵”概念，体现着镇魂的伦理意义，实现了文学层面上的“追求正义”。

日本社会的祝祭思想追求“生时之愿，死后必定达成”④，作品中女性们的行为就是对亡灵夙愿的实现，在这个过程中，完成了对个体精神创伤的治愈。“穴居人”剧团的女演员髫发子在妹妹亚纱、剧团的律子等女性的协助下，从“穴居人”剧团独立出来，期望用真正的女性思维做一番事业。曾经历过强奸暴行的她计划带领村庄里的女人们重演共同体中关于铭助妈妈的传说，就这样，女人们的苦难穿越百年形成时空对照。

百年前，面对藩的压迫铭助率领村庄民众奋起反抗，后失败被捕。铭助妈妈对狱中奄奄一息的铭助说：“没事的，就算你死去，我也会为你再生一个”⑤。也就是说，为了完成铭助的暴动事业，铭助妈妈通过与儿子结合的方式孕育出继承者，继续领导共同体的村民继续反抗。但反抗再一次失败了，铭助妈妈也被藩政府的武士们强暴。在新的暴动中，铭助的肉身虽已灰飞烟灭，但铭助的作战思想通过“铭助转世的孩子”传达给人们。铭助的魂魄通过与妈妈的结合转移到了下一代人身上，“铭助转世的孩子”出生之使命便是继续领导暴动，完成铭助的夙愿。所以，铭助妈妈承担了灵魂转移的承担者，与亲生儿子铭助的结合这一“狂欢化”的行为便是转移灵魂的祝祭仪式。

---

① 大江健三郎．水死．笔者译．東京：講談社，2013：100.

② 大江健三郎．水死．笔者译．東京：講談社，2013：390.

③ 荀泉．论德里达“幽灵政治学”的伦理意蕴．井冈山大学学报：社会科学版，2014（4）：38-44.

④ 柳田国男．笔者译．先祖の話．東京：筑摩書房，1946：60.

⑤ 大江健三郎．水死．笔者译．東京：講談社，2013：366.

百年后，髫发子走在村内当年铭助妈妈暴动的地方时却已物是人非，她说：“那是铭助妈妈‘受难’的道路，我想在那条道路上行走”[①]。小森阳一从附身文化解读髫发子这一人物：“小说中所有登场的女人的灵魂都降临在了髫发子的身上”[②]。从铭助妈妈到髫发子，所有经历过暴行的人或许肉体已然消逝，但她们不安的灵魂仍然驻足，正如柳田国男指出的日本人的生死观：“日本人死后的观念是灵魂永久地停留在国土上不会走远”[③]，集所有痛苦的灵魂于一身的髫发子的使命便是镇魂，与村庄里的女人们一起出演《铭助妈妈的出征和受难》就是祝祭仪式；演出中震撼人心的述怀：“咱们女人 / 出来参加暴动呀 / 男人强奸咱们 / 国家强奸咱们 / 咱们女人出来参加暴动呀 / 不要被骗呀 / 不要被骗呀”[④]是镇魂歌谣。

对于被强权伤害过的个体而言，“追求正义”无疑是他们的夙愿，被国家强奸的所有女人的灵魂的降临就是作家对个体与共同体关系的想象。在铭助妈妈或髫发子的祝祭仪式中，被强暴的苦痛灵魂得到慰藉，新型而纯粹的人际关系得以再生，尽管作品最后呈现出髫发子的反抗再一次失败的局面，但“追求正义”的接力棒已经交到了年青一代的女性髫发子等人的手中。大江通过赋予女性以祝祭者的身份，在“追求迟到的正义”层面实现了其构建理想共同体的尝试。

二、共同体中的母性生产力

文中髫发子演出的地点在森林中的“鞘”，“鞘”原本是指落在森林中的陨石所形成的细长的空间，但在当地是女子性器的隐语。作者在作品中毫不隐讳地提到这一点，包含着对从古至今延续的男女共生、为了生命再生而豁达磊落的性，以及对生命力的肯定。[⑤]母性崇拜、女阴崇拜等思想体现在髫法子的祝祭仪式中，这反映了作者对生命伦理的思考：女性是祝祭者，也是共同体内真正的生产者。关于这一点，本文将通过文中的“近亲相奸”加以说明。

上述铭助妈妈的传说中出现了“近亲相奸”，而这部作品中不止这一例“近亲相奸”的事情。按时间线来讲，首先是村庄内关于铭助妈妈的传说；第二起发生在国际女演员樱身上，《水死》中虽未详细讲述樱所遭遇的经历，但是并不难发现樱正是《水死》之前的作品《优美的安娜贝尔·李寒彻颤栗早逝去》（2007）中被身为“二战”士兵的养父性侵的女孩；第三起则是髫发子曾被伯父侵犯以致堕胎的事，甚至后来的演出计划

① 大江健三郎．水死．笔者译．東京：講談社，2013：407.
② 小森陽一．水死·解説．笔者译．東京：講談社，2012：536.
③ 柳田国男．先祖の話．笔者译．東京：筑摩書房，1946：45.
④ 大江健三郎．水死．笔者译．東京：講談社，2013：367.
⑤ 尾崎真理子．大江健三郎全小説全解説．笔者译．東京：講談社，2020：262.

也因髫发子被伯父再一次强奸而中止，并有再一次受孕的可能性。综合三起事件来看，“近亲相奸”发生在母亲与儿子、养父与养女、伯父与侄女之间，无疑破坏了血缘关系、伦理道德以及世俗的性传统，但作品中“铭助转世的孩子”也好，髫发子有受孕的可能性也好，无不传达着反抗强权这一行为通过生命的延续仍在继续的意味，在这层意义上，“近亲相奸”体现着“反抗强权是永动的”这一命题。“近亲相奸”具有极大破坏力的同时，其中女性孕育生命的能力更指向其作为一种反抗政府、军队和国家等强权手段背后的创造力，也正是这种创造力延续着共同体的生命力。

韩国学者朴裕河在论述《水死》中新共同体的构建时，充分地分析了作者设置的将共同体的继承权、反抗强权的责任从男性到女性归还的这一情节。[①]亦即，延续共同体生命的能力原本在于女性，继承权与责任归还女性也意味着回归共同体的原始面貌。《水死》第二部的标题为“女人们处于优势”，这一标题说明了女性在共同体中所占据的优势地位。古义人的母亲能够在毫无线索的情况下准确地找到雨夜失踪的小古义人；期待着后代（阿亮）回归“攀上森林”的村庄传统；同时，也赋予髫发子这一具有“过去”意味的名字，母亲似乎拥有指引或安排共同体成员命运的能力。不仅古老的村庄共同体中女性具有这一能力，在“森林之家”中髫发子、律子等女性人物同样承担着协调成员关系、守护生命的角色；妹妹亚纱也收回了自己继承共同体的权责。或许作者旨在通过该题目传达这样一种观点：女性处于优势地位，才是共同体原本的存在方式。

由此看来，“近亲相奸”也是对这种观点的诠释。“近亲相奸”所造成的孕育直指生命的本源，以极具冲击力的方式呈现着女性所具有受孕、生育的母性能力，这种能力使得在血缘关系中母亲占据绝对主导地位。但随着共同体的发展，以父权为中心的家庭共同体伦理占据了主流地位，母亲的社会性支配权则被剥夺或弱化。但是，作品中母子关系、父女关系的破坏体现出：用以维持家庭共同体的父权伦理由强权赋予的同时，也被强权所破坏。而正因为由强权的肆无忌惮所带来的破坏性，女性才有利用“近亲相奸”来反抗压迫的机会，家庭共同体中母亲的生理性支配权才得以再次强化。“近亲相奸”是对女性的暴行，同时，也将延续共同体生命力的原始力量归还于女性。当共同体面临危机时，具有生产力的母性才是真正的战斗力。因此，“近亲相奸”突出了女性在共同体中生产的意义，也体现了大江向往着具有“过去”情怀的共同体，渴望基于母性生产力复原共同体的原始面貌，以此构建超越“强权＝国家”的新共同体。

但是，女性之于共同体的意义一直以来被忘却、忽视。莲实重彦在分析《水死》中存在的几个“窘境”之时曾指出，“将因为战败前的军队组织而引起的混乱与起义称为‘窘境’，是男性舞弄的想象力匮乏的表现，而女性的奋起则被一味地无视”[②]，如果女性

① 朴裕河．水死：为了崭新的共同体．孙军悦，译．山东社会科学，2011（7）：82-84.

② 蓮實重彥．窮することで見えてくるもの：大江健三郎『水死』論．笔者译．群像．2021（10）：74-84.

力量能够被重视的话，那么为男性的‘幻想’殉死[①]这样无谓的牺牲也许便不会发生。作者正是因为意识到了母性之于共同体的重要性，所以才通过将“近亲相奸”纯粹化以归还女性的母性力量。在共同体文明高度发达的现代社会，母性力量被忽视，但却是根源性的存在，其意义应该被重新认识，在父权仍然占据主导地位的日本社会，复兴社会共同体中母性的力量或许正是作者想要借《水死》传达的意图之一。

实际上，大江的文学作品中，共同体中的女性都有不同面貌的呈现，此前的作品中也有关于母性之力的表现，经过了漫长而复杂的演变才到达《水死》中的面貌。

三、共同体中女性力量的嬗变

大江文学中的女性人物的存在感提高是在20世纪80年代。究其原因，1983年大江健三郎曾在美国加利福尼亚大学伯克利分校作为研究员与著名的女性主义学者加亚特里·查克拉弗蒂·斯皮瓦克一起工作过。到90年代，受三好将夫教授的邀请与女性主义学者有过广泛的交流。

通过与诸多女性主义学者的交流学习，大江深深地感到随着时代的发展与年龄的增长，在社会共同体中女性生存的不易，因此更加感动于不惧怕困难的、坚韧的女性力量。同时，这段经历也在影响着自己的文学创作。此后的作品中出现众多个性鲜明、坚韧不屈的女性形象。例如，《静静地生活》（1990）中有不屈服于世俗的顽强的、纯粹的女性；《优美的安娜贝尔·李寒彻颤栗早逝去》（2007）中有用一生疗伤的坚强女性；《水死》更是刻画了像髫发子、妹妹亚纱、律子等众多优秀的女性形象。女性意识的觉醒令大江健三郎对于作品中的女性有了更加清晰的认知和定位。

追溯年代更早的作品，大江文学中关于女性力量的表现其实有着强烈的变化与对比。《饲育》（1958）中关于村庄共同体中的女性描写几乎没有；《感化院少年》（1958）中的女性总是与疾病、尸体、狗等隐晦的意象一同登场，即使是作为主人公“我”的恋爱对象的小女孩也是扮演着妻子或母亲等角色而依附着作为共同体“家长”的“我”；《万延元年的足球队》（1967）中的女性人物们则是男性为了获得自我认同、实现自我统一的手段之一，在荒唐无稽的男性自我幻想中作为“跳板”的女性被彻底无视了[②]。社会学家加藤秀一曾指出大江健三郎作品中充斥着对于女性主义的讽刺与怀疑[③]，无疑大江前期的文学作品中男性与女性之间的互动关系恰好反映了创作者本人初期的性别观

---

① 蓮實重彥．窮することで見えてくるもの：大江健三郎『水死』論．笔者译．群像．2021（10）：74–84.

② 村上克尚．傍らに寄り添う動物：大江健三郎『万延元年のフットボール』論．笔者译．日本近代文学．2016（94）：107–122.

③ 加藤秀一．性的身体ノート（男語り）の不可能から（新しい人）の可能性へ．（荻野美穂編『身体をめぐるレッスン2　資源としての身体』収録）．東京：岩波書店，2006.

念，这更加说明了女性主义思想对作家的创作思想变化之重要性。

女性主义思想的吸收使得大江文学中的女性角色身上坚强、反抗等意味加强。但必须要说明的是，在这之前，大江作品关于性的思考已经萌芽。关于这一点，日本著名的女性主义学者上野千鹤子肯定了大江在性问题上的探索之先导性①，由此，前文中提到大江将“近亲相奸”这一有违世俗性伦理的问题回归性行为的原点，强调女性所具有的原始的、本能的、有关生命本源的母性力量确实不无可能。如果回溯《水死》之前的文学作品，便能进一步证实这一思考：《听雨树的女人们》（1982）中就体现了作者超越一般世俗伦理的性别观。叙事者“我”曾应女人的需求而发生被动式的性行为。这种性行为是剥离了性别的性，追求灵魂的交流、慰藉、治愈。更进一步讲，《水死》中前卫的性意识、对母性的思考或许在这部作品中已有显现。日本作家大庭美奈子在评论《听雨树的女人们》时认为，女性给予了男性生命，也给予了能够看见智慧之光的眼睛，强调了女性的生产力。②

《水死》强调的便是女性延续共同体的生命与希望的能力，将母性作为创造新共同体的基础而推向未来。所以，《水死》中的女性思想或许可以从作家的女性意识觉醒与其自身的性意识中看出端倪。

四、共同体背后的边缘意识

关于母性共同体背后的思想来源，重新将视点回归到作品中心——“水死”或许可以找到答案。大江的父亲大江好太郎在1944年突然死去，当时的大江九岁。作为文学家的大江一直在创作中寻找着父亲的影子，这部作品中，他赋予父亲以溺水的方式结束一生。

佛家的日想观认为，海是通往极乐世界的通道，很多僧尼从水中进入转世，由此看来，水可以带来重生。文中水死的父亲与渡海的僧尼重叠，这一点藤田雅子③做过翔实的论述，在此便不再赘述。若要进一步思考如此生死观与共同体的联系，则可以通过大江学习文化人类学的动机中了解一二。大江曾经如此说道：

> 通过杀人，通过死，引向再一次的重生。这样狂欢的要素，至少在当今的日本文化中没有……狂欢带有混沌，我想在文学的世界里恢复那些解放了人类文化混沌

---

① 上野千鶴子，小倉千加子，富岡多惠子．男流文学論．東京：筑摩書房，1997.

② 尾崎真理子．大江健三郎全小説全解説．東京：講談社，2020.

③ 藤田雅子．大江健三郎『水死』をめぐって：折口信夫『山越しの阿弥陀像の画因』の一節を通して．清心語文．2017（19）：27–40.

的要素，那种狂欢的要素才拥有翻转中心的力量，至少在表层文化，对于日本来说是不可能的。我想将这样的力量挽回到日本的文化、文学中。[①]

由此可见，身为祝祭者的女性也好、水死的父亲也好，大江之所以在自己的小说中大量运用狂欢叙事是因为“狂欢的要素才有翻转中心的力量”，而这种力量恰是日本社会所缺乏的。换言之，关于祝祭的书写是面向边缘思考的结果，目的在于将边缘话语纳入文化发展体系中。《水死》中通过与死者的共生、对亡灵的镇魂恢复个体与共同体的联结，边缘个体对中心强权的反抗、边缘个体间的互助合作等共同体中的边缘话语在该小说的祝祭书写中得到强化。可以说，大江的理想共同体是立足于边缘而建立的。

但仅仅建立反中心式的边缘者联盟并非目的，大江用边缘解构中心以追求共同体对边缘的包容。在理想的共同体中，包括边缘人物在内，个体之间的联结必然是以情感为纽带。髻发子的演出抚慰着那些已被中心世界遗忘的逝者灵魂的伤痛，继而警醒生者与后来人，这些由祝祭所体现出来的对逝者灵魂的依恋、敬畏、爱护等情感将共同体的后继者们团结在一起。祝祭仪式所蕴含的连带意识、共通情感是一个共同体的凝聚力所在。

这种感情式的共同体理念体现着作者对边缘群体的人文主义关怀，而这或许与作者的个人体验有关。大江文学中，与残疾儿共生是一个重要的主题。作为一名残疾儿的父亲，大江内心渴求一个人人平等、相互包容的共同体，在这样的环境中，残疾人、老人、儿童、妇女等弱势群体能够被重视，被温暖地对待。此外，冲绳体验也是原因之一。《水死》中，女性的苦难与意义在通过祝祭的方式被凸显，从现实层面来看，这也体现着作者出于对个体关怀的意识形态诉求。在与《水死》的创作有着直接关系的《冲绳札记》中，大江谴责国家军队把对冲绳妇女实施的强奸暴行美化成爱情、包装成爱国精神。冲绳地处远离日本本土的西南海域，当地流行着独立的琉球文化，而中心社会以“爱”之名，使得冲绳沦为国家战争的牺牲品，如此虚伪的感情充斥在日本社会中，民众逐渐习惯戴着国家主义的枷锁生存，以致处于井底之蛙的境地，让人不禁联想到柏拉图《理想国》中习惯生存于洞穴中的囚犯，而髻发子所在的剧团“穴居人”这一名字便更加证实了作者对理想的共同体中人伦秩序的思考与探索。大江笔下以“爱”为基础的“理想国”，是建立在尊重边缘群体的自我认同感上的，他们正是因为被排斥在以天皇为中心的本土文化圈之外，作为批判中心式的存在才更加拥有强烈的确认自我的诉求。[②]

---

① 大江健三郎，マリオバルガス·ジョサ．小説の祝祭空間：二つの周縁から．杉山晃，訳．笔者译．海．1979（5）：352．

② 大江健三郎．小説の方法．東京：岩波書店，1978．

综上所述，《水死》中的共同体是从边缘的位置出发建立的。残疾儿体验与冲绳体验是大江不断在作品中建立共同体的原因之一①，正因为作家切身体会过边缘人在现实的社会共同体中生存之不易，并且意识到从上至下已经固化的"洞穴"思维，才会将希望寄予在自己的作品中不断寻找新的共同体的可能性。这种追寻之于《水死》这部作品，利用富于母性力量的祝祭将使所有被排斥在中心之外的灵魂得以治愈，是作家对理想共同体古老而崭新的想象。

结语

大江健三郎《水死》中的女性是具有镇魂作用的祝祭者。作家通过灵魂归来"追求正义"、实现夙愿的伦理意义，构建出生者与逝者共生的共同体，传承共同体精神的同时也治愈了个体的精神创伤。与此同时，"近亲相奸"回归生命本源，凸显母性生产力对共同体延续的重要作用。深究作者的创作意图，国家主义下的社会共同体以父权为主流，女性与具有反中心意义的祝祭思想结合无疑体现出作家文学创作背后的边缘意识，在关怀边缘群体的同时也表达出大江对包容边缘的共同体的憧憬。当现代社会的"穴居人"在中心文化圈内急于向前发展之时，大江健三郎立足于边缘勾勒出心中的"理想国"，呼吁人们面向边缘，回归边缘。

① 黒古一夫．作家はこのようにして生まれ、大きくなった：大江健三郎伝説．東京：河出書房新社，2003.

竹内实的北京体验与作为方法的“文学地图”[①]

北京第二外国语学院 彭雨新[②] 任小杰[③]

［摘要］竹内实是战后日本研究现代中国的代表性学者，他长期寓居于中日两国的跨国主义经历与在地性经验，形成了其独特的中国研究方法论与中国观。20世纪60年代，竹内实提出“文学地图”构想，旨在通过同一性史地坐标建构中日文学作品间的文学文化关系。20世纪90年代，其旅华创作《北京》，特别是其中关于宫苑旧迹的多义化书写呈现出“文学地图”方法论的发展与实践。继而提示出战后日本学者基于史地“事实”重审当代中国的研究立场，以及理解竹内实中国观的另一条重要路径。

［关键词］竹内实，文学地图，北京书写

一、“现代中国研究第一人”竹内实

竹内实（1923—2013）是战后日本的中国文学、现代中国社会研究者，评论家。1923年出生于中国山东，1949年本科毕业于日本京都大学，后于东京大学取得硕士学位。历任东京都立大学助教授、京都大学人文科学研究所所长、立命馆大学教授、北京日本学研究中心主任等。竹内实是日本战后最早开展现代中国研究的代表性学者，被誉为日本“毛泽东学”的权威和“现代中国研究第一人”[④]。竹内实的中国研究成果为日本学界在中国现代文学与鲁迅、毛泽东、改革开放、中日关系等多个研究领域打下了坚实

① 本文为北京第二外国语学院研究生科学研究项目（2022GS14YB57）、北京市社会科学基金青年项目“近代在华日侨文人的北京书写与文化认同研究”（21WXC012）的阶段性成果。

② 彭雨新：北京第二外国语学院日语学院讲师、硕士生导师，研究领域为殖民地文学、近现代日本文学、近现代中日文学文化关系。

③ 任小杰：北京第二外国语学院日语学院硕士研究生，研究领域为日本文学、中日比较文学。

④ 現代中国研究の第一人者　竹内実氏が死去．日本経済新聞（夕刊）.2013-8-1，四版.

基础。其主要论著有《日本人心目里的中国形象》[1]、《中国近现代论争年表》[2]、《毛泽东集》[3]等。

1923年，竹内实出生于山东省张店（今淄博）。受1928年济南五三惨案和1931年九一八事变的影响，竹内实一家于1934年自山东迁至吉林长春。1942年，19岁的竹内实在家人的坚持下返回日本上学，考入了东京的二松学舍专门学校（今二松学社大学）。然而，未及学习知识，竹内实就在日本战时“学徒出阵”的号召下被迫入伍，经历了两年的军队生活。日本战败前夕，竹内实因体弱多病而退伍，侥幸未被派往前线。1946年，竹内实考入京都大学文学部中国文学研究科，师从仓石武四郎、吉川幸次郎两位著名日本汉学家。

吉川幸次郎认为“京都的支那学是以与中国人相同的思考方法、与中国人相同的感受方式来理解中国为基本学风的”[4]。竹内实继承该学术立场，始终严谨对待原始资料和一手文献，保持客观的研究态度。

日本战败后至新中国成立初期，着眼于新中国社会文化的现当代中国研究迟迟未能成为日本学界关注的焦点，学界整体仍旧难以迅速改变研究中国“厚古薄今”的学术取向。战时开创现代中国研究的竹内好等日本学者曾力图将中国研究之重心由古代转向现代。然而，竹内实在阅读过竹内好的名著《鲁迅》（讲谈社，1944年）后却无法完全认同，并认为作者有“随己之意描述鲁迅”的倾向[5]，有肆意解释、过度引申之嫌。因此，竹内实希望尝试开辟另一条关注、研究现当代中国的新路径。该路径的起点即为向日本舆论界译介有关现当代中国的书刊文章，以期从资料入手，迅速地向日本转述战后中国的崭新风貌。

战后初期，竹内实通过纪录片、电影等各种方式接触新中国时，他感受到新中国已和少年时代印象中的中国大不相同。1951年，《人民文学》杂志社刊登的一篇报告文学《在日寇细菌试验里》[6]更令其大为震撼。该文揭示了日军“731”部队利用中国人做细菌实验的罪行，而竹内实的第一反应是“当时我并不相信这会是真的。为了问明真假，我甚至想给北京的编辑部写信。后来我明白了，要是当时果真发出那封信，也就会懂得，‘满洲’里并没有什么‘王道乐土’”[7]。以此为契机，竹内强烈地意识到，战前日本面向国内普通民众宣传的关于中国的一切多为虚妄。日本民众乃至知识界对于中国人

① 竹内実．日本人にとっての中国像．東京：春秋社，1966.
② 竹内実．中国近現代論争年表．京都：同朋舎，1992.
③ 毛沢東文献資料研究会，竹内実監修．毛沢東集．東京：北望社，1971.
④ 吉川幸次郎．我的留学记．钱婉约，译．北京：中华书局，2008：4.
⑤ 程麻．竹内实传．北京：中国社会科学出版社，2015：48.
⑥ 弓人．在日寇细菌试验厂里．人民文学，1951（4）：27–30.
⑦ 竹内实．可怕的沉默．竹内实文集 1：回忆与思考．程麻，译．北京：中国文联出版社，2004：63–64.

民所面对的现实仍然充满误解。“于是，我想做一些解释，来校正日本人对中国的误解。为此，我翻阅了那些描写中国情况的文学作品，写了《昭和文学里的中国形象》[①]一文，发表在中国研究所编的《资料月报》1957年1月号上”[②]。关于题目中“中国形象”这一表述，竹内实阐释道，“以前，曾有过‘中国观’的用语。而‘中国形象’这种说法还没有被使用过，这是我创造出来的。（中略）我所说的‘中国形象’，指的是日本人在头脑里描绘的中国的样子，自己想追溯考察一下它们以往的发展情况。”[③]即竹内实的最终目的是考察日本人心目里的“中国形象”与实际中国的错位，希望通过把握这种错位，使两国之间能够构筑起真实的关系。

对于这一想法，竹内实颇为自信：“那是自己发现的独特研究领域，探讨起来很有意思。通过不断努力，最后一直涉及日本近代史和日本现代史。”[④]经过近十年的积累，1966年《日本人心目里的中国形象》[⑤]一书问世，1992年又由岩波书店推出增补本[⑥]。值得注意的是，竹内实在其中“战争与人道主义”一章中首次提出了作为中日文学研究方法的“文学地图”的构想[⑦]。

战后，竹内实再次有机会造访中国是在20世纪50年代。“我曾在1953、1955、1958、1960年4次访问中国。（略）而1960年托日中文化交流协会的福，让我参加了以野间宏为团长的日本文学代表团。”[⑧]1960年，包括竹内实在内的日本文学代表团受到了中国政府的热烈欢迎，并受到毛泽东的亲自接见，这次珍贵的访华经历更加坚定了竹内实的中国研究道路。

“1960年以后没有再去中国，下一次去是在1979年，有19年差不多20年与中国没有联系。”[⑨]然而，在近二十年音信不通的岁月里，竹内实始终没有放弃其中国研究。连续出版了前述《毛泽东集》、《对中国的视角》[⑩]、《纪行日本之中的中国》[⑪]等论著。

20世纪70年代中国改革开放后，竹内实有了更多机会往返中国，与中国学术界的联系也更加紧密。1991年竹内实应文艺春秋社约稿，赴北京实地探访取材。同年10月，拜访了自己东京大学求学时期的老师——中国现代作家冰心。1992年，竹内实完成了文艺春秋社“世界都市物语”丛书第9卷《北京》。1994年至1996年，赴北京日本学

① 竹内実．昭和文学における中国像．資料月報．中国研究所，1957.
② 竹内实．可怕的沉默．载竹内实文集1：回忆与思考．程麻，译．北京：中国文联出版社，2004：64.
③ 竹内实．竹内实文集5：日中关系研究・作者前言．程麻，译．北京：中国文联出版社，2004.
④ 竹内实．竹内实文集5：日中关系研究．程麻，译．北京：中国文联出版社，2004：329.
⑤ 竹内実．日本人にとっての中国像．東京：春秋社，1966.
⑥ 竹内実．日本人にとっての中国像．東京：岩波書店，1992.
⑦ 竹内実．日本人にとっての中国像．東京：岩波書店，1992：253-275.
⑧ 竹内実．中野重治と中国．新日本文学，1979，34（12）：34.
⑨ 刘德有．竹内实的毛泽东诗词翻译．蔚蓝，复刊号，2006：143.
⑩ 竹内実．中国への視角．東京：中央公論社，1975.
⑪ 竹内実．紀行日本のなかの中国．東京：朝日新聞社，1976.

研究中心任主任。90 年代的竹内实长期旅居于中国各地，从事中国研究与中日文化交流工作。尤其是将近两年的北京生活体验，使其对中国最重要的文化都市北京产生了浓厚的兴趣与深刻的理解。

二、20 世纪 60 年代竹内实的“文学地图”构想

对于竹内实的中国研究，既往学界多关注以“毛泽东学”为主的政治学、社会学领域，对其文学研究鲜有述评。然而 20 世纪 60 年代，竹内实“文学地图”方法论的提出，实则体现出战后日本学者基于史地“事实”重审当代中国的重要研究立场。日本学界对于古典中国的“过度迷恋”以及对于现当代中国的“肆意阐释”促使竹内实寻找一条区别于传统的、切近于“真实”的研究路径。于是，他将目光锁定在“中国形象”研究上，在《日本人心目中的中国形象》一书中提出了作为方法论的“文学地图”的构想[①]。

1.“文学地图”构想的发端——河北徐水

竹内实首次提出“文学地图”的概念，源于一场文学时空的奇妙相遇。1958 年秋天，河北徐水作为人民公社的成功试验点而成名后，《人民文学》登载了一部以徐水游击战为背景的小说——徐杞《徐水城下》[②]。竹内实读后立刻联想到以徐水为背景的日本文学作品，即田村泰次郎的小说《战场的面孔》[③]。田村泰次郎的小说讲述了一个染上毒瘾的日本士兵为了寻找毒品远离部队而被中国游击队抓获的故事，其脱队的地点即位于徐水附近的村庄。

同时，徐水这一地点也触动了竹内实本人随日本访问团参观徐水人民公社的回忆，“1958 年，我所见到的主要是意气风发的情绪”[④]。看着在村口广场上载歌载舞的人们，这里一点也没有了小说中战斗的痕迹。

徐水作为实际存在的地理坐标，串联起中日文学作品与作为读者的竹内实自身的真实体验。这种文学虚构与史地“事实”相碰撞的经验带给竹内实深刻的启发：“我开始对这种形式的文学地图有了期待。想要发现更多符合‘作品—事实—作品’的地点。”[⑤]当然，在“徐水”这一文学地图研究个案中，竹内实所谓的“事实”指的是战争。即将作为战场的真实地理空间视作连接两国文学作品的特殊纽带。竹内实在产生该构想后，立刻将其延伸到了战争文学以外的领域，“除了战争题材，也可以将中日文学作品中其

① 竹内実．日本人にとっての中国像．東京：岩波書店，1992：252.
② 徐杞．徐水城下．人民文学，1958，101：63–69.
③ 田村泰次郎．戦場の顔．東京：講談社，1958.
④ 竹内实．在中国的感受．竹内实文集 1：回忆与思考．程麻，译．北京：中国文联出版社，2004：118.
⑤ 竹内実．日本人にとっての中国像．東京：岩波書店，1992：254.

他有这种‘事实’关系的地点相连接，绘制成地图”[①]。并在该构想的驱使下，尝试从一系列中日文学乃至世界文学作品中发掘更多的同一性史地坐标。

2. 某军工厂与重庆日本战俘收容所

首先，竹内实举出了中国作家吴运铎的自传《把一切献给党》[②]和美国战地女记者艾格尼丝·史沫特莱特[③]的自传《中国的战歌》[④]。吴运铎在抗战时期共产党武器紧缺的年代里，将石臼和滑轮组合在一起自制步枪。他在自传中提到，自己的这一创作被当时在场的一名美国女记者连连称赞[⑤]。该场景与艾格尼丝《中国的战歌》中提到的有关中国军工厂的回忆相差无几。而两位作者甚至都不知道对方的姓名[⑥]。值得注意的是，20世纪60年代的竹内实认为吴运铎和艾格尼丝在作品中并未提及双方的姓名。然而据笔者考证，艾格尼丝在其自传中确未提及吴运铎，但吴运铎文中却有“一天，有几个人来参观工厂，中间有一个外国妇女，穿着和我们一样的军装，脚上穿草鞋，还会说中国话，她就是我们的国际友人史沫莱特”[⑦]的描述。竹内实为何产生“两位作者不知对方姓名”的误解，其原因有待进一步调查。但这一细节并不影响“军工厂”作为同一性史地坐标将中美两部作品联系在一起的事实。然而，这样的完美案例在中日文学作品中却并不常见[⑧]。

其次，竹内实关注到中日文学在描写同时代的战争题材中，有鹿地亘《如火如风：解放之路》[⑨]与沈起予《人性的恢复》[⑩]两部作品。它们同时描写了20世纪40年代重庆日本战俘收容所——博爱村的相关经历。1940年，日本反战作家鹿地亘在博爱村建立了“日本人民反战同盟会”，负责日本俘虏的管理工作。与此同时，曾留学日本的中国作家沈起予也在此地负责日本战俘的思想改造工作。1941年，由日本战俘主演的电影《东亚之光》在重庆国泰大剧院上映，在当时引起了巨大的轰动。

沈起予在作品中详细记述了他在博爱村的经历，同时也涉及该电影事件，其中特意描写了自己参演电影并为电影撰写歌词的经历[⑪]。鹿地亘虽然也在作品中提及了拍摄

---

① 竹内実．日本人にとっての中国像．東京：岩波書店，1992：255.

② 吴运铎．把一切献给党．北京：中国工人出版社，1989.

③ 艾格尼丝·史沫特莱（Agnes Smedley，1892—1950），美国战地女记者、社会活动家，与朱德等共产党人士密切往来。主要著作有《大地的女儿》《中国红军在前进》《中国的战歌》等。

④ Battle Hymn of China，Alfred A· Knopf（USA），1943. 中国的战歌．江枫，译．北京：作家出版社，1986.

⑤ 吴运铎．把一切献给党．北京：中国工人出版社，1989：52.

⑥ 竹内実．日本人にとっての中国像．東京：岩波書店，1992：255.

⑦ 吴运铎．把一切献给党．北京：中国工人出版社，1989：52.

⑧ 竹内実．日本人にとっての中国像．東京：岩波書店，1992：255.

⑨ 鹿地亘．火の如く風の如く：解放への道．東京：講談社，1958.

⑩ 沈起予．人性的恢复．重庆：重庆文艺奖助金管理委员会出版部，1943.

⑪ 沈起予．人性的恢复．重庆：重庆文艺奖助金管理委员会出版部，1943：165-168.

电影，但轻描淡写，着墨不多。对此，竹内实评价道，不知是否因自己先读了鹿地亘的作品而产生了一种“先入为主的观念”[①]，对于沈起予的描写自己“并未感受到那份感动”[②]。而且，虽然沈氏作品中连鹿地亘都出现了，但也“并未感受到多么深入的观察”[③]。沈起予作品无法令读者共情、观察描写不够深刻的观感，使竹内实对这部作品评价不高，认为其“作为文学作品的‘密度’低”。虽然在这里竹内实没有进一步阐释“文学密度”的所指，但从该表述出现的文脉可以推断，“文学密度”指向作品文学性、艺术水准方面的评价。基于此，竹内实进一步指出，如果一部文学作品的“密度”低，即使符合文学地图方法论中“作品—事实—作品”的结构，也并不值得进一步深入剖析，因读者、研究者只会对其中的“事实”部分产生一些八卦兴趣，而后便告终[④]。

3. 丁玲的《我在霞村的时候》与富士正晴的《一夜之宿》

另一方面，丁玲的《我在霞村的时候》[⑤]与富士正晴的《一夜之宿》[⑥]在竹内实看来是一组极具代表性却又充满遗憾的作品。

富士正晴的小说以第一人称叙述者“我”讲述了一名残存人性的侵华日本兵的故事。小说的核心情节描写了某个雨夜，负责看守中国劳工的“我”虽然对一名中国少女心生情愫，但还是坚持“战时不强奸”的原则保护了她，并在第二天设法放她回了家。作者塑造了一个即使身处残酷战场依然对他者与自我都怀有细腻感情的人物，虽有美化战争之嫌，却也体现出对于人性与良知的呼唤。

丁玲的《我在霞村的时候》讲述了共产党女干部“我”来霞村休养时认识了年轻村妇贞贞。她曾被日军掳去，受尽屈辱，但利用自己的身份收集了很多敌军情报。贞贞回到霞村后，因被俘虏的“不洁”经历遭到村民的嫌弃。后来她下定决心离开这里，去延安治病和学习。

在竹内实看来，两部作品实有诸多共通之处。例如，故事的叙述者都是第一人称“我”；都出现了作为妇女庇护所的教堂；作品文学性、艺术水准均较高，即文学“密度”旗鼓相当；都体现了主人公对同胞的憎恶感；都体现了人文主义的关怀。其中，竹内实惊异于两部作品在情节上巧合的“互补性”。丁玲的作品讲述了少女在被日军掳走之前和回村之后的故事，没有涉及少女与日本兵接触的具体描写。然而这一部分“空白”，却恰巧在富士正晴的小说中得到了补充。但无论有多少相似点与互补性，两部小

① 竹内実．日本人にとっての中国像．東京：岩波書店，1992：256.
② 竹内実．日本人にとっての中国像．東京：岩波書店，1992：256.
③ 竹内実．日本人にとっての中国像．東京：岩波書店，1992：256.
④ 竹内実．日本人にとっての中国像．東京：岩波書店，1992：256.
⑤ 丁玲．我在霞村的时候．中国文化，1941，3（1）.
⑥ 富士正晴．一夜の宿，遊魂．東京：書肆パトリア，1957.

说中故事发生的地点截然不同，丁玲作品中的“霞村”在陕西省延安附近，而富士正晴小说中的故事发生在江西省的大庾。缺乏同一性史地坐标的勾连，也就从根本上切断了将其作为“文学地图”研究对象的可能性。

从以上竹内实关注的四组文学地图研究个案来看，对于“徐水”的发现是“文学地图”构想的开端；吴运铎和艾格尼丝关于中国军工厂的描写是最符合“文学地图”研究标准的一组作品，但遗憾并非中日文学；围绕重庆战俘营的两部中日文学作品虽然在史地同一性上符合“文学地图”的研究构造，但两者作为文学作品的“密度”不同，依然无法在对等的语境下进行文学比较；最后一组丁玲与富士正晴的作品虽然情节互补性很高且文学密度旗鼓相当，但缺乏史地坐标上的客观联系。

由此可见，竹内实虽然早在20世纪60年代就提出了“文学地图”的研究构想，但在中日近现代文学史中寻找符合“作品—事实—作品”构造且富于艺术价值的文学作品本身有相当大的难度。对此，竹内实指出“从我所期待的对文学地图的展望来看，无论是当时的纪实文学还是战争文学，很少有作品完全符合‘作品—事实—作品’的要求”。[①]

然而，他并没有就此放弃这一方法论。1970年，竹内实辞去东京都立大学教职成为自由撰稿人，集中调查了日本各地与中国有关的文学文化史遗迹，完成了题为“中国小路”[②]的系列报道。“中国小路”这一表达明显化用自松尾芭蕉的纪行文学名作《奥州小路》。1976年，“中国小路”系列报道选编成书《纪行 日本之中的中国》，该题目巧妙地呈现出竹内实借“纪行文学”之笔法，寻访中日文学文化交流史细部的写作动机。可以看出70年代初期，竹内实基于地理调查寻访中日文学文化史的研究理路，实为60年代“文学地图”构想的另一种实践。既然“作品—事实—作品”难以寻觅，那么至少先从寻找“事实”开始，即通过地理坐标的发现使中日两国的文学文化关系更为紧密。

时隔多年，在一次对谈中，竹内实再次提到了“文学地图”。1996年，在竹内实与日本现当代作家中薗英助的一次交流访谈中，竹内实说道：

> 其实，我一直想制作一张中薗英助的北京文学地图。我曾步行去看过你在北京居住的飞龙桥胡同。胡同一般都是东西方向，但是飞龙桥胡同却是南北方向，和南池子大街平行。[③]

在对谈中两个人围绕着中薗英助曾居住过的飞龙桥胡同回忆起了彼此在北京旅居的日子。值得注意的是，对谈开头部分竹内实提出的希望绘制“中薗英助的北京文学地

① 竹内実．日本人にとっての中国像．東京：岩波書店，1992：231.
② 竹内実．細道の中国．伝統と現代．第14号－第24号，1970–1973
③ 竹内実，中薗英助．対談われらが中国心象地図．世界（623）．笔者译．東京：岩波書店，1996：305.

图”。虽然竹内此后并未进一步详述，但这里所说的“北京文学地图”和30年前他提出的“文学地图”研究构想已发生了本质变化。即不再是一种中日比较文学的方法论，而发展为以中薗英助的北京生活体验与北京书写为中心而制作的“某一个作家的文学地图”。然而无独有偶，这与近年中国学界新兴的现代文学批评方式“文学地图学”[①]具有很强的共通性，可谓不谋而合。

三、20世纪90年代竹内实的北京体验与旅华书写

竹内实不仅在1996年的访谈中重新明确提出了“文学地图”的问题，他对于该方法论的实践实则贯穿于其20世纪90年代的旅华书写中。

1991年，竹内实为撰写《北京》一书赴华考察旅行，对许多名胜古迹进行了实地探访。《北京》为文艺春秋社“世界都市物语”系列的第9卷。该丛书是纪念出版社成立七十周年，以“历史与旅途的发现”为视角推出的系列纪行。《北京》由十一章构成，从上古传说到新中国成立，竹内将中国绚丽多彩而又厚重悠远的历史投射在北京这座古都之上，笔触兼及帝王将相的名胜古迹与庶民意趣的生活文化空间。作品依次论及黄帝、尧舜禹时代以及精卫和刑天的神话故事；北京猿人的进化过程；燕国国都和北京的渊源；辽金元在北京的兴起与衰落；紫禁城的构造；宦官的利弊；满洲时代的发辫与天祭；皇室庭园的历史；京剧、戏曲的文化；多姿多彩的胡同生活；戊戌变法、国民政府的成立；新中国的诞生等中华文明的起源和发生在北京的历史掌故。《北京》除了向日本读者介绍、评述北京作为“世界都市”的历史地理文化表象外，更呈现出竹内实个人主体性的文化观感，乃至一种对于古都北京的文化身份认同。

1994年至1996年，竹内实执教于北京日本学研究中心，得以更近距离地接触北京民众的日常生活。他认为，各国学者最想了解的中国，其实应是活生生的中国人[②]，也就是中国市井的平凡、粗俗与丰富多彩。为此，他经常寻访一些小巷、胡同，对北京遛鸟、斗蟋蟀、喝豆汁儿等风俗习惯与地方性知识颇感兴趣。从中体验出与日常生活密切相关的“在地经验”与“本地风光”。

> 自己这次在北京住了一年半，当然看到了北京的样子。不过说起来，还是必须亲自外出走走，才能够明白北京的内情。而最能代表北京的则要算“胡同”。“胡

① 2003年，中国学者杨义提出“重绘中国文学地图”命题并于2007年进行方法论阐释后，“文学地图学”逐渐成为一种基于地图视角的文学批评与文学史写作范式。其主要方法之一即从文学文本的地理描述中提炼地名、景观、方位、路线等地图元素进行地图绘制。

② 竹内实.世界最想了解的是活生生的中国人.竹内实文集8：比较文学与文化研究.程麻，译.北京：中国文联出版社，2004：363.

同”有闹市的意思，但理解其为“小巷”可能更准确一些。把闹市和小巷想象为充满人情味也许有点欠高雅，可实际上这样去认识它，本是理所当然的。（中略）我读过长篇小说《钟鼓楼》。其中描述的是住在北京的钟楼、鼓楼、鼓楼一带胡同里的人们的生活。读后让人觉得，那就像是多次从钟楼和鼓楼进出，并在附近散步。那里有北京的闹市，以及小巷中的人生。我从中明白了，只有了解了这一带，才能称得上对北京有真正的认识。[①]

在20世纪90年代丰富的北京体验积淀下，竹内实切身感受到了“纪”与“行”或曰文学书写与在地性经验的密切关联，也为其90年代重提“文学地图”方法论赋予了理论与实践层面的新意涵。

四、宫苑旧迹的多义化书写与“文学地图”的实践

竹内实在《北京》第八章中游览记录了北京西郊三山五园及市中心的恭王府等清朝代表性皇家贵族园林，其中在恭王府游览时竹内仿佛感受到了一种“艳丽的香气”[②]。

此前人们曾坚信，恭王府的萃锦园就是荣国府的大观园。虽已是余香，但仍觉萃锦园中飘荡着艳丽的香气。置身其中，仿佛便能邂逅《红楼梦》里的才人佳子。（略）

如果当真如此的话，这部经常被拿来和《源氏物语》相比较的小说就和《源氏物语》更相像了。[③]

在这里，“艳丽的香气”是作者对历史场景的追忆，还是对贵族奢靡生活的批判，其所指并不明确。然而，近代以来日本知识分子的旅华书写中对于北京宫苑旧迹的相似性表达实则屡见不鲜，如村上知行在《北京：名胜与风俗》（东亚公司，1934）中关于故宫如下写道：

时至今日，它早已失去往日的风采。但尽管如此，仍让人感到这里飘浮着胭脂的香气。可以看出这里一切都是以享乐主义为第一要义所建造的。

① 竹内実．アジアの歴史と文化：阿頼耶順宏、伊原沢周両先生退休紀念論集．汲古書院，1997-4-22．中文翻译参照竹内实文集2：中国现代文学评说．程麻，译．北京：中国文联出版社，2004：403.

② 竹内実．北京．東京：文藝春秋社，1992：256.

③ 同上.

> 据说德川的后宫就像吉原的妓院，但拥有庞大氏族的中国皇帝的后宫，是德川的后宫所无法企及的吧。况且中国历代皇帝都是好色之徒，宫廷之中想来定是弥漫着脂粉香。[①]

这里可以明确看出村上知行对满清王朝奢靡生活的批判，同时也与日本的大奥进行了对比。竹内实《北京》中将村上知行《北京：名胜与风俗》列为参考文献，因此村上关于故宫“胭脂的香气”“脂粉香”的描写亦有可能对竹内实“艳丽的香气”这一观感产生了直接影响。

另一方面，与村上知行同时代的作家阿部知二的长篇小说《北京》（第一书房，1938）中也出现了类似的表达。

> 王子明是已故第一任妻子的儿子，是一个安静的知识分子，在北京的一所大学教哲学，失去妻子后一直保持单身。大门（人物姓名——引用者注）也许是因为被北京的“妖艳之美”所打动，在王家的一个角落里看书，过着无所事事的生活，甚至他的日本朋友传言他是“北京村的圣人”。[②]

阿部知二笔下的日本知识分子被北京的“妖艳之美”所打动，在日本占领下的北京过着悠然自适的生活。这里关于北京“妖艳之美”的表述，显然已与传统中国文学语境中的北京形象大为乖离，体现出日本作家旅华书写的特殊性。竹内实曾在《日本人心目里的中国形象》中探讨过战时日本知识精英的“恋京”病问题[③]。在评论汉学家中江丑吉[④]对北京的沉浸态度时，竹内指出“一般来说，从大正时代到日本侵华战争失败期间，‘恋京’病患者在北京的生活，可以看作是他们的‘蜜月期’”[⑤]，并进一步指出战时日本知识精英的“恋京”病，实则源自日本的“国威”。他们以日本人的身份既能在北京过着安逸生活，行使特权，又可以“从日本的日常生活里袭来的种种繁杂关系中‘流亡’”[⑥]。因此，“那种不直面权力，不必关注社会，没有社会往来，只沉湎于闲情逸致之中的状态，在一定意义上确实称得上是理想的人生境界”[⑦]。阿部知二《北京》中塑造的享受北京闲适生活的大门即为典型的“恋京”病患者。与此同时，日本人在沦陷期北京的生活状态在某种

① 村上知行．紫禁城めぐり，北京：名勝と風俗．東京：東亜公司，1934：72.

② 阿部知二．北京．東京：第一書房，1938.

③ 竹内実．日本人にとっての中国像．東京：文芸春秋社，1966：387.

④ 中江丑吉（1889—1941），日本汉学家，东京大学法学科毕业。1915—1941年旅居中国，在北平居住28年。对中国古代思想，特别是政治思想有深人的研究。主要著作有《中国古代政治思想》等。

⑤ 竹内実．日本人にとっての中国像．東京：文芸春秋社，1966：387.

⑥ 竹内実．日本人にとっての中国像．東京：文芸春秋社，1966：388.

⑦ 竹内実．日本人にとっての中国像．東京：文芸春秋社，1966：388.

意义上又和晚清皇室贵族具有共通性，他们可以行使特权，不需顾虑生计地沉浸在自己的世界里，甚至享受奢靡的生活。因此，阿部知二《北京》中的“妖艳之美”虽不是直接描写宫苑旧迹，却流露出一种政治文化心理生成过程中的高度相似性。

村上知行和阿部之二的作品分别出版于1934年和1938年，由此可见，对于古都北京，尤其是皇城宫苑具有“妖艳美”“脂粉气”的观感在20世纪30年代的旅华日本知识分子中可谓形成了一种共识。然而，这样的特殊表达方式在战后的日本作家旅华书写中仍然存在。

1978年，陈舜臣在《北京之旅》（平凡社，1978）一书中关于紫禁城有如下描写。

> 据说江户的吉原游郭，是仿制千代田城的大奥所建，中国过去的花柳街是模仿皇帝的后宫。束缚大量女性的自由使她们处于半永久的禁闭状态中，并把她们培养成男人们的玩物，这种结构不管从哪个角度看，花街柳巷和后宫都是相似的。自清朝灭亡以来已经过去了七十年。然而千年前脂粉的香气似乎还萦绕在宫廷之中，恋恋不舍。[①]

陈舜臣在这里同样提及北京故宫萦绕的“脂粉香气”，并与日本吉原、大奥进行了对比。通过对以上作品的爬梳可以看出，“妖艳美”“艳丽的香气”“脂粉香”等中国文学语境中不常用以形容北京的表达方式，却成了近现代日本作家对于北京，尤其是宫苑旧迹的一种多义化书写。这其中至少包含“古今”与“中外”两个维度。从现代性的视角来看，北京宫苑旧迹的“妖艳美”意指古今对比下，旧时代封建王朝、皇室贵族沉溺美色、行使特权的奢靡生活。然而在世界性的眼光中，“妖艳北京”又指向北京沦陷时期日本知识精英基于殖民帝国之“国威”，而得以在北京安享风花雪月、古都趣味的殖民者的特权。同时，“妖艳北京”的观念又进一步影响了现当代日本作家的旅华书写。

20世纪90年代，身处恭王府的竹内实对皇家庭园的前世今生进行了一番畅想，并自然联想到了日本的皇室。基于此，他进一步思考了中日古典文学的代表作《红楼梦》与《源氏物语》。在日本文学史中，中日对比的描写手法自平安时代的物语文学开始便被经常使用。其中一类便是作者基于实际在唐的所见所闻，通过和日本做比较将中国的信息和见闻以通俗易懂的方式描述并传达[②]。从日本大众读者的角度来看，这的确是一种很好的处理方式。

竹内实基于恭王府游历体验而对比思考《红楼梦》与《源氏物语》的文学意识，可以视作他对于20世纪60年代“文学地图”方法论的无意识的实践。他以飘荡着“艳丽

① 陳舜臣．北京の旅．東京：平凡社，1978：105–106.

② 丁莉．永远的“唐土”日本平安朝物语文学的中国叙述．北京：北京大学出版社．2016：100–102.

香气”的宫苑旧迹为史地坐标，将中日两国的古典文学作品相联结，也尝试串联两国的历史。这与他在20世纪60年代以“文学地图”构想来思考丁玲《我在霞村的时候》与富士正晴《一夜之宿》的个案具有很强的共通性。

结语：重审作为方法的“文学地图”

本文聚焦竹内实自战后初期至20世纪末的中国研究与北京体验，对其提出的作为中日比较文学研究方法的“文学地图”构想进行了整理与考察。竹内实的“文学地图”构想提出于20世纪60年代，本着追求事实、尊重历史的目的，竹内尝试以“作品—事实—作品”为构造，发掘同一性史地坐标之于中日文学比较研究的建构性效力。20世纪70年代，竹内实将该思路应用于自身的中国历史文化书写。在“中国小路”系列报道中，他以日本地理坐标为切入点，通过实地走访进行田野调查，挖掘了日本土地上发生过的中日文学文化交流史话。20世纪90年代，竹内实再次获得在华长期旅居的机会，也迎来了其旅华书写的高峰。

竹内实90年代的北京书写中出现过“艳丽”等多义化表达方式，该表达可追溯至近现代日本作家旅华书写中的“妖艳北京”言说，呈现出日本知识分子眼中特殊的北京形象。另一方面，竹内实以北京的史地坐标为基础，尝试绘制日本作家中薗英助的文学地图、联系中日古典作品的思路又再次指向了60年代的“文学地图”构想。呈现出20世纪90年代旅居北京的文化体验下，竹内实对于“文学地图”方法论的一种回溯与实践。

竹内实曾提出中日关系“友好容易，理解难”[①]，日本只有正视历史才能真正消除两国人民之间的隔阂，否则友好只是一种假象。在两国人民欢呼中日友好的时代，这无疑是一种冷酷而又现实的声音。可以说，这种客观冷静、以史地事实为基础的研究态度一直贯穿竹内实的整个中国学研究生涯，不仅构成其“文学地图”方法论的核心指向，也为重新审视竹内实的中国观提供了一条重要路径。

① 竹内実．日本と中国の接触と交流：介在する歴史をふまえて．国際交流．1975（4）：22.

《M/T 与森林里的奇异故事》中的共同体思想 ①

北京第二外国语学院　许卿雅 ②

[摘要]《M/T 与森林里的奇异故事》讲述了峡谷村庄的神话和历史，渗透着大江的共同体思想。然而目前学界对该作品的研究稍显不足，对其中的共同体思想的分析更是少之又少。因此，笔者运用文本分析与实证研究法，力图呈现出其中共同体思想之全貌。

[关键词] 大江健三郎，《M/T 与森林里的奇异故事》，共同体，峡谷村庄

序言

大江健三郎，日本战后文学的优秀继承者。目前针对其作品《M/T 与森林里的奇异故事》（以下简称《M/T》）的研究尚不多见，且主要是从宗教思想和民俗学的运用、叙事手法、生死观、与《同时代的游戏》之比较等角度展开，尚未见有系统论述其中的共同体思想的研究。因此本研究基于文本分析与实证研究，试图呈现《M/T》中的共同体思想之全貌。

一、《M/T》中共同体的形态

1. 空间上的共同体

（1）地形描写

作品中对于峡谷村庄及围绕着它的森林的地形位置有细致的描写。

---

① 本文系国家社科基金青年项目（19CWW005）阶段性成果。

② 许卿雅：北京第二外国语学院硕士研究生，研究领域为日语语言文学、日本文学。

我的画首先在画纸中央画上了被森林包围的峡谷。流经峡谷中央的河流，和这一侧盆地中沿着公路的村落和田地，再加上河对面以栗树为首的果林。沿着山峦褶皱斜向上的通往“在”的路。覆盖所有高度的环状森林。[①]

可见，峡谷村庄是一个被森林包围的盆地，原始森林发挥了屏障的作用。

（2）瓮村、死亡国度与屏障

同时，峡谷村庄在作品中又多次以“瓮村”“死亡国度”的名字出现。“再加上盆地形状的原因，被孤立在茂密的森林中、与外部断绝了来往的村子使人联想起瓮棺的意思，于是人们把它称为瓮村，并把它描绘成不祥的死亡国度。”[②] 亦即，峡谷村庄的封闭地形和自给自足、与世隔绝的状态被比作了“瓮”。

2. 人构成的共同体

（1）M/T

作品中 M 所代表的人物有“破坏者”的原配妻子（オーバー）、大丑女（オシコメ）、铭助母亲、“祖母”、“母亲”，这些女性在各自的情节里都发挥了巨大的作用。从这些 M 的形象中不难看出两点。第一，大江将 M 划分成了不同的类型。大丑女总是以领导人的姿态出现在作品中；“破坏者”的原配妻子和铭助母亲更多是以 T 的陪伴者的姿态，从一旁协助着 T；“祖母”和“母亲”则是峡谷森林传说的讲述者，在“我”和光的人生里留下了重要的印记。第二，强调女性力量在共同体中的作用。正如黑古一夫所说，“女性作为‘生产的性’，也就是‘母亲’这一存在，在大江构建的‘根据地’中占有重要位置”[③]。

作品中的 T 形象有“破坏者”、年轻人们、龟井铭助、童子、“我”、光。纵观这些 T 形象，他们往往具有多重性格，既是创造者，也是破坏者；既是富有手腕、独当一面的领导人，也是会做些令人发笑的滑稽事的小丑。他们身上富有创新性的一面，往往能够打破常规，给共同体注入新的动力。同时，他们破坏性、滑稽的一面也给共同体的其他人带来新的启发，使大家恢复活力。同时，关于伤疤的设定也值得注意。铭助头上的刀伤，童子的秃发，“我”因脑袋卡在岩石缝而留下的伤，光缺失的头盖骨，这些 T 形成了伤疤传承的谱系，也是 T 形象的光荣勋章。

（2）边缘人

长子光的诞生与冲绳之行，是大江关注到边缘人的契机。作品中首先可以看到的边

① 大江健三郎．M/T と森のフシギの物語．笔者试译．東京：岩波書店，1986：6.

② 大江健三郎．M/T と森のフシギの物語．笔者试译．東京：岩波書店，1986：221.

③ 黑古一夫．大江健三郎传说．翁家慧，译．北京：中国广播电视出版社，2008：197.

缘意象是“伤疤”。大家并不将童子的伤疤视作残缺或丑陋，而是以此为美并争相模仿。

> 大江构想的“根据地”，应该是一个模范社会。在这个社会里，大家把“残疾儿（人）”的残疾看作是每个人的一种“个性”，并给予认同，使他们能够作为人，对等、平等地生活。①

生下来就有智力问题的“屁股长眼睛”的人（シリメ），是个不穿衣服，被苍蝇缠身的流浪汉，却正是他担任了杀死“破坏者”的重任；不下树的人（木から降りん人）远离村庄，住在森林里的树上，靠施舍为生。不像一般的乞讨者都要俯首接受施舍，村民们冲高处捧着食物献给他。后来在与日本国军队的战争中，他担当了侦察队的前锋，又为提醒队友导致自己被击落杀死；“母亲”的信里，提出想与光一起生活在村庄里，“如果是住在森林边的栈房里，即使是头脑有缺陷的孩子也不会遭罪”②。体现了峡谷村庄这一相对于东京的边缘，对同样是社会中的边缘——残疾儿的包容。残疾儿也给身边人带来了巨大的力量。

可以看出，这些边缘人物往往充满活力，同时能将自身的能量传递给中心，激活沉闷的群体。在他们身上，既体现了被社会孤立的现实，又寄托了大江对理想共同体的期待。

（3）儿童

儿童在作品中多次出现。在意蕴上，可分为两种。一种是作为纯真无邪的形象出现。比如，出现在峡谷里的大怪声，使大人们感到痛苦不堪，在孩子们听来却很愉悦；在藩的追踪队赶来峡谷村庄与村民们对峙时，孩子们天真的笑化解了双方剑拔弩张的气氛。

> 据说双方都露出了难为情的冷笑。大人们只是皮笑肉不笑，孩子们却像在玩有趣的游戏一样放声大笑，笑声渐渐扩散到大人们身上。③

另一种是代表着新事物的形象而出现。一些大人想不通的难题，到了孩子们这里却迎刃而解。“屁股长眼睛”的人想不出杀死“破坏者”的方法，单纯的孩子想帮助好朋友，就告诉他毒杀的方法。联系前文提到的“破坏者”如果一直不死，村庄就难有新的活力来看，此处安排由孩子道破杀死“破坏者”的方法，应是别有深意。孩子象征着新

---

① 黑古一夫．大江健三郎传说．翁家慧，译．北京：中国广播电视出版社，2008：197.

② 大江健三郎．M/Tと森のフシギの物語．笔者试译．東京：岩波書店，1986：354.

③ 大江健三郎．M/Tと森のフシギの物語．笔者试译．東京：岩波書店，1986：224.

生力量，可以帮助打破原有秩序，激活共同体；在五十日战争中，孩子们提出了“迷路游戏”的方法帮助转移。可见孩子们在共同体中作为一支新兴力量发挥着独特的作用。

（4）民众

峡谷村庄的村民们总是以集体的形式活动，作品中多次对集体劳动、协作分工的场面进行了描写。这在复古运动中表现得尤为明显，复古运动的一项措施就是土地公有、集体劳动。

> 所有的田地都要通过集体劳动来耕种。……集体劳动需要搭伙做饭，大规模的托儿所也是必要的。只有具备这样的机制，所有男男女女才能去到户外共同劳动。①

这些描写充斥着一种来自共同体的活力。大江是这样描述他的公社理想的：

> 在公社里，某个集团的成员基本上都知道相互之间在干些什么，但相互之间又没有束缚地生活在一起……我觉得这样的公社就是我心目中的理想社会。②

《M/T》中，村民们为了建设、保护村庄的共同目标同住同作，没有特权阶级，是个紧密而又自由的小社会。这符合大江对理想公社的描绘。

3. 观念上的共同体

（1）狂欢的世界

巴赫金将狂欢式转化成的文学表达称为狂欢化。“大江健三郎则将‘狂欢化’意识视为近代文学有助于表现民族精神生活和释放个体内心世界以及在困境中获得‘再生’的一种重要的创作意识。”③

在此以三个典型场面为例。场面一：村民们杀死并分食了“破坏者”的身体。村民们一边为杀死“破坏者”而后悔悲伤，一边咀嚼着他的肉，让人感到一种诡异。而村民们是希望由此获得“破坏者”的力量。

> 所有人都走出家门，一边看着邻居和自己一样吃着“破坏者”的肉片的样子，

① 大江健三郎．M/Tと森のフシギの物語．笔者试译．東京：岩波書店，1986：177–178.

② 黑古一夫．大江健三郎传说．翁家慧，译．北京：中国广播电视出版社，2008：193.

③ 刘江清．论大江健三郎小说中的狂欢精神．南昌：江西师范大学文学院，2011.

一边像嚼口香糖一样，花时间品尝着自己分摊到的那份。[①]

在狂欢中，人们会从日常的秩序等级中解放出来，出现亵渎不敬的行为，就像村民们分食他们的领导人“破坏者”。场面二：大丑女和年轻人们在庚申山上的情景。

“年轻人”们在举行村里相扑比赛的庚申山山顶上，与赤身裸体的大丑女胡闹——祖母这样说道——从那以后，水田和旱田都开始恢复了丰饶的力量。[②]

这是个典型的狂欢节仪式，人们之间的距离感消失，一反平常的随便而亲昵地接触。场面三：“大纵火”事件。

那些在升腾的火焰间来回穿梭、只穿着兜裆布和短贴身裙的人们，一定会为这项勇敢而危险的工作而紧张，但此外也会有一种因狂欢的气氛而无比激动的感觉吧。[③]

通过这些事件，峡谷村庄一次次地重新恢复了活力。综上可以看出，峡谷村庄是个狂欢的世界，充满着交替变更的精神。

（2）独有文化的传承

峡谷村庄作为一个共同体，有不同于外界的文化，具体说来就是峡谷村庄的神话和历史。第一，峡谷村庄的神话历史以孩子们的游戏这一方式传承。比如，孩子们模仿铭助的游行。

在扮演淘气鬼铭助的角色旁边，有一个被央求参加游戏的女孩子，在脖颈处扎着头发，以铭助的母亲或养母的角色跟随左右。那正是 M/T 的游戏。[④]

孩子们将神话历史改编成游戏，是从他们的视角对共同体文化的解读，也是种别样的继承方式。

第二，峡谷村庄的神话历史以信仰的方式传承。村民们独有的生死观——人们出生与死亡的归宿都在森林，是他们重要的信仰。而引导人们走向森林的，是一种怀念之

① 大江健三郎. M/T と森のフシギの物語. 笔者试译. 東京：岩波書店，1986：124.
② 大江健三郎. M/T と森のフシギの物語. 笔者试译. 東京：岩波書店，1986：10.
③ 大江健三郎. M/T と森のフシギの物語. 笔者试译. 東京：岩波書店，1986：193.
④ 大江健三郎. M/T と森のフシギの物語. 笔者试译. 東京：岩波書店，1986：28-29.

情。这也是为什么在五十日战争中，村民们最终选择了无条件投降——森林不被烧毁是他们的底线，否则灵魂就会失去栖息之所。

第三，一定存在共同体神话历史的记录者。在作品中显然是“我”与光。一开始“我”对于记录峡谷村庄传说这一使命感到抗拒，但在险些水死之后发生了转变，开始主动接受这一任务。光从“我”的母亲那里听说了峡谷森林的传说，创作出了*Kowasuhito* 的曲子。

（3）拒绝权力支配的独立空间

在峡谷森林中，流淌着反抗强权、追求自由的精神。创建者们追随和杀害“破坏者”都是受这一精神的驱使，处在高位的“破坏者”让村民们再一次感到了压迫；在“搬家”运动中逃跑的女人们，被抓回来后坚称自家人的做法没有错，“离开难以居住的地方，前往新的土地，这是我们再一次效仿过去‘破坏者’和年轻的伙伴们所做过的事！”① 体现了女性反抗强权的意识。这个共同体，不仅排斥内部的压迫，对外部的强权也抗争到底。双重户籍制度就是最好的证明：

> “自由时代”的森林中的盆地是独立于任何权力的一个国家，想必也有出于这样的怀念之心的缘故吧……两个人中有一个人脱离了新政府登记的状态，带来了一半回到“自由时代”的满足感吧。②

自始至终，村民们不是将村子看作任何权力集团的附属，而是一个独立的共同体，体现了村民们的抗争精神与独立意识。

二、共同体的叙事策略

1. 前后情节的重复

作品中多次出现同一情节的前后反复。第二章专门讲述的复古运动，在序章已经概括性地叙述过了；铭助的故事中，本该出现在第三章的情节，在序章也多有言及；“我”的水死经历，在序章已经详细交代了来龙去脉，却没有道明企图水死的原因，在第五章里点明了是由于想摆脱书写传说的使命。这种重复叙事，使主题在破碎化的情节中不断地得到了强化，是大江的叙事特色。

① 大江健三郎. M/T と森のフシギの物語. 笔者试译. 東京：岩波書店，1986：158.
② 大江健三郎. M/T と森のフシギの物語. 笔者试译. 東京：岩波書店，1986：256.

对大江来说，重复是其小说叙事策略的重要一环，其小说创作具有显著的重复特征。①

2. 虚与实的交织

虚构与真实的交织在《M/T》中有两层含义：一是指“我”听到的神话故事（虚）与“我”所在世界的真实历史及现实的交织，二是指与主人公“我”保持一定距离的作家大江健三郎所在世界的真实与作品中的虚构情节的交织。

第一种，例如在讲述创建村庄的故事时，在“‘破坏者’爆破大岩块被烧伤”与“五十天后‘破坏者’醒来”这两段原本连贯的情节中，穿插了阿坡老爹、培力老爹给“我”解释科学原理的经历；在叙述大怪声时，穿插了“我”测试听力的经历，从而感到了与大怪声时期的人们感同身受，使不同时空下的人产生了共鸣。

作为以书写村庄历史为重任的叙述者“我”，并不是单纯地讲述神话，而是同时详细地介绍了自己的“现实生活”，设法使“现实”和神话相互唤起。②

第二种，《M/T》中许多人名地名都有现实依据。例如龟井铭助这一人物，有真实的历史原型。“他的原型是同样是幕末时期有记录的参加过两次起义的澳洲南部藩的一个叫‘三浦命助’的人。”③在作品中多次出现了真实的人名地名，如“长崎”“五代友厚”。此外还提到了大逆事件、中国和朝鲜的抗日游击队。对于这种虚实交织，大江的观点是：

我的文学特征在于以虚构渲染现实，不是借现实讲而令虚构成为真实。二者泾渭分明，却又随意叠加。④

3. 复调叙事的运用

巴赫金认为，复调小说能够实现多个意识的平等对话：

把对方视作与自己一样独立的个性，各自让对方充分表达自己的意见，用各种

① 兰立亮 . 大江健三郎小说叙事艺术研究 . 上海：上海外国语大学日本文化经济学院，2011.
② 林啸轩 . 大江的“峡谷村庄”与莫言的“高密东北乡”. 笔者试译 . 济南：山东师范大学文学院，2005.
③ 尾崎真理子. 大江健三郎全小説全解説. 笔者试译. 東京：講談社，2020：214.
④ 世龙 . 大江健三郎的文学观及文学特征 . 外国文学评论，1995（1）：135.

音调各自不同地唱着同一个题目。①

作品中前后出现了多位叙述者。“我”“祖母”“妹妹”“母亲”都担当过叙述者，作品在多元叙述者的相互补充之中呈现出了完整的脉络；除了这种线索拆解式叙事外，对同一事件不同叙述者的不同阐述也值得注意。比如对于同一“神隐”事件，先后出现过“妹妹”“母亲”“我”三位叙述者。在“妹妹”看来：

K小的时候，在森林里神隐了，回来后也病了很长时间，家里到处都是祖母煎的“青草”的气味……②

在“母亲”看来：

如果是在森林里被赋予力量的孩子，就应该告诉K这个森林里的峡谷和“在”是怎样作为村庄诞生的，经历了各种各样的事情，怎样延续到现在的……③

在“我”看来：

遭遇神隐这件事，对我来说是非常重要的经历，因为它使我可以无视玩伴和参与救援的消防队的年轻人的戏弄。④

复调叙事使共同体并非由个人的独白被构建出来，而是呈现多个声部的合奏曲。多维对话使读者不感觉到被排除在共同体之外，而是参与其中，有了选择解读方式的权利。

三、共同体的精神意蕴

1. 对故乡的怀念

如绍兴之于鲁迅、高密之于莫言，大濑村“不仅是大江文学的出发之地，同时也是大江文学的回归之所”⑤。《M/T》中描绘的峡谷村庄共同体，处处可见大江故乡的影子，

① 钱中文．复调小说：主人公与作者：巴赫金的叙述理论．外国文学评论．1987（1）：30–40.
② 大江健三郎．M/Tと森のフシギの物語．笔者试译．東京：岩波書店，1986：371.
③ 大江健三郎．M/Tと森のフシギの物語．笔者试译．東京：岩波書店，1986：377.
④ 大江健三郎．M/Tと森のフシギの物語．笔者试译．東京：岩波書店，1986：383.
⑤ 许金龙．大江健三郎简略年谱（一）．外国文学动态，2002（5）：46–48.

但又不是将原本的大濑村照搬进了作品，而是升华成了大江的“乌托邦”理想。对故土的怀念，大江有其独到的阐释：

不仅是对过去，对未知的事物也会说“怀念”。而我“怀念”的对象是“村庄”。那也不是我实际生长的“村庄”，而必须是完全具备了“村庄”纯粹的要素的“村庄”。①

作为业已回不去的故乡，在现实中，大濑村因人为改造而变得现代化。而《M/T》中的村庄，也因为人工开发而变样：“被林中道路破坏的森林”②“一条道路连接了与邻镇共同开发的高尔夫球场”③。

这种怀乡情结，不仅与故乡的改变有关，也与出走的经历有深刻联系。现实中，大江离开故乡前往东京学习，此后访问了多个国家，不断体会着城市与乡村、日本与他国的异文化的碰撞。而《M/T》中的“我”旅居美国时，“感到即使现在人在太平洋的彼岸，一部分的我处在森林里的峡谷村庄的时间的流逝之中”④。他们都曾离开了故乡，又在一次次精神碰撞中回归故乡这一精神寄托。

不同的是，《M/T》里“我”最终明白了峡谷村庄的神话历史之于自己的意义，完成了自己的人生拼图。而现实中的大江，仍在基于现实中的故乡，孜孜不倦地追寻着感受怀念之情的乌托邦。

2. 直面人类的生存危机

大江之所以构建了不同群体共存的共同体，也是试图从文学创作中寻找解决现实危机的可能。即面对现代社会的诸问题，人类应如何超越差异走向共生。

只要人类社会继续存在，质疑人类应该如何生存这个文学的根本命题，就会继续存在于所有语言表现的基础之上。大江健三郎这个作家以及他的文学，也会继续比照这样的根本原理，继续走在我们的前面。⑤

文学作品在不同程度上呈现出虚构色彩，而作家本人必然是根植于现实的。正如陀思妥耶夫斯基的复调小说孕育自其所处的资本主义社会的复杂矛盾及对人的异化，大江

---

① 尾崎真理子. 大江健三郎全小説全解説. 笔者试译. 東京：講談社，2020：226.
② 大江健三郎. M/Tと森のフシギの物語. 笔者试译. 東京：岩波書店，1986：371.
③ 大江健三郎. M/Tと森のフシギの物語. 笔者试译. 東京：岩波書店，1986：371.
④ 大江健三郎. M/Tと森のフシギの物語. 笔者试译. 東京：岩波書店，1986：48.
⑤ 黑古一夫 . 大江健三郎传说 . 翁家慧，译 . 北京：中国广播电视出版社，2008：229.

的危机意识也成长于从小所面对的现实。

大江少年时就有被学校和孩子们排挤的经历，且对天皇制存疑。年轻的日本之会等一系列政治体验又使他对政治充满了不信任。冲绳、广岛、长崎人们的生存处境引发了他对中心—边缘的思考，他个人又经历了接纳残疾儿的思想斗争过程。面对世界各国的核开发与朋友的自杀，他反思起了核时代人们的生存方式。

这些经历使大江养成了勤于思考的习惯，孕育了他敏感而细腻的心。因而他每每将目光投向自己的内心世界，成为他直面人类生存危机的出发点。

3. 创造新的传统

大江曾就身为小说家之必备要素表达过自己的看法：

> 为了生存下去，作为小说家需要具备两个条件。其一，要看他是否能够创造出自己独特的文体；其二，还要看他是否具有编造故事的才能。①

大江不仅致力于创造自己的文体，而且不拘泥于某一种固定的文体，而是在不同作品中进行尝试。就《同时代的游戏》和《M/T》而言，就呈现出了风格迥异的文体：

> 《同时代的游戏》被批判为过度的翻译腔，反过来说就是易改写成西洋语境的文体；而《M/T与森林里的奇异故事》的文体风格，……是一种极难翻译的文体。②

讲好故事需要想象力，大江的文学想象力及理论获得了众多学者的一致好评，“正是在想象理论的指引下，大江健三郎的文学才获得了与日本文学传统不可同日而语的普遍性”③。《M/T》中洋溢着大江看似天马行空又极具个人风格的想象：“破坏者”令人称奇的体操、创建者们消失在空中的方法、有关“森林里的奇异”的猜想等，所展现的奇思妙想令人惊叹。

> 大江文学的“传统”……是指大江回忆过去，面对现实，而努力继承和创新的传统……是“努力创造出自己的传统”。④

---

① 大江健三郎．大江健三郎口述自传．尾崎真理子，整理．许金龙，译．北京：新世界出版社，2007：28.
② 大江健三郎．M/Tと森のフシギの物語．笔者试译．東京：岩波書店，1986：426.
③ 王琢．想象力论：大江健三郎的小说方法．上海：上海文艺出版社，2004：170.
④ 叶渭渠．大江健三郎文学的传统与现代．日本学刊，2007（1）：92-99+159.

《M/T》中的共同体，既呈现巴赫金式的狂欢化的世界，又始终流淌着独有的文化之歌，构筑起了一个独立空间。这正是大江一直所坚持的，化用各种西方的理论思想，书写本土之歌，而坚持独立走自己的文学之路则使他能将二者有机结合起来。

结语

综上所述，大江在《M/T》中，通过前后情节的重复、虚与实的交织、复调叙事的多种叙事策略，构建起了一个空间上以峡谷村庄及森林为载体，具象上 M/T、边缘人、儿童、民众的多群体共生，观念上表现为狂欢的世界、独有文化的传承、拒绝权力支配的独立空间的共同体，从而表白了自己对故乡的怀念、直面人类生存危机的勇气以及创造新的传统的决心。

大江少年时写过一首诗，“雨滴之中，映着景色，水滴之中，别有世界”[①]，而他一直都在书写着水滴里的别样世界。作为一个有担当的作家，大江始终站在全人类的立场上，拷问着自己的灵魂，用文学书写大江式的思考。

① 黑古一夫．大江健三郎传说．翁家慧，译．北京：中国广播电视出版社，2008：9.

语言与教学实践研究

新外语视域下日语论文写作课程改革研究①

——以北京第二外国语学院日语的学科改革为中心

北京第二外国语学院　张晓明②

［摘要］在新外语和课程思政建设的进程中，日语专业走在了外语学科改革前列。日语论文写作课程作为日语学科改革的综合科目，首先在明确日语学科改革中跨学科内部仍然以日语为主体的前提下，进一步确定了论文写作内部仍然坚持以语言、文学、文化、翻译作为跨学科的主体，特别是在课程思政建设方面通过语言语料搜集训练、文学典故叙事训练、文化事典考证训练与中日互译训练展开了对日译版《习近平谈治国理政》的论文写作实践。可以说日语论文写作课程的改革实践为今后进一步完善日语学科改革奠定了基础，也为课程思政建设提供了有效的实践参照。

［关键词］新外语，论文写作课程，日语专业，跨学科

新文科背景下高校的外语学科在开展跨学科研究的同时，也在对专业方向、培养模式、课程体系以及理论建构等问题进行不断调整和发展。特别是北京第二外国语学院的日语专业，在新文科的宏观背景下守正创新，由传统的日语语言、文学、文化、翻译等向人文交流、漫画文创、同声传译转变。而这一转变所带来的影响之一就是课程体系的设置。日语论文写作课程作为最能体现专业方向转变影响的课型势必要进行相应的改革。

目前学界关于日语论文写作课程的研究主要集中在教学过程中的具体问题与解决对策两个方面。在教学过程的具体问题方面，杨秀娥（2012）考察了选题因素对论文写作

---

① 本文系北京第二外国语学院日语学院院级项目结项成果。

② 张晓明：文学博士，北京第二外国语学院日语学院副教授，研究方向为日本思想史、中日儒学交流史。

的影响范围。[①] 邵艳红（2013）从题目小标题、摘要关键词、语言语体三个层面分析了日语论文中容易出现的问题。[②] 李洁（2014）围绕应用型本科的研究对象，指出日语毕业论文指导选题与表述问题。[③] 石玉芳（2016）探讨了日语论文写作现状与日语专业课堂教学之间的关联性。[④] 洪洁（2017）从学生需求多元化与教学资源不配套的矛盾、教师高要求与学生低写作水平的矛盾，指出日语专业毕业论文写作的两大矛盾。[⑤] 在解决对策方面，潘寿君（2003）指出学校主管部门应对毕业论文的撰写做出具体规定并严格执行，努力达到“总结所学知识，锻炼综合能力，促进人才成长”的论文写作目的。[⑥] 洪洁（2017）认为教师要充实自己的同时兼顾学生兴趣，教师注重培养学生的问题意识及写作训练，同时学校也要提供相应的文献资源，建议引入中国教师指导为主、外教为辅的新型论文指导方式。这些研究给论文写作课程的改革带来极大启示，但是这些研究的关注重点以及研究主体主要是学校、教师和学生，但却缺乏对当下学科改革带给课程范畴、内涵的分析。基于此，本课题立足北京第二外国语学院日语学院，通过新外语的视域探讨在专业方向发生转变后，日语论文写作课程需要变革的范畴、内涵及路径。

一、日语学科改革与论文写作课程的范畴

近年来随着外国语言文学的高精尖呼声越来越高，“新时代、新文科、新外语”成为外国语言文学学科的重要课题。国内不少高校都围绕着这一课题探索跨学科研究思路，积极参与学科的改革。日语作为外国语言文学科学的重要改革内容也在不断尝试新的思路。特别是近期教育部日语专业虚拟教研室、日本社会文化虚拟教研室等网络数字化信息数据虚拟平台的建立大大促进了国内高校教育资源的共享和联动。而从受众群体的学生方面而言，各种数据资源不断涌现，尤其像哔哩哔哩、抖音等网络平台在年轻一代当中受到追捧。在这样的信息化、数字化背景下日语学科改革势在必行。而作为整个高校学习的最后“作业”——毕业论文似乎成为不少高校教师和同学的一大难题。

传统意义上的日语语言文学主要范畴分语言、文学、文化以及翻译四个方向，但是在网络数据丰富、传播速度便捷的背景下，语言、文学、文化以及翻译之间的边界也在逐渐变得模糊。根据《高等院校日语专业高年级阶段教学大纲》明确指出，毕业论文写作的目标是“通过毕业论文撰写，培养学生的书面语言运用能力，掌握论文的写作方

① 杨秀娥．日语专业毕业论文选题过程研究．日语学习与研究，2012（5）：78-85.
② 邵艳红．日语专业本科毕业论文指导与写作课程优化．外语学界，2013（3）：159-164.
③ 李洁．应用型本科日语毕业论文选题指导的问题与思考．日语教学与日本研究，2014（1）：176-183.
④ 石玉芳．日语专业本科毕业论文写作对日语教学的启示．日语教学与日本研究，2016（1）：119-127.
⑤ 洪洁．日语专业本科生毕业论文写作现状及对策研究．江苏外语教学研究，2017（1）：39-43.
⑥ 潘寿君．关于高校日语专业本科生毕业论文设计的探讨．日语学习与研究，2003（4）：54-56.

法，提高思考、分析和解决问题的能力”。[①] 按照《教学大纲》的要求我们可以清楚地捕捉到毕业论文写作的核心点，即基础语言写作能力与分析思考问题的能力。当然，在长达近乎四年的日语语言能力的培养中，口语和翻译能力是人才培养的重要目标，但是，与之相反日语写作能力却缺乏相应的长期培养机制。究其原因主要是：第一日语的写作能力不是一朝一夕就能提升的，而作为人才培养却常常忽视这一点，妄图通过几门课提升写作能力；第二对日语写作能力主观上不重视，较之于写作，口语表达的流畅度和翻译的效果往往更容易成为对人才培养的考核目标；第三即便重视写作也往往主要针对商务写作进行辅导，[②] 缺乏对广泛意义写作主体的指导；第四缺乏逻辑思维训练，毕业论文中出现大量逻辑错误以及肤浅的思考问题能力。为此，不少学者呼吁要从提高认识、合理安排时间、基本功等方面重视日语写作能力的培养。[③] 但是，仅仅做到上述几点就能解决问题吗？答案显而易见，特别是当日语学科进一步与信息化、数字化遭遇时，显然传统的日语论文写作理念很难从实际出发解决新时代、新文科、新外语的思潮所产生的问题。对此，王禹的观点极具参考意义，她指出：“在基础日语的学习过程中，孤立地记忆日语词汇与语法的含义无法达到自如运用日语进行文本阅读与写作的目的。在词汇、语法与阅读的教学过程中，要不断培养学生用日语思维的能力。引导学生通过阅读汲取写作营养，提高日语写作能力。在基础日语教学中统合培养阅读与写作能力是提高学生日语实际运用能力的有效途径。”[④] 实际上，王禹的观点是学科内部的跨课程复合的日语写作提升模式。那么，当日语写作进一步上升到毕业论文的写作时，我们是不是可以进一步扩大论文写作课程的范畴，延伸到学科之外，至少是能够在日语语言、文学、文化以及翻译的基础上进一步进行跨学科论文写作呢。

实际上，从近年来高校日语本科论文的最终成果来看已经显示出了跨学科的写作倾向。也就是说，日语论文写作课程的范畴已经随着信息化、数字化时代背景的冲击不断外溢，并且在不觉之中生成日语跨学科的论文写作趋势。但是，通常现在已出版的论文指导教材如小野寺健、王健宜、邱鸣、韩立红、谢立群、王雅楠编写《日语专业毕业论文写作指导》在课程范畴方面就是按照“语言篇”“文学篇”“文化篇”来设计的。其中“文学篇”和“文化篇”分别选取北京第二外国语学院日语学院 2006—2010 年毕业生论文和南开大学日语系的 2002—2005 年毕业论文进行分析。[⑤] 尽管教材编者将其严格

---

① 教育部高等学校外语专业教学指导委员会日语组. 高等院校日语专业高年级阶段教学大纲. 大连：大连理工大学出版社，2000：6.

② 佟玲. 商务日语写作课程教学模式探索. 日语学习与研究，2014（2）：65–72.

③ 石素文. 谈大学日语教学中学生写作能力的培养. 日语学习与研究，2001（2）：45–47.

④ 王禹. 论日语阅读与写作能力的统合培养. 外语学界，2013（2）：130.

⑤ 小野寺健，王健宜，邱鸣，等. 日语专业毕业论文写作指导. 北京：外语教学与研究出版社，2012：94–95、127–129.

地分成了文学和文化两类，但实际上在这些论文中已经有不少论文显现出跨学科复合的特征。另外，本文根据北京第二外国语学院日语学院 2019—2022 年的毕业论文选题数据通过图 1 进行表示。

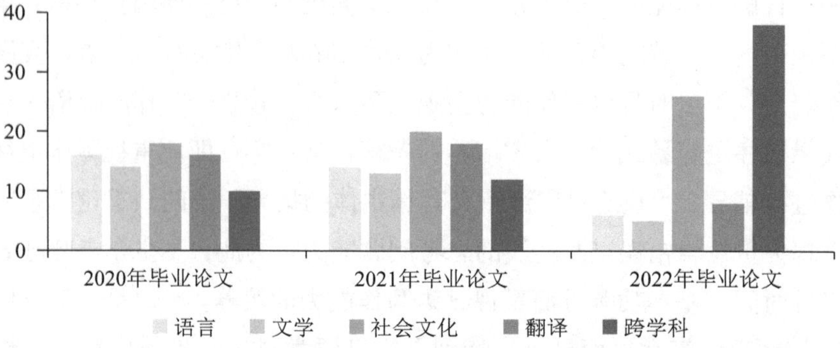

图 1　近三年二外日语毕业论文选题数据图

根据图 1 可知，2020—2021 年日语毕业论文选题相对比较平均，虽然出现了跨学科研究，但是整体而言仍然是以传统语言、文学、文化和翻译为主。不过到了 2022 年的日语毕业论文选题设计就会发现，以往语言、文化甚至翻译的传统优势大幅度削减，而文化和跨学科大幅上升。

当然，其中有一个相当重要的原因是在学校“外语 +”跨学科复合型人才培养目标的要求下，日语学院从 2019 年开始增设“漫画文创专业”，而 2022 年恰逢 2019 届学生的毕业论文设计，所以我们也很容易理解文化会在 2022 年的论文选题中爆发出来。但是，在 2020—2021 年选题中，跨学科研究本就与语言、文学、文化不分伯仲。而加之 2019 年底开始的疫情，大多数高校采取居家学习，学生通过网络媒体来获取知识，这无疑更进一步催化了日语学科的跨学科研究。于是在疫情的外在条件与二外日语自身学科调整的双重影响下，最终 2022 的日语毕业论文选题，文化和跨学科研究呈井喷式发展。

二、跨学科视域中日语论文写作课程的内涵——主体性问题

在日语论文写作在跨学科以及文化方面得到极大发展的趋势下，是不是传统的语言、文学就应该做出相应的调整？答案显示是否定的，因为首先根据《高等院校日语专业高年级阶段教学大纲》的要求，毕业论文的基础仍然是基础语言写作能力，而后才是分析思考问题的能力。这就意味着传统的语言、文学仍然是重中之重，没有这个基础就不可能更好地开展文化，特别是跨学科研究。换句话说，这恰恰说明正是在二外日语学院之前长期的语言文学训练基础上才出现了现在的变革局面。在这样一个前提下，我们

重新思考日语论文写作课程的选题结构问题就会变得清晰起来——跨学科并不是日语学科改革的必然结果，而是作为一种视域展开对日语论文写作课程的审视进而生成的一种动态效果。

如何理解这种动态效果呢？就是说尽管日语论文写作选题设计在2022年倾向于文化、跨学科研究，但是随着之后疫情缓和，高校恢复正常线下授课，这种选题的态势依然会发生变动，因此我们应将这种态势看作一种动态的发展。如果因为一年的变动，课程内涵做出巨大调整后再发生变动，就会陷入朝令夕改的僵局。于是，我们把跨学科当成一种视域来审视日语论文写作课程的内涵的时候就会聚焦最核心的问题——主体性。

关于文学与教育交叉融通的内涵以及学科定位，王卓提出了一个极为准确的观点，她认为：文学教育研究是一个学理逻辑业已形成的研究领域和教育实践领域，其研究范围主要是文学与教育（学校教育、社会教育、情感教育、道德教育、美育）之间的互动联系，全方位描述与分析文学中的教育元素、文学教育史、文学教育机制、文学教育功能、文学教育方法等领域。基于对文学与文学教育“身份危机”的思考以及新文科建设的发展契机，借用文学研究的文化和社会转向以及教育研究的叙事转向趋势，基于新文科学科交叉融合的理念，提出建立一个新的学科方向———“文学教育研究”的设想，用以表明该学科是文学与教育学的一个交叉学科，既研究文学的教育路径、教育功能、文学教育史、文学教育机制等外在于文学本体的相关问题，也研究文学中的教育元素、文学阅读与人物成长的关系、文学生产与教育变革的关系等内在于文学本体的相关问题，包括教育成长小说、儿童文学以及这些文类与教育转型的关系等，同时也观照文学发展与教育机制的同构关系等问题。文学教育研究的学科意义源自现实社会中文学与教育之间的同构、共生、互依的密切关系。总体而言，文学教育研究具有整合多个学科资源的容量和能力，实现“超学科性”发展的特性。① 如果把王卓对文学与教育交叉融通的观点放在跨学科视域中的日语论文写作课程的内涵上来的话，就是要明确在日语论文写作课程的指导中何为主体的问题。

众所周知，北京第二外国语学院是周恩来总理亲自提议、在原新华社外文干部学校基础上于1964年10月成立的，而日语学院作为我国最早设立日语学科点的学院之一，至今已有近60年历史。目前日语学院在全面实施“外语+”的人才培养模式中，在语言、文学、文化、翻译四个互为支撑的知识结构体系框架内，设有中日人文交流、中日同声传译、中日漫画文创等多个专业方向。在这样的一个历史关系基础上，我们很容易发现日语在整个二外日语学院学科改革中的主体性。换句话说，无论是传统的语言、文学、文化、翻译，还是现在的中日人文交流、中日同声传译、中日漫画文创，从1964

① 王卓．新文科时代文学与教育学跨学科融通的学科意义、路径及发展构想．山东外语教学，2022（1）：69.

年周恩来总理的提议以来磐石一样的主体就是日语。当然这既符合《高等院校日语专业高年级阶段教学大纲》的要求，也符合北京第二外国语学院“外语 +”的人才培养模式。

既然已经明确日语在日语学科改革中的主体性问题，那么我们回到日语论文写作课程的内涵本身，日语的基础语言写作能力仍然需要巩固和提升。但是，它不能仅仅依靠一门两门基础写作和论文写作课就能够完成。所以这将会是今后北京第二外国语学院日语学院学科改革中课程改革的一个重要问题，即如何进一步长期有效地提升学生的语言写作能力。

与此同时，随着《高等学校课程思政建设指导纲要》等文件的印发，中国高校的课程思政建设正在进入深化和系统化的关键期。对此，王卓也认为：“课程思政与专业建设、课程建设的有机融合将对外语课程建设的内涵、外语教师发展等外语专业的核心问题带来深刻影响。”[①] 可见，思政建设作为一个变量的不变量给今后的日语学科改革也带来了巨大的冲击。这就意味着以日语作为主体的日语学科改革的场域中加入了思政建设的量，由此形成了“日语 + 学科改革 + 课程思政建设”的跨学科视域。而对于日语论文写作课程的内涵而言，它也在不断地丰富和深化，将《高等院校日语专业高年级阶段教学大纲》中要求的分析思考问题的能力压缩在了学科改革和课程思政建设方面。于是，在“日语 + 学科改革 + 课程思政建设”的跨学科意义下，2020 年在二外日语学院经过上海外国语大学、四川外国语大学等一系列的调研之后，决定将日语论文写作课程作为思政建设的重要课程之一。

如前所述，日语论文写作课程不同于基础写作课程，它有明确的课程目标和课程要求，简单来说就是培养学生的毕业论文写作能力。但是，学科改革和课程思政建设的需要使得在毕业论文写作能力之外要增强学生对于问题意识本身的思考以及对党和国家，特别是日译版《习近平谈治国理政》等著作的理解和思考。为了尽可能达到上述新目标、新要求，笔者作为该课程的授课教师从“日语 + 学科改革 + 课程思政建设”的跨学科视域，结合当下新外语的背景意义，在实际的课程教学路径中进行了一系列的尝试性授课。但是，正如本文一直强调的，在二外日语悠久、优秀的历史传统与学校“外语 +”人才培养模式下，日语论文写作课程是以遵循日语作为课程主体，同时兼顾学科改革和课程思政建设的思路。

① 王卓．课程思政对外语专业课程建设的导向性与媒介性．山东外语教学，2021（1）：59.

三、日语论文写作课程的改革路径——日译版《习近平谈治国理政》的导入尝试

根据日语学院 2021 年在其他外语类高校的调研情况，针对思政课程的建设需要，在一开始的课程进度安排上我们有意识地导入了日文版《习近平谈治国理政》在课程上的尝试，于是最终制订的进度安排如表 1 所示。

表 1　2021 二外日语学院论文写作课程进度安排

周次	教学内容纲要
1	第一课：毕业论文的整体概况
2	第二课：论文中问题的提起
3	第三课：论文的表达形式（1）
4	第四课：论文的表达形式（2）
5	第五课：论文的表达形式（3）
6	第六课：结论与参考文献
7	第七课：论文范例讲解
8	期中报告
9	第八课：语言篇与跨学科研究
10	第八课：语言篇与日译版《习近平谈治国理政》论文写作实践
11	第九课：文学篇与跨学科研究
12	第九课：文学篇与日译版《习近平谈治国理政》论文写作实践
13	第十课：文化篇与跨学科研究
14	第十课：文化篇与日译版《习近平谈治国理政》论文写作实践
15	第十一课：翻译篇与跨学科研究
16	第十一课：翻译篇与日译版《习近平谈治国理政》论文写作实践
17	总复习：二外论文格式要求

从该日语论文写作课程安排可知，培养日语专业学生的毕业论文写作能力仍然是首位的，也就是说要突出日语的主体性。但是，在这里还面临另外一个重要问题，那就是当在具体的日语学科内部应该怎样处理传统语言、文学、文化、翻译与跨学科的关系，也就是在日语学科内部的主体性应该怎么处理的问题。在这里我们仍然坚持以传统的日语语言、文学、文化、翻译作为跨学科研究的主体，其关系如图 2 所示。

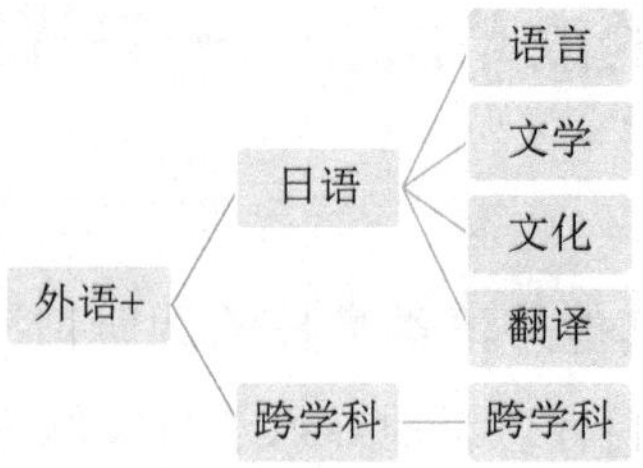

图 2　日语专业跨学科内的关系示意图

如此一来就可以比较顺利地解决《高等院校日语专业高年级阶段教学大纲》要求兼顾基础语言写作能力与分析思考问题的能力。但是，随着《高等学校课程思政建设指导纲要》等文件的印发，我们又利用 8 个课时的时间有意识地基于日译版《习近平谈治国理政》的文本，展开具体的日语语言、文学、文化、翻译的论文写作实践。但是，受到时限因素，目前的论文写作实践尚不能展开大篇幅的正式论文写作，而只能以简略版报告的性质进行训练。当然，我们在具体的授课过程中会有重点地部署在语言、文学、文化和翻译下的具体问题意识。在 2021 年的日语论文写作课程中，我们凸显了日译版《习近平谈治国理政》的语言语料搜集训练、文学典故叙事训练、文化事典考证训练与中日互译训练，其关系如图 3 所示。

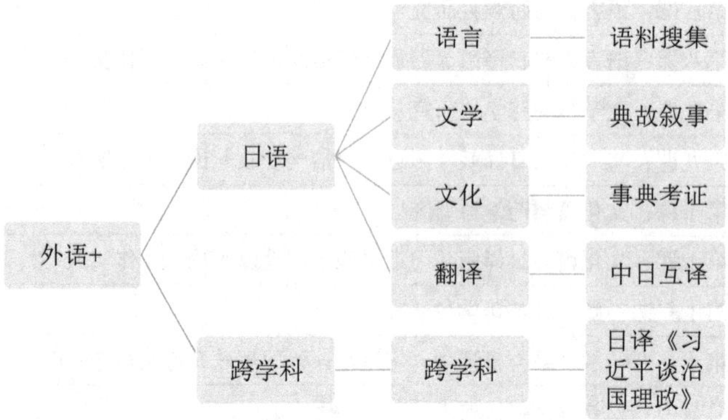

图 3　日语专业跨学科与思政课程建设关系示意图

在导入日译版《习近平谈治国理政》的过程中，不少同学显示出极强的分析思考问题能力。在这里我们以题目为“『習近平国政運営を語る』（第一巻）から見る政治文書の文学性”的文学典故叙事训练为例做简单分析，如图 4 所示。

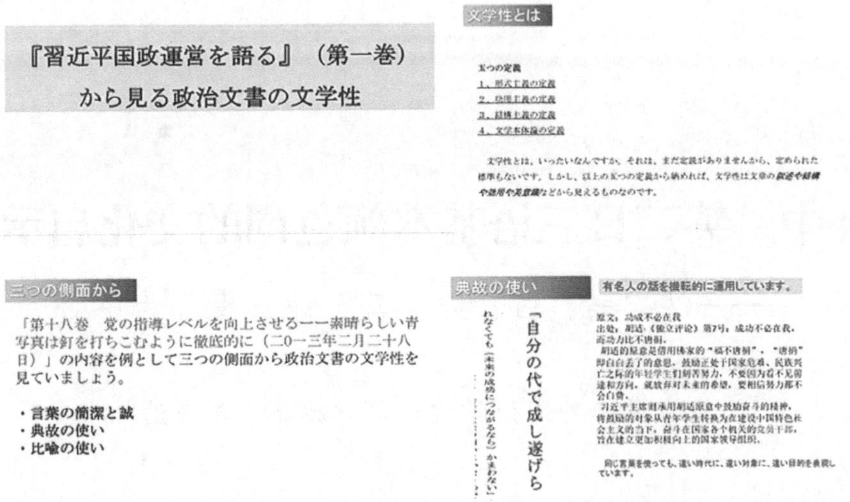

图 4　『習近平国政運営を語る』（第一巻）から見る政治文書の文学性的文学典故叙事训练

在“『習近平国政運営を語る』（第一巻）から見る政治文書の文学性”中，该报告以政治文件的文学性为主题，先是探讨了何为“文学性”的问题，紧接着总结日译版《习近平谈治国理政》（第一卷）的文学性特质，最后通过一系列例文论证了使用典故增强政治文件的叙事效果。透过该论文实践报告我们可以清楚地看到学生在分析问题时显现出来的学术规范意识和学理性。

结论

在新外语的学科改革背景下，信息化、数字化突飞猛进，加之近三年来的疫情造成的居家线上学习以及课程思政建设的需要，日语专业走在了外语学科改革前列。但对于跨学科过程中的主体性以及具体课程改革过程中的矛盾问题仍然亟须解决。日语论文写作课程作为日语学科改革的综合科目，首先在明确日语学科改革中跨学科内部仍然以日语为主体的前提下，进一步确定了论文写作内部仍然坚持以语言、文学、文化、翻译作为跨学科的主体，特别是在课程思政建设方面通过语言语料搜集训练、文学典故叙事训练、文化事典考证训练与中日互译训练展开了对日译版《习近平谈治国理政》的论文写作实践。可以说日语论文写作课程的改革实践为今后进一步完善日语学科改革奠定了基础，也为课程思政建设提供了有效的实践参照。

中、英、日三语基本颜色词的文化启示

——以“黑、白、红、蓝、绿、青”为中心

北京第二外国语学院　徐方冰[①]　李成浩[②]

[摘要] 颜色的差异是人类对于自然世界最直观的感知，颜色词作为一种文化符号，背后蕴含了诸多文化含义。不同的文化背景下的颜色意义更是丰富多彩。了解不同文化、不同语言中的颜色内涵，有助于理解文化异同，促进跨文化交流与合作。基于此，本文通过对比汉语、英语、日语中的一些基本颜色词及其相关表达中的文化含义，以期对学习者起到启示和参考借鉴的作用。

[关键词] 颜色词，文化异同，语言对比

引言

语言是世界文化构筑的基础建设，是文化交流的外在表现。不同的国家因为历史渊源、宗教信仰、价值取向等原因，语言中所蕴含的文化寓意也各不相同。其中，表示颜色的词汇作为语言词汇体系的重要组成部分，人类赋予它们以种种不同的情感，因此它们在表示颜色差异的同时，也能十分直观地诠释人们的好恶、爱憎等情感，映射一个民族的文化发展轨迹。本文将以汉语、英语以及日语的基础颜色词汇为代表，使用分析比较的方法，对造词规律和语言使用上的异同加以考察，更加直观地了解中、英、日三国语言在对颜色的感性认识，探究其文化内涵，从而促进跨文化交流。

---

① 徐方冰：1997年10月21日出生，女，汉族，北京第二外国语学院日语学院研究生在读，日语语言文学专业，日语语言学（日本语教育）方向。

② 李成浩：1978年11月13日出生，男，朝鲜族，博士研究生学历，北京第二外国语学院日语学院副教授，研究领域为日语语言学、中日韩文化研究。

一、基本颜色词的分类

关于汉语颜色词的分类，学说众多，本文中笔者采纳了詹人凤先生（1929—2009）对汉语基本颜色词数目的界定。他用三条标准来界定现代汉语基本颜色词：其一为专门性，即专门表示颜色而不能由别的实物词兼表；其二为概括性，即能够把相关颜色概括在内而本身不被别的颜色词所概括，并且不能是过渡色；其三为非派生性，即不能由其他词构成。[①] 据此，笔者赞同詹人凤先生的现代汉语基本颜色词：黑、白、红、黄、蓝、绿。

关于英语中的基本颜色词，笔者参考了美国民俗学家布伦特·柏林（Brent Berlin）和语言学家保罗·凯（Paul Kay）在《基本颜色词语：普遍性与进化论研究》一书中所概括出的 11 种颜色词语，分别为：黑（black）、白（white）、红（red）、绿（green）、黄（yellow）、蓝（blue）、棕（brown）、紫（purple）、橙（orange）、粉（pink）、灰（gray）。

在日语基本颜色词的分类中，有“五色说”“七色说”“四色说”“十一色说”等。其中以佐竹昭广（1927—2008）的“赤、白、青、黑”四色学说影响甚广。佐竹氏通过研究『日本書紀』『古事記』『万葉集』等古典文献，发现这些书籍中所出现的基本颜色词只有赤、白、青、黑四种，起源于人们对于光线明、暗、显、漠的不同视觉感知。[②] 由于佐竹氏的“四色说”得到了日本众多学者从不同角度的证实，在本文中笔者也将红、白、黑、青四色作为日语的基本颜色词。

《大辞泉》中对「青い」的第一条释义为：（可写作「碧い」）呈现蓝色，也指广泛的绿色系统的颜色，如「青い空」「青いリンゴ」。[③] 所以在本文中用“青”类比汉语与英语中的“蓝”和“绿”，从而对比三种语言中共有的基本颜色词，即“黑、白、红、蓝、绿、青（日语）”，浅析这些颜色词背后蕴含的文化异同。

二、基本颜色词的文化内涵

1. 黑色

“黑”作为一个会意字，在《说文解字》中将其解释为“火所熏之色也”。自古以来，汉文化将黑色视为高贵、成熟、稳重的象征。早在夏秦时代，黑色就被奉为尊贵的颜色。在当时，大臣们的官服礼服均为黑色。另外，现代社会中，人们出席正式场

---

① 詹人凤．现代汉语语义学．北京：商务印书馆，1997：6.

② 佐竹昭広．古代日本語における色名の性格．国語国文，1955（24）：6.

③ 松村明．大辞泉．東京：小学館，2002：8-11.

合一般着黑色礼服与西装，也体现了黑色在汉文化中被赋予的高贵和典雅。同时，黑色还代表了公平正义和庄重严肃，就像为人熟知的京剧中的黑脸代表：为人正直的张飞以及刚正不阿的包拯。当然，黑色不仅只有正面的含义，因为黑是光亮熄灭后的颜色，所以它也代表了神秘、恐怖、悲哀以及死亡。人们参加葬礼穿黑色衣服，除了对死者表示尊重之外，也是因为黑色与死亡联系在一起时渲染了一种悲哀与低沉的氛围。中文中不仅有“近朱者赤，近墨者黑”的成语，还有“天下乌鸦一般黑”的谚语，也有从“黑”派生的许多词汇，如“黑心肠”“黑眼皮”等，这些大多与邪恶、昏庸等相连，表示负面含义。

在表示黑色的消极意义时，英语比汉语有过之无不及。英语中用“black sheep”表示危害社会或者集体的人；用“black spot”表示交通事故多发路段。西方文化中，黑色还具有犯罪、邪恶的意味，例如：blackmail（敲诈）。同时，黑色还是死亡、不幸与灾难的象征，正如源于西方宗教信仰的“Black Friday”（黑色星期五）被认为是耶稣受迫害的日子。所以，黑色也是西方文化的禁忌色。

而在日语中，除去本身的颜色意义之外，黑色也只用来表示肮脏、邪恶、犯罪等负面含义。如，“腹の黒い男”指阴险的男子，“頭の黒いネズミ”用来比喻给主人家带来损失的佣人。1960 年，松本清张（1909—1992）创作非虚构作品『日本の黒い霧』，对战后日美当局之间的内幕加以披露。自此，“黒い霧”便用来指政界或者财界等具有影响力的人滥用职权、贪污腐败、争权夺利等不正当行为。同时，日语中也有等同于“近墨者黑”的相关表述“墨に染まれば黒くなる”。

2. 白色

白色在宗教中表示神的圣洁。但在中国的传统文化中，白色则多为贬义和负面的象征，被认为是“死亡的颜色”。[①] 京剧中有白脸的曹操，口是心非、阴险狡诈；女子嫁入夫家带来厄运会被称为“白虎星”；丧葬在中国也叫作“白事”。近代的革命战场上，白色又意味着反动、堕落与失败。反动派建立的政权是“白色政权”；战场上的白色代表着投降。后来，随着文化交流的加深，西方理念传入中国，白色也逐渐拥有了“纯洁、优雅”等的美好品质。

与汉语中“死亡的颜色”不同，白色在英语中是赞美的色彩，代表了单纯、高贵、优雅、完美。西方婚礼上婚纱和鲜花的颜色均为象征纯洁的白色。同时，还有诸如“white hands”（清白无辜）、“white lies”（善意的谎言）等一系列褒义表达形式。此外，在英语中，白色还意味着合法与正义，如“white book”（白皮书）。

---

① 曾晓梅．中英颜色词的文化和翻译对比．学习周报·教与学，2019（52）．

日语中白色虽然不全是正面含义，但其在日本文化中的地位是不容小觑的。“根据日本的用词习惯，白色表现的不仅是期待感，还包括自信心和努力的决心。从某种意义上说，白色在日本是努力的象征色。”[①] 这是由于白不仅仅是颜色，也含有从白色的状态衍生出的“零状态”或“原点”的意思，“从无到有”“从零开始”不断拼搏，这正是日本人努力改变现状的出发点，也是希望产生的原点所在。

首先，与西式婚礼一样，传统日式婚礼中也是以白色为主基调。新娘的婚纱称为“白無垢（しろむく）”，“白”作为圣洁的颜色代表新娘的纯洁。不仅如此，传统婚礼上新娘的妆容与发饰也一律为白色，象征着清明、高雅、纯洁。其次，和中国京剧中的白脸人物不同，歌舞伎中的白脸人物则是正面形象，代表的是和平与正义。再次，白色作为日本国旗的底色，是和文化中神圣、庄严、肃穆的代表色。中文中有“一白遮百丑的”俗语，日语中也有类似的表达“色の白いは七難隠す”。最后，“頭の中が真っ白になる”与“白紙に返す”中“白”的释义在中文中也有对应。“頭の中が真っ白になる”是指遭受冲击，大脑一片空白的状态。“白紙に返す（白紙に戻す）”是恢复原状。《汉语大辞典》对此解释为：空的，没有加上其他东西的。

当然，日语中也有类似于“白い目で見る（冷眼相待）”“座が白ける（冷场）”等的负面表达，但更多是与黑色相对的正向意义。“黒白を明らかにする”“黒白を争う”，都是明辨善恶正邪、是非曲直的意思。在日本传统的能文化『羽衣』篇中，有这样一段情节：在月宫中有白衣天人和黑衣天人各十五，双方轮流进入月宫侍奉。月满月缺决定于月宫中白衣与黑衣的比例。满月之时，是只有白衣天人侍奉的日子。由此可见，之所以日语中“白色”的负面用法较少，其主要原因来自日本传统文化中对于白色的偏爱。

3. 红色

在汉语中提到红色，我们会想到什么？一定是积极向上的热情活力、喜庆祥和的欢乐春节以及平稳安康的阖家幸福。红色在汉文化中是生机活力的象征，有驱邪避恶的功效，是平稳成功的代表。京剧中红脸的张飞热情正直；在春节挂红灯笼、贴春联是为了驱逐鬼怪；我们还会把在职场上受到上级信赖的员工称为“红人”。另外，在近代中国，红色还是革命、英勇与牺牲的代名词，象征着无产阶级与共产主义的政治觉悟。在这个意义上，红是白的对立色。

与中国人对红色的推崇不同，红色在英语中虽然也有“red-letter day”（大喜日子）之类的欢乐喜庆的含义，但它更多地表示危险的迹象。“red alert”是紧急警报，“red flag”是危险信号。同时，红色也被认为是色情的象征，如“a red light district”是红灯区。

---

① 铁军 . 中日色彩的文化解读 . 北京：中国传媒大学出版社，2012：177.

而日语中的红色也多被赋予了消极贬低之意。“赤信号”除了表示红灯信号之外，也是危险信号、恐慌之兆。“赤新聞”是主要报道低级趣味的下流报纸。日本文化中“赤”的红色含义更接近于西方的文化意义。中文中有“家花不如野花香”的俗语，在日语中是用“赤”来表示的。“隣の花は赤い”形容别人家的花红，别人的东西样样好。同时，与中文中红色含义相似的表达还有“赤きは酒のどが”，本义说脸红是酒的缘故，而不是喝酒人的责任，后引申为推卸责任或者嫁祸他人的意思；“赤くなる”除了变红的直接意义之外，还有害羞的意思，同时也是左翼的俗语；“赤子の手をひねるよう”像拧小孩子的手一样，形容轻而易举，不费吹灰之力。在这里，“赤”指的是与红色有关的东西。

然而在日语中还有一部分表达，虽然使用了颜色词，但却是与颜色本身不相关的语义。诸如“赤の他人”是指陌生人，即毫无关系的人。出自《后汉书・光武帝纪》的成语“推心置腹”在日语中表示为“赤心を推して人の腹中に置く”。还有，“赤貧洗うが如し”是一贫如洗的意思；“真っ赤な嘘”指弥天大谎。此外，“赤烏帽子”是涂成红色的乌帽子，因为乌帽子一般是涂成黑色的，故该词用来指与众不同的东西或指喜欢与众不同的东西。进而“亭主の好きな赤烏帽子”指主人喜欢的稀奇物件，全家都得投其所好。

4. 蓝色

汉语中的蓝色通常与大海、天空等意象联系在一起，抒发了周围环境的清新宁静，以及内心的舒适、沉稳、豁达。同时，汉语中有“蓝图”一词，用其表示对美好未来的憧憬与向往。

蓝色在西方文化中有更多的含义。它是高贵深沉的象征，“blue blood”是贵族的血统，“blue ribbon”指最高的荣誉，“blue stocking”被认为是具有高度文学修养及知识趣味的女性，“once in a blue moon”引申为千载难逢。同时，蓝色还是悲伤忧郁的象征，西方人形容它“蓝得像冰一样凉”①。“blue Monday”是指与欢乐的周末形成鲜明对比的让人郁闷疲惫的星期一。此外，蓝色也具有淫秽下流的消极含义，如“a blue joke（下流的笑话）”“a blue movie（色情电影）”等。

5. 绿色

提到绿色自然而然会想到生态，想到环保，绿色是城市建设的主色调。绿色还是春天新芽的颜色，是夏日树叶的颜色，是大自然的代表色，是青春活力的象征。绿色还是

① 宋薇．浅析颜色词在汉语和西方文化中的象征意义．知识文库，2020（6）：195–197.

信号灯的颜色，代表了畅通无阻、一帆风顺。

英语中绿色的象征义与汉语几乎别无二致，是新鲜而充满活力、健康向上的颜色。“green old age”用来形容精力充沛的晚年。在美国，绿色是钞票的颜色，因此绿色又成了财富的象征。英语中所说的“green power”其实是金钱的力量。与汉语不同的是，绿色在英语中被赋予了“嫉妒”这一负面含义。如“green eyed（嫉妒）”，在汉语中是用“眼红”来表示的。

6. 青

日语是世界上少有的将“青”和“绿”区别开来的语言。而在日本，最初是没有绿色的，一律归结于“青”的范畴中。绿色起源于平安时代，最初指的是水灵灵、新鲜，后逐渐演变成新芽的颜色。[①] 日本是个多山的国家，绿作为自然的代表，自然受到日本民众的推崇与敬仰。在日语中有很多像“風青し”这样意境美好的单词。“風青し”给日本人的感觉，仿佛是吹过新绿的初夏之风给人的一种清爽的感觉，而我们却无法用一个中文词来对其进行恰到好处的直译。幕府末期的僧人月性，在《清狂遺稿》中曾写道：“人間至る処青山有り（在世间哪里都有能掩埋尸骨的翠绿青山）”，源自到处都能成为自己的坟地，不要拘泥于故乡的坟地之意，形容成大器者，有着不顾生死的觉悟，胸怀大志活跃于世。江户前期的俳人山口素堂的名句中也有与“青”相关的描写，“目には青葉山時鳥初松魚”，眼前绿叶、山中杜鹃、初夏松鱼，列出初夏的时令事物以表现季节感，良辰美景夏初时。

《大辞泉》中将日语的“青”解释为呈蓝色，也泛指绿色。在日语中，“青”也是青春活力的代表，暗含没有经验的、未成熟的意味。如“青二才”指黄口孺子，“青臭い”是幼稚的，在这个意义上与英语有共通之处。

另外，日语中也会用“青”来表达感受。如同上文所说，“赤くなる”可以用来表示害羞脸红，而“青くなる”则用来表示因为惊吓、恐怖、紧张等而脸色发青。中文中的白面书生，日语中则用“青”来形容，“青白きインテリ”是嘲笑知识分子闭门不出而缺乏实际行动能力的说法。“青筋を立てる”，冒青筋，形容极度愤怒或兴奋。“青菜に塩”像被撒盐的青菜一样，用来形容沮丧、垂头丧气的样子。

三、基本颜色词的文化异同

通过以上的分析，中、英、日三种语言中的基本颜色词的异同点清晰明了，稍加整

① 方舒．中日颜色词对比分析．北方文学（中旬刊），2017（5）：133.

理可以总结归纳为表 1。

表 1　基本颜色词的对比

色彩	中文	英语	日语
黑	1. 高贵、成熟、稳重、公平、正义、庄重严肃 2. 神秘、恐怖、悲哀、死亡	犯罪、邪恶、死亡、不幸、灾难	肮脏、犯罪、邪恶
白	1. 死亡、阴险、厄运、反动、堕落、失败 2. 纯洁、优雅	单纯、高贵、优雅、完美、合法、正义	和平正义、神圣、庄严、肃穆、（情绪、氛围）冷淡的
红	1. 热情活力、喜庆祥和 2. 革命、英勇、牺牲 3.（情绪）害羞 4.（情绪）嫉妒	1. 欢乐喜庆 2. 危险	1. 危险、恐慌 2.（情绪）害羞
蓝	清新宁静、舒适、沉稳、豁达	1. 高贵深沉 2. 悲伤忧郁 3. 淫秽下流	
绿	青春活力、畅通无阻、一帆风顺	1. 新鲜、青春活力、健康向上（引申为没有经验） 2. 财富的象征 3.（情绪）嫉妒	
青			新鲜、青春活力（引申为没有经验的） （情绪）惊吓、恐怖 紧张 （情绪）沮丧、垂头丧气

如表 1 所示，在中文、英语、日语的相关表达中颜色词的含义是形色各异且丰富多彩的。

关于中、英、日基本颜色词的相同点，可简要总结如下。无论是在中文中还是英语中，黑色都是死亡的代表色。而在英语和日语中，黑色还代表了犯罪与邪恶。白色是纯洁优雅的象征，在三种语言中都可窥见一二。红色是热情欢乐、喜庆祥和的代表，这一积极的含义在中文和英语中可以达成共识。绿色作为大自然的代表色，在三种语言（日语中用“青”来代表）中都象征着青春活力与积极向上，象征着人们对自然的敬畏。

关于中、英、日基本颜色词的不同点，主要体现在以下方面。首先，关于死亡的意向，中文中的“白”也有异曲同工之处，这也是中文不同于其他两种语言的独特之处。其次，中文中用黑色来代表高贵、稳重、庄重严肃，而在日语中神圣、庄严、肃穆等的场景都是用白色来表示的，英语中更是用蓝色代表高贵与深沉。红色作为中国的代表色，大都象征着热情美好的生活，但由于英语和日语中没有这一文化背景，因此在这两种语言中红色更倾向于作为危险信号色的代表。与中文的表达有极大差异的绿色，在英语中可以形容嫉妒的情绪，而中文则是用红色来表达这一感觉。

本文通过对比分析中、英、日三种语言表达中的基本颜色词的文化异同点，映射各个国家、各个民族、各种语言中的文化异同。在当今经济全球化与世界各国共同发展的背景下，国家间文化交流日趋频繁，不同民族文化不断相互交融和碰撞。注重和了解不同文化间的差异，既是正确把握各种文化背景的必然要求，也是开展对外交往的前提。

结语

颜色词是五彩斑斓的，如同这个世界上存在的丰富多彩的文化。不论从属于哪一种文化，颜色词的文化意义都不是孤立的。随着文化交流的深入，词汇背后的文化含义也在相互吸收渗透、借鉴接纳，正如我们都认同黑色代表黑暗，而白色象征光明，蓝色会涤荡灵魂，绿色给人平静。

相似点很多，不代表可以忽视差异。颜色词的文化异同可以影射不同文化的思维方式和价值观念，它是文化的一角，是不容忽视的时代印记。分析了解颜色背后的文化异同，有助于理解与尊重不同国家、不同民族、不同文化的差异，减少误用与摩擦，促进跨文化交流与合作。

《绘本西游记》俗字研究

北京第二外国语学院　王袁静[①]

[**摘要**]《绘本西游记》是江户时期《西游记》传入日本后的第一个全译本。目前国内外针对《绘本西游记》的研究主要集中于翻译、插画、《西游记》的传播接受等方面。本文整理了《绘本西游记》中出现的俗字，以其俗字少见于中国文献的字形为主要基准分类，分别从笔画及构成要素的增减、笔画及构成要素的置换、构成要素的位移、行书及草书的楷化四类分析其俗字的接受及变异，发现其俗字呈现出强烈的流动性和独特性两方面特质。

[**关键词**]《绘本西游记》，俗字，变异，特质

前言

从甲骨文、金文、小篆、隶书到楷书，汉字经历了多次演变。在此过程中，俗字可谓贯穿了汉字历史的整个阶段，起到了至关重要的作用。俗字就是历代不规范的异体字[②]。《绘本西游记》是江户时期第一个全译本，在《西游记》日本传播史上具有重要的意义。目前国内外并未有学者对其用字进行细致的研究，因此，本文利用“国学大师”“台湾教育部异体字字典”等数据库、《敦煌俗字典》《明清小说俗字典》及中国历代传统字书、日本的《异体字研究资料集成》等作为辅助资料，对《绘本西游记》中俗字进行考察，试图了解江户时期中国俗字的接受及变异情况，同时掌握其俗字的特质，为江户时期日本俗字研究增添例证，也为类似文本的识别及校正提供参考。

① 王袁静，1997 年 10 月 28 日，女，汉族，研究生在读，北京第二外国语学院日语语言文学专业。

② 黄征. 敦煌俗字典. 上海：上海教育出版社，2005：5.

一、《绘本西游记》俗字用例分析

《敦煌俗字典》及《敦煌俗字研究》中俗字的分类基本覆盖了本文文本的俗字类型，故在前人的分类基础上进一步整合为四类。因一字对应的俗字字形多样，本文主要以其少见于中国文献的字形为基准进行分类。以下分别进行举例考察。

1. 笔画及构成要素的简省

笔画及构成要素的简省如表1所示。例1“寡”下“刀”的一撇出头变为“力”，这种写法见于《增广字学举隅》：“寡寡非 從宀從頒俗寫下從力尤非音瓜上聲罕少也少也又五十無夫曰寡又凡無夫無婦竝謂之寡”[①]。“寡”字敦煌文献中常见，“S.388《正名要録》：寡宴（上）相承用、（下）正。”[②]然而，“寡”与“宴”上部“亘”的写法却不见于中国文献。例3“虎”字两俗书“虎”“庘”多见于明清小说，例如“《集成本京本通俗小説·碾玉觀音》：皂雕追紫燕，猛虎啖羊羔”[③]“《集成明刊本隋唐兩朝史傳》：龍爭庘闘已多年，忽値雲迷蔽黑天。”[④]而似“虎”般将左撇从“虍”中分离，转而与下面的“几”并列形成“川”的写法较罕见。

表1 笔画及构成要素的简省

序号	1	2	3	4		5		6	7	8
汉字	寡	宴	虎	禽	擒	魔	摩	孽	樵	算
见于中国文献字形	寡	宴	虎 庘	禽 离	擒 摛	魔	摩	孽	樵	算
未见于中国文献字形	寡	宴	虎			魔 广	广	薛子 薛	推	弄

例4、例5构成要素的简省就更为大胆。例4“禽”与“擒”将“厶”改为“人”

① 铁珊．增广字学举隅．台湾：天一出版社，1975：240.
② 黄征．敦煌俗字典．上海：上海教育出版社，2005：480.
③ 曾良，陈敏．明清小说俗字典．扬州：江苏广陵书社，2017：243.
④ 曾良，陈敏．明清小说俗字典．扬州：江苏广陵书社，2017：242.

的写法见于明清小说《集成明刊本西洋记》："一會兒滿空中有無萬的奇禽異鳥。"[①]"禽"上面的"人"被摘除变为"离"的写法虽少见于传统字书，但却在碑文中屡见不鲜，如《唐史信墓志铭》及《唐申州罗山县令王素臣墓志铭》中都有将"擒"写为"樆"[②]"樆"[③]的记载。例5"魔"右下"厶"变为"丶"之例见《集成明刻本唐三藏出身全传》："魔王騒他洞，一旦喪幽微。"[④]"⿸广鬼"中"林"进而再被省，成为"⿸广鬼"，最后"鬼"也消失不见，仅剩下骨架"广"。此类写法在江户时期字书《同文通考》及《省文纂考》中有所记载。"广マ麻磨摩魔等字皆省作广 厂カン厂雁方音相近借作雁字"[⑤]"厂歴雁二字广摩摩魔三字"[⑥]，室町时代的《日藏李峤咏物诗注》[⑦]和《新编江湖风月集略注》[⑧]中也有"鸿雁"记作"鴻厂"，"平沙落雁图"记作"平沙落厂口"之类的把血肉掏空仅留骨架的省略用例。由此可见，这种写法至少在室町的古写本中就已见端倪。

例6、例7、例8的省略则更为有趣。例6"孽"先分裂为"薛子"二字，后"子"完全脱落剥离，只留"薛"字。例7"樵"本是由"木""焦"构成的左右结构汉字，由于"灬"下移，"樵"变成了上下结构的位移字，这种写法见于《广韵》："⿱椎灬柴也說文木也昨日焦切十五。"[⑨]随后，"灬"消失，仅留下"椎"。例8"筭"在敦煌文献中可见，"《雙恩記》：筭應也會求財路，那箇門中利最多？"[⑩]渐渐地"⺮"被省，仅剩下"弄"字。这种现象在《元历校本万叶集》中也能寻得踪迹，其中"携"被省略为"乃"，旁边留有校正者将位移字"⿱乃方"标注在右上角的痕迹。[⑪]"孽""樵""算""携"要么是直接具有上下结构，要么是间接拥有上下结构的俗字，这一共通点为其后剥离式的省略在一定程度上提供了前提条件。这种由一个复杂结构的汉字分离为两个汉字的"分字"现象在日本较为常见。[⑫]《敦煌俗字典》中列举了8种俗字类型，其中"合文"（即将两个汉字合成为一字的现象）名列其中，却并未见与其相反的"分字"现象。[⑬]

① 曾良，陈敏．明清小说俗字典．扬州：江苏广陵书社，2017：499.
② 潘思源．施蛰存北窗唐志选萃．上海：上海古籍出版社，2014：65.
③ 潘思源．施蛰存北窗唐志选萃．上海：上海古籍出版社，2014：150.
④ 曾良，陈敏．明清小说俗字典．扬州：江苏广陵书社，2017：425.
⑤ 杉本つとむ．異体字研究資料集成（一期一巻「同文通考」）．東京：雄山閣出版株式会社，1995：281.
⑥ 杉本つとむ．異体字研究資料集成（一期五巻「省文纂考」）．東京：雄山閣出版株式会社，1995：174.
⑦ 王晓平．日本古写本中的省字与讹字研究．国际中国文学研究丛刊，2018（0）：55.
⑧ 董璐．岩崎文库藏《新编江湖风月集略注》俗字考释．国际中国文学研究丛刊，2018（0）：168.
⑨ 陈彭年．广韵．北京：商务印书馆，1935：183.
⑩ 黄征．敦煌俗字典．上海：上海教育出版社，2005：388.
⑪ 马骏，黄美华．《元历校本万叶集》校勘符号释例及汉字正俗意识考察．东北亚外语研究，2019（1）：15.
⑫ 高橋忠彦，高橋久子．〈薩子〉と〈薩米〉——分字例に見る日中漢字字形変化の差異．東京学芸大学紀要，2011（62）：160.
⑬ 张涌泉．敦煌俗字研究．上海：上海教育出版社，2015：152.

笔画的增加如表2所示。例1的“弁”在日本江户字书《正楷录》中被视作“倭俗”，“弁下倭俗以此二字與辨音相近有假此二字為辨省文”[①]。然而，此例在敦煌文献中早有用例，“《八相變》：眼暗都緣不弁（辨）色，耳聾高語不聞聲”[②]。“弁”字无疑是中国俗字。[③]然“弁”右下加点的写法却难以在中国文献中寻得一二。反而在日本近世写本《好色一代女》中可见“奔”[④]字记载。例2“奔”字上部“人”左右各加一点的写法与《元照公塔铭》中“奔”[⑤]写法一致。例4将“サ”变“大”的“鼻”字字形见于明清小说《前明正德白牡丹传》：“鼻内哭出两条血涎，或伸或縮。”[⑥]然而，“奔”“葬”“鼻”“并”“餅”“併”“介”“界”“疥”几字末笔加点例实在新鲜。不难发现，这些汉字下部都具有“サ”或“リ”的构造。末笔加点有时带有一定的实际功能，比如，“土”加点为“圡”以区分形近的“士”字。有时末笔加点并无实际意义，只是出于书者的习惯或是追求字面的美感而增加装饰的目的。本文中出现的末笔加点的例子理当属于后者。

表2　笔画的增加

序号	1	2	3	4	5			6		
汉字	辨	奔	葬	鼻	并	餅	併	介	界	疥
见于中国文献字形	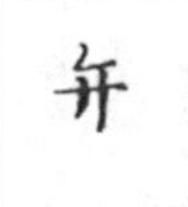									
未见于中国文献字形										

除上述加点的例子外，《绘本西游记》的俗字呈现出强烈的简化趋势。这与江户时期出版业的商业化有着一定联系。江户时期出版物渐渐成为商品进入流通行列，出版物的经济职能越来越明显。[⑦]这就要求书写的高效率，更加简单的俗字在书写上的优势就逐渐凸显出来。因此，汉字乃至俗字的简化自然成了一大趋势。

2. 笔画及构成要素的置换

《绘本西游记》中笔画及构成要素的置换现象较为常见，下面就符号的置换（见表

① 杉本つとむ．異体字研究資料集成（一期七卷「正楷録」）．東京：雄山閣出版株式会社，1995：268.
② 黄征．敦煌俗字典．上海：上海教育出版社，2005：388.
③ 何华珍．日本汉字和汉字词研究．北京：中国社会科学出版社，2004：192.
④ 佐藤喜代治．漢字百科大事典．東京：明治書院，1996：360.
⑤ 秦公．碑别字新编．北京：文物出版社，1985：83.
⑥ 曾良，陈敏．明清小说俗字典．扬州：江苏广陵书社，2017：32.
⑦ 中島直子．江戸時代の出版文化と都市．お茶の水地理，1980（21）：41.

3）、笔画及偏旁的置换（见表 4）、混用的置换（见表 5）进行举例说明。

表 3　符号的置换

序号	1					2		3	4
汉字	齊	齋	臍	儕	濟	擧/舉	拳	氣	國

表 4　笔画及偏旁的置换

序号	1	2	3	4	5	6	7
汉字	叉	牵	私	怪	塔	托	飒

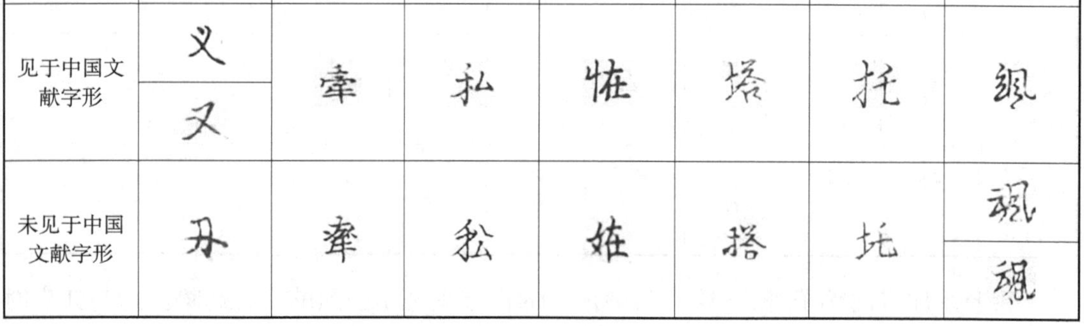

表 5　混用的置换

序号	1	2		3		4		
汉字	寢	陛	階	齊	齋	勒	勤	懃

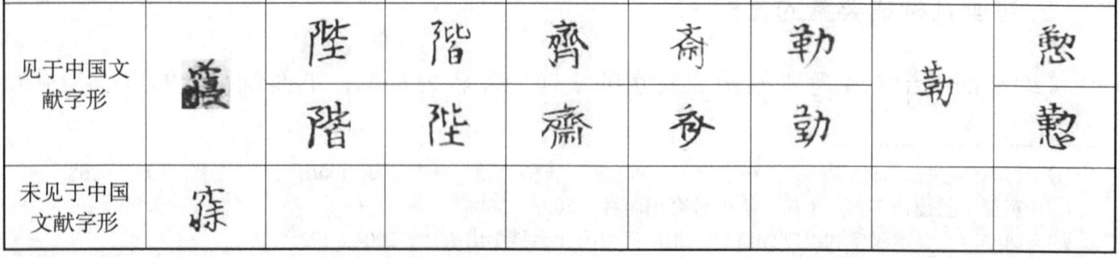

例 1 字上部结构复杂，因此出现了用“文”字符号代替其结构的写法。此外，

“脪”“脪”“淪”的字形可参照《讽诵集》中“淪”[①]的写法。然而像“大”这样将“大”字左右加点作为代替其上部结构的省略符号还未能在中国文献中得到确认。例2“擧”与“舉”为异体字，用“兴”来代替“與”见《宋元以来俗字谱》引《目连记》中“举”[②]例。但用“⺍”来代替“與”，从而形成“拳”“拳”的写法较罕见。受“拳”影响，形近的“拳”字也有了“拳”的写法。例3“氣”中“米”被“丫”替换的字形可在《宋元以来俗字谱》引《古今杂剧》“氕”[③]字得见。此字形江户时期常见，如《異体字弁》中记载“氕氣俗”[④]。《省文纂考》中认为“氕氣俗作—。气古氣字。後人加米。以别禀餼之餼非是。”[⑤]“米”作“乂”的“気”字在日本沿用至今，而这种写法尚未在中国发现先例，学界目前将其视作日制汉字。本文大胆猜想，“乂”的写法可能来自“丫”，“丫”的点和提相交，很容易就变成了“乂”的模样，因此“気”字可能和“氕”有着某种联系。例4“國”内“或”经常被“王”或“玉”替换，这种置换可见于敦煌文献及明清小说，“《雙恩記》：吾唯有汝偏憐惜，滿国黃金未爲值。”[⑥]“《説呼全傳》：那花公主奉了国王的命。”[⑦]“口”被两点置换的“⺌”字多被江户学者视作“倭俗”。太宰春台认为“⺌”乃日式“国”字的省略写法。[⑧]然而，据考察，越南后黎朝碑文中发现了包括“国”[⑨]字在内的大量用两点替换“口”的用例。这让本文相信此类字形属于中国俗字的可能性较大，但具体为何在中国文献中找不到相应用例，日本与越南俗字间是否存在某种联系等问题有待进一步的考证。

例1“叉”与“乂”的写法见明清小说，“《明刻本唐三藏出身全传》：忽然木叉乂臂膊酸麻。”[⑩]“《清刊本鐵冠圖》：高賊用乂撥開。”[⑪]将“叉”写作“乂”可见于《倭楷正讹》的记载，“釵釵从叉手之叉。”[⑫]例2“牽”与“率”在字形、意义上均有类似之处，因此出现了用“率”字“率”替换掉“牽”字“牽”的用例。例3“私”右侧的“厶”本是音旁，在文本中出现了用与其意义相反的“公”替换“厶”的写法，早见于奈良《正仓院文书》及镰仓写本《群书治要》中“松”[⑬]“松”[⑭]。

---

① 李琳华．佛教难字字典．台湾：常春藤书坊，1987：180.
② 刘复．宋元以来俗字谱．北京：中央研究院历史语言研究所，1930：67.
③ 刘复．宋元以来俗字谱．北京：中央研究院历史语言研究所，1930：123.
④ 杉本つとむ．異体字研究資料集成（一期二卷「異体字弁」）．東京：雄山閣出版株式会社，1995：34.
⑤ 杉本つとむ．異体字研究資料集成（一期五卷「省文纂考」）．東京：雄山閣出版株式会社，1995：141.
⑥ 黄征．敦煌俗字典．上海：上海教育出版社，2005：143.
⑦ 曾良，陈敏．明清小说俗字典．扬州：江苏广陵书社，2017：220.
⑧ 太宰春台．倭楷正訛．大阪：種玉堂，1805：35.
⑨ 逯林威．越南後黎朝碑銘俗字專題研究（1428—1789）．杭州：浙江财经大学人文与传播学院，2019：54.
⑩ 曾良，陈敏．明清小说俗字典．扬州：江苏广陵书社，2017：64.
⑪ 曾良，陈敏．明清小说俗字典．扬州：江苏广陵书社，2017：64.
⑫ 太宰春台．倭楷正訛．大阪：種玉堂，1805：12.
⑬ 佐藤喜代治．漢字百科大事典．東京：明治書院，1996：271.
⑭ 沈芸．古写本《群书治要・后汉书》异文研究．上海：复旦大学中国古代文学研究中心，2010：46.

例4—7皆是类化俗字，即受文脉或字体本身影响而趋于同化的俗字。例4、例5为涉上类化俗字。例4的“恠”为“怪”的异体字，《齐李夫人崔宣华墓志》中早有“恠”[①]字记载。之后，文章中频出的“妖怪”一词中的“妖”字影响波及“恠”，因而有了如“婎”的字形。例5“搭”则受“托塔天王”的“托”字影响，偏旁作手旁。同样，“托”也受紧接而来的“塔”字土旁干预，类化为“圫”，“托”即是涉下类化俗字。关于土旁与手旁的置换，王晓平认为其应该源于土旁与手旁的形似。[②]但就《绘本西游记》来说，文脉的影响性应该是占据主导地位的原因。例7“[illegible]”右侧属“風”字草书。将“風”中“虫”变为“百”的写法参照《汉绥民校尉熊君碑》的“[illegible]”[③]。把立旁变为“云”的“[illegible]”“[illegible]”很可能是受“飒”字俗书之一的“[illegible]”[④]影响，因此，此例应属于涉内类化俗字。

表5均是因混用引起的置换，其中除了例1中“寢”与“寐”未能在中国文献中得到确认外，其他均有记载。“寢”与“寐”在字形、意义上有相通之处，加之两者都有“ねる”的训读，这大概使得“寢”与“寐”在多数日本人看来别无二致。例2“陛”与“階”的混用可参照津艺藏《妙法莲华经》[⑤]及思溪本《大方等大集经》[⑥]中将“陛”写为“階”的用例。两字皆有“阶梯”的含义，因此此例除字形相近外，意义相近也是其混用发生的一个重要原因。例3“齊”与“齋”的混用在中国由来已久。“齋”是由“齊”加义符“示”产生的分化字。先秦时“齊”与“齋”表“戒洁”义时是通用的。到了西汉，表“戒洁”义的“齊”被“齋”取代。当然后代因仿古等原因用“齊”表“戒洁”义的情况还是有的。[⑦]除此之外，形近也是两字混用的重要原因。例4“勒”“勤”“懃”的用例实际体现的是“堇”与“革”的混用。其中，“勒”与“勤”在音义上都有较大差别，这类混用应该属于纯粹的形近相混。“勤”“勒”混用的例子常见于中国碑文，如康熙帝书《北镇庙碑》中就有将“勒”写为“[illegible]”[⑧]的记载。

总之，以上置换现象的发生多少都与字形、发音（尤其是日本独有的训读音读）、意义方面的类似性相关。在校正中类化俗字容易出现识别错误，明治有朋堂文库版《绘本西游记》就有将“牵”校正为“率”，将“叉”校正为“又”，将“塔”校正为“搭”的地方。如若能掌握俗字类化、置换的规律，这类错误是可以避免的。

① 秦公．碑别字新编．北京：文物出版社，1985：89.
② 王晓平．中日文学经典的传播与翻译．北京：中华书局，2014：926.
③ 邢澍．金石文字辨异．扬州：江苏广陵古籍刻印社，1982：10.
④ 刘复．宋元以来俗字谱．北京：中央研究院历史语言研究所，1930：106.
⑤ 刘芬．津艺藏《妙法莲华经》五代写卷异文研究．南京：南京师范大学文学院，2015：41.
⑥ 苏梁峰．《大方等大集经》异文研究．长沙：湖南师范大学文学院，2018：56.
⑦ 邱明波，刘江丽，梁金荣．“齐”和“斋”用作“戒洁”义的断代界定．广西社会科学，2007（12）：149.
⑧ 徐自强．北京图书馆藏中国历代石刻拓本汇编（第66册）．郑州：中州古籍出版社，1989：118.

3. 构成要素的位移

构成要素不变，只是各要素位置发生了变化。通常包括上下位移，左右位移，内外位移，以下举例说明，如表6所示。

表6　构成要素的位移

序号	1	2	3		4	5	6		
汉字	浮	號	郎	廊	遊	粥	州	洲	酬
见于中国文献字形	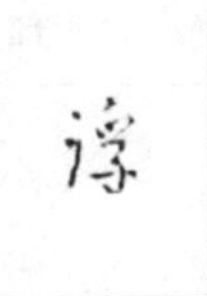	 						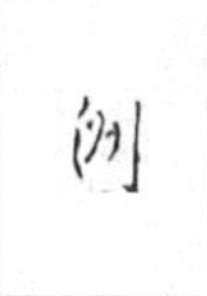	
未见于中国文献字形	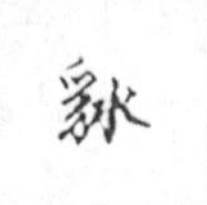			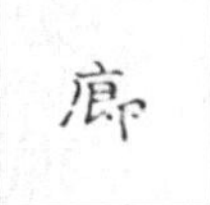			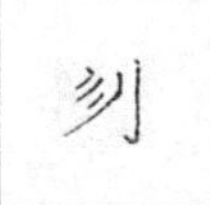		

例1、例2属于左右位移。例1将“氵”与“孚”调换的写法早在敦煌文献中可见。“S.2832《願文等範本·公》：金影密浮，玉劍長沉。”① 然而，在“氵”与“孚”调换的同时，把“氵”还原为“水”的“浮”字写法少有，“浮”是否具有普遍性有待新资料的发掘。例2“號”与“號”写法见“敦研365《大般涅槃經》卷第十六：同時舉聲啼哭號泣。”②“S.5594《開元釋教大藏經目錄》：謹具逐部帙卷數字號如後：……”③ 然“号”“虎”位置对调的用例仅在文本中出现了一次，暂且将其视为误字。例3“郎”字左右结构变成了上下结构。进而“廊”也出现了“郎”的位移特征。这可能是由于竖版书写中“良”末笔与右侧偏旁初笔相连造成的。例4、例5属于内外位移。“遊”字“方”与“扌”的混用由来已久，“Φ096《雙恩記》：汝比出遊行，今何故不樂？”④ 然而，将“扌”放在走之旁外的写法却实为罕见。同样，例5可能是为了强调字义，“粥”字中间的“米”被左移做了偏旁。例6“州”在《讽诵指南要句集》中有“州”⑤ 记录。两组“丶”“丿”并列起来形成“州”“洲”“酬”的独特用例虽无法对应以往的位移类型，但鉴于其构成要素全部具备，只是位置发生了变化，故将其视作位移俗字。

以上是位移俗字的用例，此类俗字除上述举例之外，其他皆来自中国。例如“群”作“羣”，“峰”作“峯”，“冠”作“冦”等。上述俗字直接体现了当时日本人对于汉字构造及构成要素配置的主观且独特的理解。

---

① 黄征．敦煌俗字典．上海：上海教育出版社，2005：117.

② 黄征．敦煌俗字典．上海：上海教育出版社，2005：150.

③ 同上。

④ 黄征．敦煌俗字典．上海：上海教育出版社，2005：510.

⑤ 李琳华．佛教难字字典．台湾：常春藤书坊，1987：86.

4. 行书及草书的楷化

中国书法对于日本影响巨大，在日本未确立自己的风格之前，主要是以消化吸收中国书法为主。[①]在此过程中产生了许多源自书法的俗字，将行书及草书楷定化的俗字就是楷化俗字，如表 7 所示。以下试举几例进行探讨。

表 7　行书及草书的楷化

序号	1		2		3			4				
汉字	夫	扶	官	館	鼠	鼬	獵	鹿	麈	麒	麟	麓
字形												

例 1“夫”与“扶”字的“人”写为“乂”的例子在日本文献中屡见不鲜。室町《云州往来》及《日藏古抄李峤咏物诗注》就有“[illegible]”[②]、“[illegible]”[③]的记载。方国平认为这乃是执笔者的书写习惯导致的。[④]具体而言，这应该是中国书法的影响。唐颜真卿的《忠义堂帖》及《争座位稿》中的“夫”写为“[illegible]”[⑤]、“[illegible]”[⑥]，由此可见，早在唐朝行草作品中就已显“人”作“乂”的痕迹。市河米庵辑录《楷行荟编》中，收有明代董其昌所写“[illegible]”[⑦]。因此，“[illegible]”“[illegible]”应该属于行草楷化。例 2“官”作“宦”的用例常见于日本文献。《正楷字览》强调“官”字下面应作“目”而不是“臣”。[⑧]镰仓古写本《群书治要・后汉书》中也有将“官”作“宦”的用例。对此，沈芸认为两字是形近引起的假借。[⑨]更确切地说，这是由两字行书酷似造成的楷化。唐柳公权《淳化阁帖》将“官”写为“[illegible]”[⑩]，南宋吴说《三希堂法帖》将“宦”写作“[illegible]”[⑪]。因此，“[illegible]”“[illegible]”“[illegible]”“[illegible]”应属于行书楷化。例 3“鼠”字目前在日本常用汉字中作“鼡”。这其实是中国草

① 鈴木晴彦．王羲之書法を中心とする江戸和様書家の唐様書受容について．書学書道史研究，2000（10）：37.
② 佐藤喜代治．漢字百科大事典．東京：明治書院，1996：308.
③ 方国平．汉语俗字在日本的传播：以《日藏古抄李峤咏物诗注》为例．汉字文化，2007（5）：58.
④ 同上。
⑤ 吴澄渊．新编中国书法大字典．北京：世界图书出版公司，2004：331.
⑥ 同上。
⑦ 杉本つとむ．異体字研究資料集成（二期一卷「楷行薈編」）．東京：雄山閣出版株式会社，1995：309.
⑧ 杉本つとむ．異体字研究資料集成（二期五卷「正楷字覧」）．東京：雄山閣出版株式会社，1995：224.
⑨ 沈芸．古写本《群书治要・后汉书》异文研究．上海：复旦大学中国古代文学研究中心，2010：137.
⑩ 吴澄渊．新编中国书法大字典．北京：世界图书出版公司，2004：386.
⑪ 吴澄渊．新编中国书法大字典．北京：世界图书出版公司，2004：394.

书派生的产物，却经常被误认为是日本创造。如《正楷录》中记载“[illegible][illegible]倭”①，东晋王羲之《天鼠帖》中作“[illegible]”②，唐李怀林《绝交书》中作“[illegible]”③。河米庵辑录《楷行荟编》中收有元代赵孟頫及明代莫云卿所写“[illegible]”④、“[illegible]”⑤。《绘本西游记》中出现的“[illegible]”“[illegible]”就是草书楷化后的俗字，中间“宀”逐渐省略为横，后完全消失，作“鼡”。例4“鹿”作“廉”的用例可见安土桃山《运步色叶集》，其中就有将“草鹿図”写作“草廉図”的记载。⑥“鹿[illegible][illegible]廉倭”⑦，江户《正楷录》中认为“鹿”作“廉”乃“倭俗”。然而，《楷行荟编》收有南北朝陶弘景将“塵”作“[illegible]”⑧的明确记载。王晓平指出这种写法源于笔画的粘连。⑨更确切地说，这可能是草书楷化的结果。

以上楷化俗字虽在传统字书中难以寻得，但其源于中国书法无疑。这与江户时代繁盛的出版文化及与之伴随的日本翻刻中国书帖的大量印刷⑩不无关系。可以说江户时期中国书法的强劲影响造就了这些楷化俗字。

二、《绘本西游记》俗字特质

《绘本西游记》俗字呈现出强烈的流动性及独特性特质。其流动性主要体现在三个方面。第一，文本内部俗字间的类推规律所表现出的流动性。即某个要素或部件呈现出的俗写特征往往会在其组成新汉字时得到保留。例如，上述“州”“鹿”“鼠”“介”等字与其他偏旁组成新的汉字时，其俗写特征依旧能够进行类推。第二，对中国俗字的继承性所呈现出的流动性。一方面，《绘本西游记》所表现出的“简化”“繁化”“类化”的倾向与中国俗字基本一致。另一方面，虽有一些俗字未能完全从中国文献中找到完美对应的字形，但它其实是将中国多个俗字解构后再拼接的产物。如表8“處”字，第7种字形未能从中国字书中找到例证，但它其实是将《明清小说俗字典》“処”与《宋元以来俗字谱》“処”的要素进行重组后的产物。第三，对日本后世汉字的影响所体现出的流动性。例如“齋”“齊”在明治时期由于形近也常被混用⑪，“寢”“寐”混同在夏目漱石、正冈子规、森鸥

---

① 杉本つとむ. 異体字研究資料集成（一期七卷「正楷録」）. 東京：雄山閣出版株式会社，1995：259.
② 吴澄渊. 新编中国书法大字典. 北京：世界图书出版公司，2004：1771.
③ 同上。
④ 杉本つとむ. 異体字研究資料集成（二期三卷「楷行薈編」）. 東京：雄山閣出版株式会社，1995：287.
⑤ 杉本つとむ. 異体字研究資料集成（二期三卷「楷行薈編」）. 東京：雄山閣出版株式会社，1995：303.
⑥ 范文杰. 日本古辞书《运步色叶集》及其研究价值. 辞书研究，2019（1）：92.
⑦ 杉本つとむ. 異体字研究資料集成（一期七卷「正楷録」）. 東京：雄山閣出版株式会社，1995：317.
⑧ 杉本つとむ. 異体字研究資料集成（二期一卷「楷行薈編」）. 東京：雄山閣出版株式会社，1995：：186.
⑨ 王晓平. 日本古写本中的省字与讹字研究. 国际中国文学研究丛刊，2018：49–50.
⑩ 岩坪充雄. 唐様法帖の書誌学的問題点. 文京学院大学外国語学部文京学院短期大学紀要，2006（5）：309.
⑪ 笹原宏之. 日本の漢字. 東京：岩波書店，2006：39.

外等文人的作品中也极其常见。①俗字的类化现象即使到了活字印刷时代依旧残留些许。②日本现今常用汉字中许多都能在《绘本西游记》中窥见踪迹，如栄、労、単、禅、弾、獣、険、国、発、駅、积、斉、済、斎、涙、経、満、亜、悪/悪、汚、仮、画、絵、覚等。

表 8 “處”

序号	1	2	3	4	5	6	7
《绘本西游记》							
中国文献	宋元以来俗字谱	敦煌俗字典	明清小说俗字典			宋元以来俗字谱	

其独特性与日本独有的音读训读、《西游记》题材内容、译者的直译策略有着直接的关联性。例如，上述“寝”“寐”都训作“ね”。“齋”“齊”的音读十分相近，分别为的“さい”和“せい”。这让以上俗字即使被置于文脉之中，依旧不会让日本读者有太大的违和感。前述“魔”字多省作“广”，但江户时期“广”字可对应“麻磨摩魔”③多字，译者之所以大胆将多数的“魔”省为“广”，实际上和《西游记》题材内容是分不开的。众所周知《西游记》乃神魔小说，其中包含魔字的词汇频出，即使“妖魔”“魔頭”“魔王”作“妖广”“广頭”“广王”等，读者也不会理解错误，这就是译者与读者因书籍题材内容而形成的一种心照不宣的默契。书中大量与人物相关的词汇皆被直译出来，由于译者对人物的不熟悉而导致许多汉字出现了俗写，如“玄奘”“文殊菩薩”“淨壇使者”“托塔天王”被写作了“玄装”“文珠菩薩”“淨檀使者”“托搭天王/托堪天王”。《绘本西游记》作为庶民的娱乐读物而非学术著作，其消费群体瞄准的不是精通汉语的汉学家，而恰恰是新兴的庶民大众，也可以说消费阶层的庶民性一定程度上赋予了《绘本西游记》俗字的独特性。

结语

本文通过对《绘本西游记》中俗字用例进行详尽的整理，从笔画及构成要素的增

① 原口幸乃．〈寐〉の行方：〈寝〉〈眠〉との関係．叙説，2013（40）：139–142.

② 国立国語研究所．雑誌「太陽」による確立期現代語の研究：「太陽コーパス」研究論文集．東京：博文館新社，2005：293.

③ 杉本つとむ．異体字研究資料集成（一期一卷「同文通考」）．東京：雄山閣出版株式会社，1995：276.

减、笔画及构成要素的置换、构成要素的位移、行书及草书的楷化四类进行了举例考察，明确了其俗字的接受及变异，归纳出《绘本西游记》中俗字呈现的流动性及独特性的特质。同时上文“分字”用例、“[illegible]”“[illegible]”等位移字还需要更多资料验证其存在的普遍性。将视野拓展到汉字文化圈内，以《西游记》为线索对汉字及俗字的地域性传播考察将作为今后的研究课题。

翻译研究

公示语翻译研究综述

——基于知网2000—2020年重要期刊的统计分析

北京第二外国语学院　徐　颖[①]　路　邈[②]

［摘要］公示语翻译研究最早可以追溯到20世纪80年代，进入21世纪后，以2008年北京奥运会为契机，公示语翻译研究取得了突破式进展，但随后研究内容出现了重复的现象，多集中在分析误译原因和提出翻译方法与技巧上。本文以知网2000—2020年10月期间的重要期刊为研究对象，从公示语定名的发展、公示语的定义与功能、国家标准和地方标准的制定、公示语翻译研究的理论指导与视角、公示语误译类型和解决策略出发回顾公示语翻译研究的发展历程，并据此尝试对公示语研究的发展趋势进行展望。

［关键词］公示语，翻译研究，综述，发展趋势

引言

公示语翻译研究最早可以追溯到20世纪80年代，而“公示语”一词最先出现是在北竹和单爱民[③]于2002年发表的《谈英语公示用语的语言特点与汉英翻译》一文中。随着北京申奥成功，公示语的研究开始引起学界重视。2002年，北京第二外国语学院成立了公示语翻译研究中心，并于“2004年和2005年暑期对英国、法国、德国、荷兰、比利时、奥地利、卢森堡、意大利、芬兰、瑞典、梵蒂冈11国的17地城市进行了专项实地考察，课题组全程拍摄英、德、法、意、荷等语种的公示语资料图片3000余幅，

① 徐颖：北京第二外国语学院日语学院硕士研究生，研究领域为翻译学（日语）。

② 路邈：北京第二外国语学院日语学院教授，研究领域为翻译理论与实践。

③ 北竹，单爱民．谈英语公示用语的语言特点与汉英翻译．北京第二外国语学院学报，2002（5）：76–79.

录像资料 10 小时”（吕和发，2005：43）①。2005 年，首届全国公示语翻译研讨会在北京第二外国语学院成功举行，迄今为止已举办了 5 届。

从 2000 年到 2020 年的 21 年间，公示语翻译研究从无到有，经历了迅速发展的时期。研究涉及多方面，包括名称的确定、理论指导下的公示语翻译研究、公示语的功能与误译类型、公示语的翻译现状等。本文基于中国知网 2000—2020 年公示语翻译研究的重要期刊，从公示语定名的发展、公示语的定义与功能、国家标准和地方标准的制定、公示语翻译研究的理论指导与视角、公示语误译类型和解决策略出发，回顾公示语翻译研究的发展历程，并据此对公示语研究的发展趋势进行展望。

一、公示语翻译研究类期刊统计结果

本文从知网选取 2000—2020 年公示语翻译研究相关核心期刊进行统计，包括《中国翻译》《中国科技翻译》《上海翻译》等在内。此外，《北京第二外国语学院学报》《广东外语外贸大学学报》《西安外国语大学学报》《东方翻译》虽不是核心期刊，但其中有关公示语翻译类的研究可参考性较高，所以也被列入考察对象。据此，笔者共收集到 129 篇期刊文献，这些期刊分别刊登在 32 类期刊上。具体结果参考图 1 和图 2。129 篇期刊中，公示语英译类研究占大多数，为 121 篇，其次是日译研究，有 4 篇，俄译研究有 3 篇，德译研究仅 1 篇。

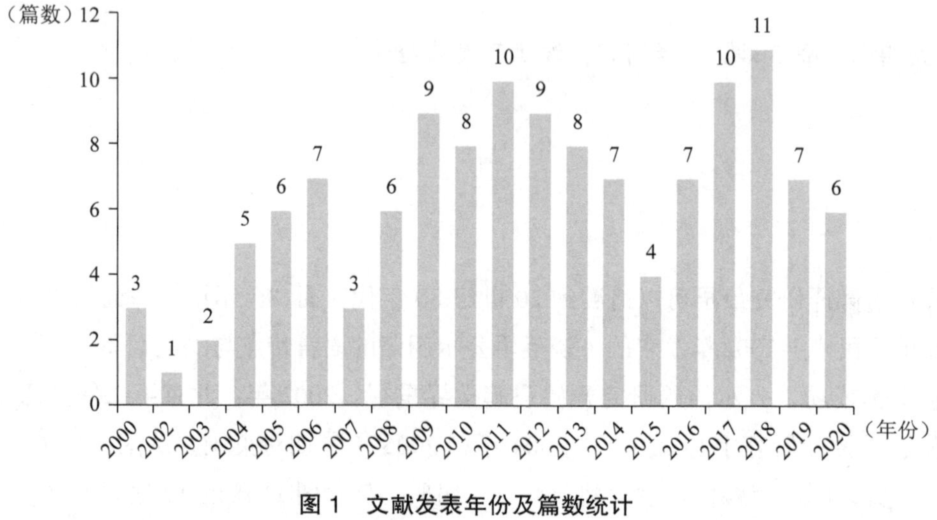

图 1　文献发表年份及篇数统计

① 吕和发 . 欧洲 11 国公示语应用状况考察实录 . 广告大观（标识版），2005（9）.

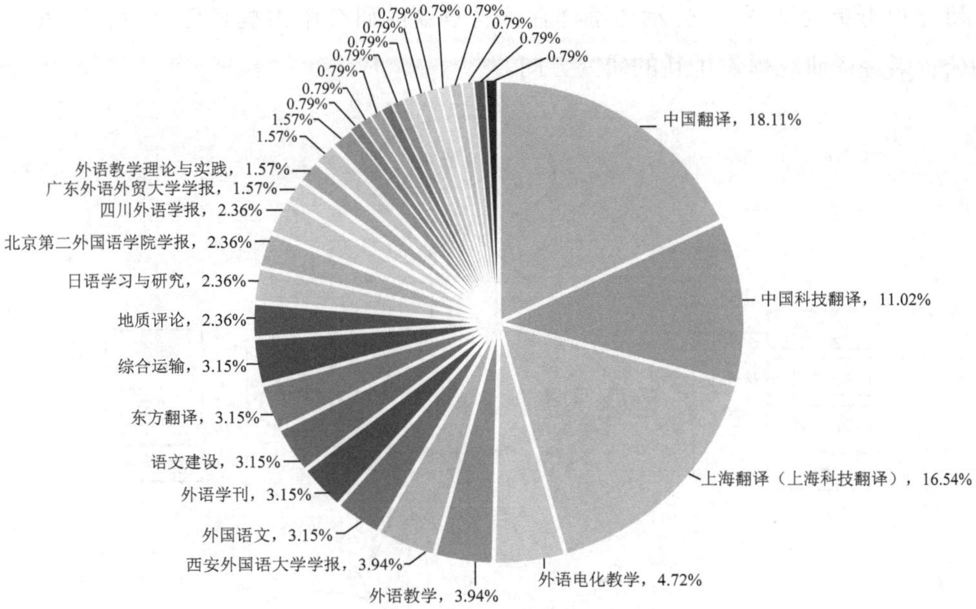

图 2　重要期刊的刊物分类

二、公示语定名的发展

公示语在研究中曾出现多种名称，术语不统一给文献检索带来了极大的不便，同时也让研究陷入窘境。对此，刘丽芬（2020）①对各个术语进行了比较分析，提出了“公示语”的定名理据。公示语曾用名包括“牌匾”“社会用语”“揭示语”“告示语”“警示语”“标语”“标牌”“标识语”“标示语”“告示用语”“提示语”“牌示语”“语言景观”“语言风貌”“公共告示标识”等。刘丽芬（2020）从通用性、理据性和系统性这三个角度出发，论证了用“公示语”做术语的合理性，并绘制了不同术语间的关系图（见图 3）。

此外，关于公示语和语言景观的区别，巫喜丽等（2017）②提出：“一是学科属性不同：公示语研究属于翻译学领域，语言景观研究则属于应用语言学和社会语言学领域。二是传统公示语研究以官方和半官方标牌为主要研究对象，而语言景观涵盖面更广，私人标牌因其多样性备受关注。三是研究视野不同：公示语研究的主要关注点之一是主体文本向目的语文本转换的语法性、得体性，语言景观研究则将公共标牌文本置于宏观的社会文化背景下审视，无论语言规范得体与否，都视为社会文化作用机制下的合理存

① 刘丽芬．“公示语”定名理据及概念重识．中国外语，2020（2）：59–66.

② 巫喜丽，战菊，刘晓波．语言景观研究的理论视角、问题取向及研究方法：国内语言景观研究十年综述．学术研究，2017（7）：170–174.

在，研究视野更为宽泛。”公示语翻译在语言景观的研究中占据重要地位，而语言景观则为公示语翻译研究提供了新的研究方向。

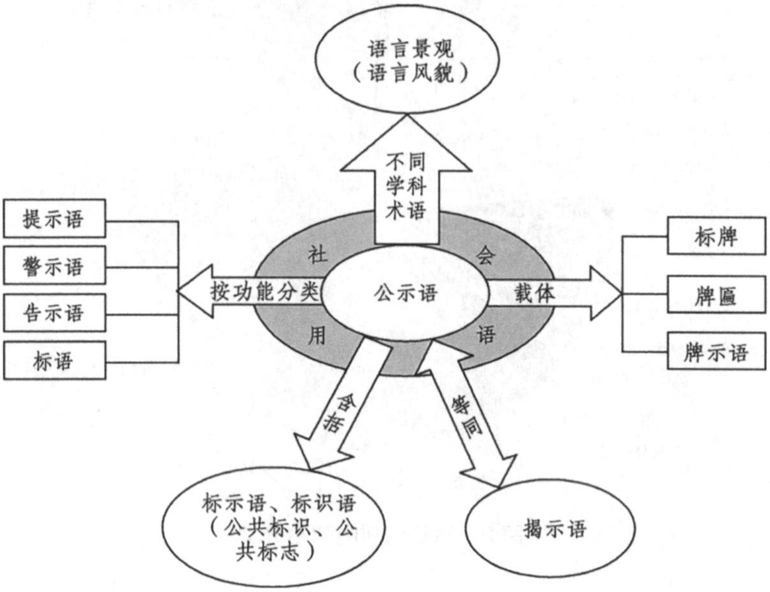

图 3 “公示语”与近似名称关系图（刘丽芬，2020：62）

三、公示语的定义与功能

戴宗显和吕和发（2005）[①] 将公示语定义为“公开和面对公众，告示、指示、提示、显示、警示、标示与其生活、生产、生命、生态、生业休戚相关的文字及图形信息”，此后这一定义一直被不同的学者引用。丁衡祁（2006）[②] 认为“公示语指的是在公共场所向公众公示须知内容的语言，它包括标识、指示牌、路牌、标语、公告、警示等”。贺学耘（2006）[③] 指出“公示语是一种给特定人群观看以达到某种特定交际目的的特殊文体”。刘美岩和胡毅（2009）[④] 认为“公示语是指在公共场所展示的文字，具有提供信息和完成指令的功能和作用。具体而言，路标、广告、商品说明书、旅游指南，社会宣传、告示等都是公示语”。赵伟飞（2010）[⑤] 提出“公示语是公开面向公众的标识语、提示语、指示语、警示语的统称，是一种常见于公共场所的实用性文体”。宫伟（2016）[⑥]

① 戴宗显，吕和发.公示语汉英翻译研究：以2012年奥运会主办城市伦敦为例.中国翻译，2005(6)：38-42.
② 丁衡祁.努力完善城市公示语 逐步确定参照性译文.中国翻译，2006，27（6）：16-19.
③ 贺学耘.汉英公示语翻译的现状及其交际翻译策略.外语与外语教学，2006（3）：57-59.
④ 刘美岩，胡毅.公示语英译错误分析及对策.外语教学，2009（2）：110-113.
⑤ 赵伟飞.公示语的汉英翻译原则及翻译策略：以南宁市公示语英译为例.东南亚纵横，2010(5)：116-119.
⑥ 宫伟.公示语日译策略研究：基于日语及日本文化特色.日语学习与研究，2016（5）：104-111.

提出“公示语是指在公共场所面向公众展示的、具有特殊的交际功能以及信息提供、指示警示等功能的语言。其应用范围广泛，涉及人们生活的方方面面，如路标、指示牌、标语、公告、广告牌、警示牌、宣传语、旅游简介等”。吕和发（2017）[①] 对原先提出的定义加以补充，重新将公示语定义为“公开和面对公众，告示、指示、提示、显示、警示、标示、解示与其生活、生产、生命、生态、生业休戚相关的语言及非语言信息；是以平面媒体为主的公共信息传播中的一种即时、即刻、即景、即事，规约性与非规约性，静态的被动的信息服务形态。公示语与标示语、标识语、标志语、揭示语有某些相同的应用特点，但公示语概括性更强，应用更为广泛”。刘丽芬（2020）基于已有的公示语定义，厘定了公示语的内涵，并遵守准确性、适度性和简洁性原则，进一步将公示语重新定义为“在公共场合呈现的具有特殊交际目的和特定功能的单或多模态符号（语言符号或 / 和非语言符号）。它包括路牌、广告牌、商店招牌、政府机构名称、标语、口号、旅游简介等”。

关于公示语的功能，北竹和单爱民（2002）提出了四种应用功能：指示性、提示性、限制性和强制性。牛新生（2008）[②] 提出了六种语言功能：指示功能、提示功能、警示功能、告示功能、劝导功能、宣传功能。吕和发（2017）进一步将公示语的功能进行了扩充，指出其具有十二种功能：指示性、提示性、限制性、禁止性、警示性、强制性、信息性、解说性、教育性、管理性、推广性、公益性。刘丽芬（2020）则将公示语的功能概括为“特殊的交际功能”。

四、国家标准和地方标准的制定

2006 年 8 月，成都市发布了《公共场所双语标志英文译法》（DB510100/T 009—2006）。为迎接北京奥运会，改善首都语言环境，2006 年 11 月，北京市发布了《公共场所双语标识英文译法》（DB11/T334—2006），此后，各省市相继发布了地方标准（见表 1）。2013 年 12 月，经国家质量监督检验检疫总局和国家标准化管理委员会批准，《公共服务领域英文译写规范　第 1 部分：通则》（GB/T30240.1—2013）发布，标志着公示语外文译写规范的国家标准的制定正式启动。2017 年 11 月 20 日，《公共服务领域英文译写规范》（GB/T 30240—2017）发布，从交通、旅游、文化娱乐、体育、教育、医疗卫生、邮政电信、餐饮住宿、商业金融 9 个方面规定了英文译写的原则、方法和要求，并于 12 月 1 日起正式实施。同年 12 月，《公共服务领域日文译写规范》（GB/T 35303—2017）和《公共服务领域俄文译写规范》（GB/T 35302—2017）发布，英、日、

① 吕和发 . Chinglish之火可以燎原?：谈“新常态”语境下的公示语翻译研究 . 上海翻译，2017（4）：80-87+94.

② 牛新生 . 公示语文本类型与翻译探析 . 外语教学，2008（3）：89-92.

俄三种语言的译写规范共同构成了关于公共服务领域外文译写规范的系列国家标准。

表 1　已发布实施的地标与国标（不完全统计）名录（任林静，吕和发，2019：66）[①]

年份	区域	标题
2006	成都市	公共场所双语标识英文译法
2007	北京市	公共场所双语标识英文译法
2007	青岛市	公共标识英文译法
2008	四川省	公共场所双语标志英文译法
2008	山东省	公共场所双语标识英文译法
2008	贵阳市	旅游标识英文译法规范及黔菜菜单译法规范
2009	江苏省	公共场所标志英文译写规范
2009	上海市	公共场所英文译写规范
2009	苏浙沪	公共场所英文译写规范
2009	广东省	公共标志英文译法规范
2009	广西壮族自治区	公共场所汉英标识英文译法
2010	深圳市	公共场所双语标志英文翻译规则
2010	浦东新区	公共场所英文用词译写规范
2011	海南省	公共场所信息标识英文译写规范
2011	陕西省	公共场所公示语英文译写规范
2012	义乌市	公共标识英文译法规范
2014	武汉市	公共场所双语标识英文译写指南
2014	国语委	公共服务领域英文译写规范
2014	西宁市	公共场所英文译写规范
2014	桂林市	双语旅游标识英文译法
2015	杭州市	公共场所标识语英文译写规范
2016	三江侗族自治县	旅游标识英文译法规范
2017	厦门市	公共服务领域英文译写规范
2017	襄阳市	公共场所双语标识英文译写指南

① 任林静，吕和发．公示语外译地方与国家标准的定名及词语译法辨析．标准科学，2019（9）：66-73.

续表

年份	区域	标题
2017	内蒙古自治区	公共场所标志英文译写规范
2018	舟山市	公共场所标识英文译写指导手册
2018	张家界	全域旅游双语标识英文译写规范
2018	衢州市	公共场所标识英文译写指导手册

公共服务领域外文译写规范标准的制定为公示语外译的规范化提供了理据，有利于自上而下指导公示语的翻译。目前，国家标准包括英、日、俄三个语种，地方标准则只涉及英语一个语种。因为英语是国际通用语言，所以英语公示语的使用范围更广，但随着全球化进程推进，中国“一带一路”倡议的影响力增大，小语种特别是日语和韩语公示语的使用将会增加。因此，今后地方标准中很有可能会出现小语种的译写规范。

五、公示语翻译研究的理论指导与视角

公示语研究初期，主要是针对误译问题进行分析，并提出改善措施。如李克兴（2000）[①] 指出了深圳的英语公示语的各种弊病和翻译谬误，并对原因进行了剖析，提出了改善的建议。王秋生（2004）[②] 指出了南京雨花台景点处的公示语存在的翻译问题。陈淑莹（2006）[③] 探讨了公示语英译的语用失误。

然而，仅就个例谈误译问题及解决方案不具有普遍性，难以对不同领域的公示语外译起到指导作用。于是，学者们开始结合翻译理论，尝试用理论联系实践的方法来研究公示语外译的原则与方法。公示语翻译研究中结合的理论主要包括文本类型理论、功能对等理论、生态翻译学理论、模因论、跨文化交际理论、目的论、关联性翻译理论、三层次理论、翻译美学理论等。此外，还有学者从语用学、互文性、翻译伦理观等视角出发研究公示语翻译的原则和方法。

张美芳（2006）[④] 以澳门特区的公共牌示语言翻译为研究对象，基于莱斯的文本类型理论，将公共牌示分为信息型、表情型和感染型文本，并根据不同功能的公共牌示文本提出了翻译原则。牛新生（2008）对此提出异议，根据纽马克提出的文本类型理论，结合公示语的功能，认为公示语应当属于感召型文本，译者需要采用交际翻译法，译出

① 李克兴．试析深圳的英语弊病及翻译谬误．上海科技翻译，2000（1）：35-45.

② 王秋生．旅游景点翻译亟待规范．中国翻译，2004（3）：79-81.

③ 陈淑莹．标示语英译的语用失误探析．四川外语学院学报，2006（1）：117-120.

④ 张美芳．澳门公共牌示语言及其翻译研究．上海翻译，2006（1）：29-34.

公示语的感召功能。李德超和王克非（2010）[①] 以上海世博会标语的翻译为例，指出标语虽然属于“感染文本”中的一种，但翻译时既要重功能也要重形式，对于非文体驱动型标语和文体驱动型标语要分别采取不同的翻译方法。束慧娟（2010）[②] 同样以上海世博会主题标语为例，尝试以生态翻译学理论做指导，从语言维、文化维和交际维的层面论述了生态翻译学对公示语翻译的启发。曹淑萍（2011）[③] 以翻译模因论为指导，构建了汉语公示语模因在翻译中的传播路径，分析了汉语公示语模因的复制传播方式，即基因型传播和表现型传播，最后总结了公示语翻译策略的选择。赵芝英（2012）[④] 以无锡城市公示语为例，采用关联翻译理论，从语境关联、语义关联和文化关联角度探讨了公示语翻译的原则。顾红等（2014）[⑤] 从功能翻译理论出发，将公示语分为译入语中有对等的公示语和具有中国文化特色的公示语，针对第一类公示语提出了借译、转化和增译的翻译技巧，针对第二类提出了删减、改写和零翻译的翻译方法与技巧。凌斌（2014）[⑥] 从跨文化交际角度出发，分析和探讨了杭州新景区部分公示语的误译和不规范翻译，并针对误译和不规范的现象提出了 RIB（Respect-Innovation-Borrow Approach）策略：以译语读者为本，尊重译语读者的语言习惯及文化差异；在文化空缺词翻译上进行创新；借用已有的旅游景区的公示语英译。张严秋和张欣（2018）[⑦] 基于功能目的论将交通公示语英译的误译进行了归类，并提出了正确的翻译方法和原则。朱慧芬（2020）[⑧] 等借鉴方梦之提出的应用翻译学研究三层次理论，提出应从宏观、中观和微观三个层面出发研究公示语翻译，其中宏观翻译理论占指导地位，中观翻译策略为微观翻译技巧提供支撑。刘丽芬和潘盈汕（2020）[⑨] 从翻译空间和谐理论视角出发考察了三亚市俄语景观的译写生态，指出三亚语言景观俄语译写与原文或与译语在书写、表达和文化等方面存在失调现象，并将这一现象归咎于译者场，强调规范与整治城市语言景观译写问题的紧迫性。

---

① 李德超，王克非．标语翻译的文本分析和翻译策略：以上海世博会标语的翻译为例．中国翻译，2021（1）：65-70+96.

② 束慧娟．生态翻译学视角下的公示语翻译：以上海世博会主题标语为例．上海翻译，2010（2）：39-42.

③ 曹淑萍．汉语公示语英译中的模因论分析．学术论坛，2011（11）：186-190.

④ 赵芝英．论公示语汉英翻译中的关联性：以无锡市为例．上海翻译，2012（1）：47-49.

⑤ 顾红，丁晓蔚，张群星．从功能翻译理论看汉语公示语的英译．语文建设，2014（12）：78-80.

⑥ 凌斌．公示语翻译中跨文化交际意识的缺失．学术探索，2014（6）：138-141.

⑦ 张严秋，张欣．基于功能目的论的交通公示语英译研究．综合运输，2018（3）：76-80.

⑧ 朱慧芬，陈君，吕和发．三层次理论与公示语翻译：以首都北京国际交往中心语言环境创建中的公示语翻译研究与实践为例．上海翻译，2020（1）：20-24+94.

⑨ 刘丽芬，潘盈汕．语言景观俄译失调因子分析．中国翻译，2020（2）：154-162.

六、公示语的误译与解决策略

尽管近二十年来，公示语翻译研究的发展取得了显著的成果，政界和学界也越来越重视语言环境的改善，然而误译现象依旧存在，误译问题的研究仍然是关注点所在。129篇期刊中，公示语英译研究占大多数，为121篇，其次是日译研究，有4篇，俄译研究有3篇，德译研究仅1篇。

1. 误译类型

对于公示语英译的误译，丁衡祁（2006）将翻译问题分为了三类：第一类是硬性问题，即拼写错误、语法错误、字母颠倒等问题；第二类是软性问题，包括语言知识、文化差异、翻译水平方面的问题；第三类是隐性的问题，包括“矢不对的”、语气不当等方面的问题。罗选民和黎士旺（2006）[①]将公示语英译的误译分为“指令不清楚、意图被歪曲、语气不和谐、术语不匹配、文化不兼容”。刘美岩和胡毅（2009）按照Carl James提出的错误分类框架，将误译分为本体错误、语段错误和语篇错误。本体错误包括错误拼写和标点符号错误，其中错误拼写又可分为拼写错误和大小写错误；语段错误包括词汇错误、语法错误，其中词汇错误包括选词错误和语义错误，语法错误包括形式错误和句法错误；语篇错误包括衔接错误和语用错误。

对于公示语日译的误译类型，祁福鼎和施文（2018）[②]将其总结为：拼写印刷错误、语法错误、用词不当、语用错误、译名不统一、文不对题、机器翻译、逐字翻译、常识错误、望文生义。熊仁芳（2018）[③]将其分为：文字表记错误、词汇语法错误、信息失真和语用失误。

对于公示语俄译的误译类型，王晓娟（2011）[④]提出错误类型包括：正字法错误、词序问题、主谓一致、词汇搭配错误、惯用表达法错误、词法错、前置词错、支配关系错、句子成分遗漏、翻译信息遗漏等。

2. 解决策略

针对公示语英译的误译问题，不同的学者提出了不同的翻译方法和技巧。其中被引用次数较多的是丁衡祁（2006）提出的A—B—C模式（the Adapt-Borrow-Create approach），即“模仿—借用—创新”模式。刘美岩和胡毅（2009）在此基础上补充了两点：目的决定方法和意义领先、形式恰当。总结各位学者提出的建议，可以发现公示

① 罗选民，黎士旺．关于公示语翻译的几点思考．中国翻译，2006（4）：66-69.
② 祁福鼎，施文．公示语日译研究现状及策略分析．日语学习与研究，2018（3）：110-116.
③ 熊仁芳．公示语汉日翻译错误分析与翻译策略探究．日语学习与研究，2018（6）：10-19.
④ 王晓娟．我国境内俄译公示语现状研究．中国俄语教学，2011（4）：80-82.

语英译的翻译方法和技巧包括：直译法、意译法、零翻译、省译、增译、改译、创译、音译、音译加注、转译、回译和反译等。而这些翻译方法与技巧同样也适用于其他语种的公示语翻译。

七、公示语翻译研究的发展趋势

通过回顾近二十年的公示语翻译研究相关的重要期刊，可以发现目前国内公示语翻译研究以英文研究为主，公示语英译研究已经出版多本专著、词典，学者们还根据收集到的国外实地考察的公示语照片建立了语料库，尝试在公示语英译中构建类海外环境，运用借鉴—模仿—创造的方法规范了英译文本。而日、韩、俄语等小语种的研究尚且处于起步阶段，研究成果多以学术期刊的形式发表，且国内小语种的公示语翻译研究缺乏中外公示语的对比研究，尚未建立语料库，没有构建类海外的语言环境。随着中国国际影响力提升、主场外交愈加活跃、文化软实力增强，越来越多的外国民众来到中国，想要一睹中国的大国风采，体验中国的传统文化。作为中国文化传播的一环，公示语翻译将不再仅限于英语，越来越多的小语种公示语也将发挥重要的作用。现在已经有很多景区、酒店等设置了中、英、韩、日四语公示语。今后，小语种特别是日语、韩语、俄语公示语的研究将会奋起直追，在借鉴英译研究的基础上推陈出新，同英译研究一起推动国内公示语翻译研究的发展。

公示语的研究领域有待进一步拓展。随着科技发展，公示语的内涵、功能和目的也得到了延伸，为此，研究领域也应相应进行深化。目前公示语研究领域主要集中在旅游景点、交通运输和城市生活，医疗卫生和法律法规等专业领域的研究较少。而有关旅游景点的公示语研究集中在景点名称和提示、警示类公示语的翻译，景点介绍类的公示语翻译研究较少，“环境保护、危机管理、安检防恐、无障碍设施、规约制度、应急救助等方面的公示语属空缺，急需系统引进”（刘丽芬，2016：57）[①]。

理论做指导下的公示语翻译研究多是以某一单一理论为指导，指出公示语误译的类型，最后再提出翻译方法与技巧，相较早期无理论指导、仅描述现象类的研究多了依据，是公示语翻译的一次进步。然而目前理论指导下的公示语研究多存在重复甚至理论与实践脱轨的现象，且公示语的适用范围非常广，仅用单一理论做指导无法实现普遍的指导意义。而朱慧芬等（2020）提出的从三层次理论出发研究公示语翻译可以说为公示语研究提供了新的思路，从宏、中、微观的层面全面解析公示语，环环相扣，跳出了理论指导下的公示语翻译策略这一框架。以此来看，公示语翻译研究想要实现突破，不能

① 刘丽芬．中国公示语研究进展与前瞻．中国外语，2016（6）：53-58.

仅关注单一翻译理论的创新，只关注翻译本身，而是要尝试拓宽视野，多学科相结合地进行研究。例如，虽然语言景观和公示语属于不同学科范围，但二者存在较多相似之处，语言景观的翻译研究一定程度上为公示语翻译研究拓宽了思路，可以将公示语翻译放在社会环境的背景下去思考。

公示语外译的国家标准和地方标准还有待进一步完善和补充。国标和地标对常见的公示语做出了规范，并给出了标准译文，但对于文博类和景区介绍类的公示语并未给出相应的参考标准。而文博类和景区介绍类的公示语恰恰是最能传播中国传统文化的部分，此类公示语的误译将直接成为跨文化传播的障碍，不利于中国文化走出去。为此，如何完善国标和地标将会是今后政界和学界努力的方向，但文博类和景区介绍类公示语本身过于特殊，每个文本对象不同，特点自然不同，这成了制定标准最大的难点。此外，国标和地标中部分译词存在矛盾之处，有待进一步统一和修订。

政府及相关部门应加强管理，完善语言政策和语言规范。强化翻译团队，由中国翻译协会和地方翻译协会牵头，组建公示语翻译专业团队。译者应遵循翻译伦理观，具备跨文化交际意识。此外还要组织专业团队进行校对，最后积极在受众中做问卷调查，听取群众的意见及时调整，形成翻译—审校—反馈的体制，通过政府、翻译团队、社会的团结协作，提升译文的质量。

当今时代网络迅速发展，多处景区和博物馆提供网络“云游”服务，让游客足不出户也能在线上游览名胜古迹。今后，以互联网为媒介的公示语也将迅速发展起来，公示语的受众面将会越来越广，为此便需要利用高科技打造公示语的网络环境，为公示语打造新的发展空间，通过公示语展现中国形象，传播中国文化。

日汉解说类公示语翻译研究

——以网络版旅游指南为例

北京第二外国语学院　林　罂[①]　马龙飞[②]

［摘要］40 多年来，中国的公示语研究取得了长足发展，研究多集中于汉英语对的“公示语翻译”“公示语英译”“汉英翻译”“翻译策略”等领域。相对而言，汉日语对的公示语研究数量尚不多，且多集中于介绍景区的翻译。随着近年来信息技术的蓬勃发展，介绍景区的旅游文本由纸质传播飞速升级为网络传播，尤为常见的就是网络版旅游指南。本文拟以网络版旅游指南这种解说类公示语为研究对象，在解读日汉解说类公示语的功能特点和语言风格的基础上通过实际案例分析日汉公示语翻译特点，并对这类公示语的翻译要点进行总结，以期对日汉公示语的翻译提供有益参考。

［关键词］解说类公示语，翻译研究，日译汉

引言

1929 年 POTTER GLADYS R. 在 *Education Through Public Signs* 一文中指出，“公示语”表示公开和面对公众告示、指示、提示、显示、警示、标示与其生活、生产、生命、生态、生业休戚相关的文字及图形信息[③]。中国的公示语研究大约始于2002年，截至 2021 年的近 20 年间，研究成果数量约为 3755 篇。2002 年至 2007 年间，公示语研

① 林罂：北京第二外国语学院日语学院副教授，研究方向为中日语言对比、翻译理论与实践。
② 马龙飞：北京第二外国语学院 2021 级日语 MTI 研究生。
③ 方梦之，马秉义．汉译英实践与技巧．北京：旅游教育出版社，1996.

究成果甚微，共 56 篇；2007 年起成果数量达到 104 篇，此后数量逐年递增[①]。

从研究领域看，排名前五的分别是"公示语""公示语翻译""公示语英译""汉英翻译""翻译策略"，可见目前国内的研究多集中于汉英语对公示语的翻译、翻译策略研究，研究对象涉及旅游休闲、城市公示语、道路交通、商业服务等多种场合。相比之下，汉日语对公示语的翻译研究远不及汉英语对，从 2011 年到 2022 年 9 月，发表论文数量仅为 67 篇。所以，本文将以网络版日汉语对旅游指南为研究对象，分析日汉解说类公示语的翻译技巧策略，希望能够为日汉语对公示语翻译研究添砖加瓦。

一、日汉解说类公示语的功能特点和语言风格

1. 日汉解说类公示语的功能特点

芒迪（2014）在介绍功能翻译理论时指出，"20 世纪 70 和 80 年代兴起的德国功能主义翻译理论，标志着翻译研究已经从纯语言类型学转向对文化的思考，赖斯强调文本层面的对等，并将语言功能与文本类型及翻译策略联系起来"[②]。赖斯的功能理论借鉴了德国心理学家、语言学家卡尔·布勒对语言功能的三分法——信息功能、表情功能、感染功能，并在其 1971、2000 的论著中将这三种功能与相应的语言特点、文本类型、交际情景联系起来。芒迪（2014）将它们之间的关系归纳为表 1。

表 1　不同文本类型的功能、特点及对应的翻译方法[③]

文本类型	信息型	表情型	感染型
语言功能	表现事物与事实	表达情感与态度	感染文本接受者
语言特点	逻辑的	美学的	对话的
文本焦点	侧重内容	侧重形式	侧重感染作用
翻译目的	传递原文指称的内容	表现原文的美学形式	引起预期回应
翻译方法	简朴的语言，按要求做到简洁明了	仿效，忠实原文	编译，等效

并且将文本类型和文本种类之间的对应关系归纳为图 1。

① 该数据来自知网对"公示语"一词的搜索结果。知网显示，北京第二外国语学院学报 2002 年刊登的北竹和单爱民所著《谈英语公示用语的语言特点与汉英翻译》中首次出现"公示用语"一词。北竹，单爱民．谈英语公示用语的语言特点与汉英翻译．北京第二外国语学院学报：2002（05）：76–79．

② 芒迪．翻译学导论：理论与应用：第 3 版．李德凤，译．北京：外语教学与研究出版社，2014：105．

③ 芒迪．翻译学导论：理论与应用：第 3 版．李德凤，译．北京：外语教学与研究出版社，2014：107．

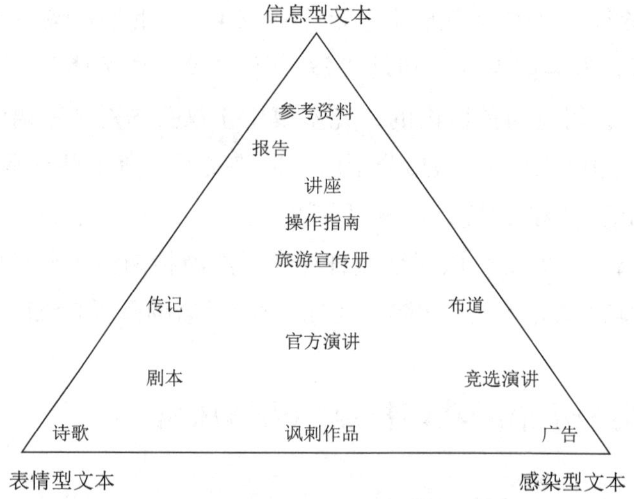

图 1　赖斯的文本类型和文本种类

参考资料（百科全书等）是典型的信息型文本，这类文本是“关于事实的平白交流”，涵盖信息、知识、观点等，语言具有逻辑性和指称性，文本的内容和主体是交流的重点。诗歌是典型的表情型文本，这类文本是“创造性的写作”，语言具有美学特点。广告是典型的感染型文本，这类文本重在“引起行为反应”，旨在感染或者说服读者并使其采取某种行动。这类文本在语言形式方面具有对话性，重在感染读者。

而在以上三种典型文本之间存在很多“混合型文本”，如传记，因为其既提供了相关主题的信息，同时也在一定程度上起着一部文学作品的作用，所以它可能位于信息型和表情型文本之间。如果它试图使读者相信主人公行为正确与否的话，它甚至还会包含感染功能。①

由此可见，某类文本的语言功能、特点决定了其文本类型；而文本类型也能让人明白某类文本的语言功能、特点，进而对该文本的翻译实践提供有益的翻译目的、方法等层面的指导。

本文着重分析网络版旅游指南，即网络版解说类公示语的日汉翻译。陈刚（2004）指出，旅游文本是指旅游一线人员在工作中经常碰到的约定俗成的应用型文本，包括旅游指南、旅游合同、旅游广告、景点介绍、旅游宣传手册、景点标语等。② 可见，网络版旅游指南属于旅游文本。

方梦之（2008）在谈及旅游文本的特征时也指出其“信息量大又不失文学性、艺术性、宣传性和广告性”③，由此可见，旅游指南、旅游手册是“混合型文本”，兼具了

① 芒迪．翻译学导论：理论与应用：第 3 版．李德凤，译．北京：外语教学与研究出版社，2014：108．
② 陈刚．旅游翻译与涉外导游．北京：中国对外翻译出版社，2004：3．
③ 方梦之．英汉汉英应用翻译教程．上海：上海外语教育出版社，2008：6．

“信息型文本”和“感染型文本”的特征，其语言功能至少涵盖“表现事物与事实”和“感染文本接受者”两方面，语言特色包括但不限于“逻辑的”“对话的”两类特征。

2. 日汉解说类公示语的语言风格

语言是文化的载体，也是文化的体现。中日两国文化的不同也直接体现在了日汉解说类公示语的语言风格之中。以下将以解说类公示语中的旅游指南中的景点介绍为例，从词汇使用、叙事视角、表达特点、文章布局几个角度对两国解说类公示语的语言风格进行简要概括。

（1）词汇使用和叙事视角的异同

在描绘自然风景和建筑物外观等风景的时候，汉语旅游指南往往会使用四字熟语或华丽的修饰词语。日语旅游指南则更倾向于使用简洁朴素、平淡的、接近于日常会话的表达方式。此外，汉语旅游指南整体叙述视角一致，多采用客观的第三人称视角，而日语旅游指南叙述视角常常变化，有时采用客观的第三人称视角，有时采用第一人称视角表达个人感受。

例 1：

汉语景点介绍

中国苏州沧浪亭简介①

江苏省苏州市沧浪亭风景区位于苏州市城南三元坊内，是苏州最古老的一所名园，为宋代诗人苏子美所筑。沧浪亭造园艺术不同寻常，未进园门，已是绿水回环，垂柳迎风。凭栏依岸，临水山石嶙峋，复廊蜿蜒如带，廊中的漏窗把园林内外山山水水融为一体。园内以山为主，山上古木参天，著名的沧浪亭即隐藏在山顶上。

日语景点介绍

日本金泽兼六园简介②

新緑の時期、梅雨、夏などもいいのですが、冬はおなフランスの旅行ガイドブックで三ツ星を獲得した日本三大名園の一つです。長い年月をかけて作られた庭園や建物は、歴史を感じさせるだけでなく、四季折々の日本の美しい風景として人々の心に印象付けていますじみの「雪吊り」や「梅苑の紅梅白梅」などは一度は目にしておきたいです。

---

① 筑龙园林景观论坛 https://bbs.zhulong.com/101020_group_201881/detail10019698.

② Rakuten Travel（日本旅游网站）https://travel.rakuten.co.jp/mytrip/ranking/spot-kanazawa.

例 1 中的苏州沧浪亭和日本兼六园均为知名园林建筑。苏州沧浪亭的简介整体叙述视角一致，为客观的第三人称视角。不仅对沧浪亭的渊源进行了简要介绍，而且着重对其造园艺术特点进行了详细叙述。叙述时多用四字熟语表达，不仅言简意赅、含义深刻，而且增加了文采，道出沧浪亭清幽古朴的特色。

日本兼六园简介的叙述视角则并不一致，第一、二句可以理解为第三人称视角，而第三句句尾因使用了“たい”，属于第一人称视角。此外，简介采用了简单常用的词汇、闲话家常式平淡无奇的叙述方式，句尾好似要告知读者一般，用第一人称的直观感受表述对兼六园美景的向往。

（2）文章布局的异同

介绍文章中关于景点价值、定位等的重要信息点的位置不同。汉语的重要信息点往往集中在文章最开头部分；日语则扩展到了全文，散见于文章的各个角落。

例 2

汉语景点介绍

中国北京颐和园简介[①]

颐和园是中国现存规模最大、保存最完整的皇家园林，中国四大名园（另三座为承德避暑山庄、苏州拙政园、苏州留园）之一。位于北京市海淀区，距北京城区十五公里，占地约二百九十公顷[②]。利用昆明湖、万寿山为基址，以杭州西湖风景为蓝本，汲取江南园林的某些设计手法和意境而建成的一座大型天然山水园。

日语景点介绍

日本冲绳国际大道简介[③]

那覇市の中心部約1.6kmにわたるメインストリート。沖縄テイストが感じられる飲食店やお土産品店、雑貨屋が並び、街歩きや買い物が楽しめる定番の観光スポットです。沖縄に訪れたら、たくさんの人で賑わう沖縄随一の繁華街、国際通り散策をぜひ楽しみましょう。

例 2 中，汉语景点介绍的开篇第一句就对颐和园的价值、地位进行了描述。日语景点介绍的是那霸的一条商业街。第一句介绍它是一条主干道，第二句才提到这条街是

① 东莞国旅旅行社 http://www.dgguolv.com/viewpoint/point_d_28_211.html.
② 二百九十公顷约合 2.90 平方千米。
③ https://www.pinterest.jp/pin/717831628118208473/.

“打卡必去景点”，第三句又再次补充这是一条“冲绳第一的最热闹的大街”。汉语景点介绍往往会在开篇就点出景点价值、定位等重要信息点，而日语景点介绍中的这类信息则扩展到全文，散见于文章的各个角落。

（3）表达特点的异同

有无直接劝导游览的表述。汉语旅游指南在介绍旅游景点时，多采用客观的叙述视角，很少使用“建议您务必去看看”“建议大家去游览一番”等主动推荐旅游产品的表述。而日语的旅游指南则会是使用积极推荐游客游览的表述，比如“去找找喜欢的地方”“去看看怎么样呢”等。

例 3

汉语景点介绍

中国苏州沧浪亭简介①

沧浪亭是苏州四大名园之一。北宋庆历五年（1045），苏舜钦蒙冤遭贬，流寓到苏州，见五代孙承佑的废园“草树郁然，崇埠广水”，便以四万钱购得。苏舜钦遭贬后便自号沧浪翁，吟唱着“沧浪之水清兮，可以濯我缨；沧浪之水浊兮，可以浊我足”的渔父歌，在城市中过起了隐逸山水、逍遥自乐的生活。

日语景点介绍

日本金泽海未来图书馆简介②

（金沢海みらい図書館）「世界の最も美しい公共図書館25館」に選ばれるほど美しい図書館です。実際に訪れてみると高い天井のおかげでとても開放感のあるスペースとなっています。ものづくりの関連図書はここに集約されています。ステキな空間でのんびり本を読みに立ち寄ってみてはいかがでしょう。

例 3 中，汉语全篇采用客观的叙述视角，引经据典，点明出处，用四字词语等表述将沧浪亭的历史沿革、知名景点、景点特色等娓娓道来，向游客展示了一幅集文化价值、园林艺术价值于一体的江南园林画卷，激发出游客游览的兴致。而日语景点介绍则会通过转换叙述视角，特别会在最后通过第一人称口吻来直接邀请读者游览，以第一人称邀请到“不如到这广阔的一番天地，悠闲地翻看书籍”。

总的说来，在词汇使用层面，汉语旅游指南往往会使用四字熟语或华丽的修饰词

① 长沙旅行社 http://www.97616.net/suzhou/11812.htm.

② 日本旅游网站 https://tabi-1.net/10200.

语；日语旅游指南则更倾向于使用简洁朴素、平淡的、接近于日常会话的表达方式。叙事视角层面，汉语旅游指南整体叙述视角一致，多采用客观的第三人称视角；而日语旅游指南叙述视角常常变化，有时采用客观的第三人称视角，有时采用第一人称视角表达个人感受。在表达特点层面，汉语旅游指南多采用客观叙述方式的表达，善于引经据典、旁征博引，以富有文采的表述吸引读者、游客的注意；而日语的旅游指南则会常常使用积极推荐游客游览的表述，比如"建议您务必去看看"等，以朋友的姿态邀请读者去游览，且喜爱用省略表达方式。从文章布局来看，汉语旅游指南里往往会将重要的信息点集中在文章最开头部分；日语导游指南则扩展到了全文，散见于文章的各个角落。

二、日汉解说类公示语翻译案例分析

本文以某旅游公司编纂的日本冲绳、石川、镰仓三地网络版日译汉《旅游手册》为例，对其中的翻译策略技巧进行详细分析。

1. 译为"四字词语"，贴近汉语表述特点

例 4　勝連城跡の紹介文

日文原文：標高 100m の緑の丘の上に建てられた城跡です。丘の上から望む 360° の開放的な景色が見事で、逆に遠くから眺めても大きな船のような威容を誇ります。12 ～ 13 世紀頃の築城で、首里王府軍と戦った歴史もあるとか。頂上にはご神体とされる大きな石が残されています。

参考译文：这处城池遗址位于海拔 100m 的绿丘上。远望绿丘，形如巨船，威风凛凛；立于丘上，环顾四周，所见之景，别有洞天。城池建于 12—13 世纪，阿麻和利（第 10 代胜连按司）曾在此与琉球国王尚泰久王的首里王府军大战。在丘顶，至今还保留着当地居民朝拜的神石。

胜连城遗址是一处位于日本冲绳县宇流麻市的城遗址，是冲绳众多保存至今的城池中最古老的一座，始建于 12 世纪整个城市建在日本冲绳县胜连半岛南部的一座丘陵之上，由南城、内城和北城构成。其中北城由石墙分为一郭、二郭和三郭，位置最高的一郭建在海拔 100 米的丘陵之上。

此段主要讲述了胜连城遗址地理位置、风光特色、历史等内容，属于典型的"信息型文本"。日语语言风格平实，多用长句和省略表达。在翻译过程中不仅需要准确传递原文信息，而且还要实现功能对等，让译文更接近中国旅游手册的语言风格。

日语原文第一句省略了主语，翻译时既可以将主语“勝連城跡”直接补充为主语，也可以用指示词“这处”进行补充。第二句讲述了胜连城遗址的风光特色，如果直接翻译这句，就是“从绿丘远眺，四周 360° 环绕式景色非常美丽，而从远处眺望绿丘处的城池，也能领略到城池宛如大船般的威容”。但是，如果将这句修改为富有汉语旅游手册表达特色——多用四字词语、多有修饰语；叙述视角一致，多由远及近描述景物——的译文，那么，第一，需要调整语序，将远景放到句首，然后再是近景；第二，根据句意选用四字词语进行翻译。译文可以修改为“远望绿丘，形如巨船，威风凛凛；立于丘上，环顾四周，所见之景，别有洞天。”

总的说来，为了实现功能对等，达到旅游手册类文本不仅要传递准确信息，而且还要激发读者旅游兴趣的目的，汉语译文需要使用多种翻译方法：不仅需要对原文省略的内容进行补充，即加译；还需要根据译文读者习惯调整句子前后顺序；而且，还要尽可能使用四字词语，即编译。最终让译文通顺、流畅、优美的同时更接近中国旅游手册的语言风格。

2. 补充背景知识，准确传递原文信息

一般说来，知名人文景观往往和著名历史人物或是事件有着千丝万缕的联系，所以在人文景点的解说词里常常会出现与之相关的人物。在翻译这些人物信息时，为了达到功能对等的目的，翻译时往往会添加背景信息，便于读者理解。

（1）人名类专有名词背景信息的补充

例 5　斎場御嶽の紹介文

日文原文：琉球神話に登場する、アマミキヨが、天帝に命じられて創りだしたと伝えられる聖地。

参考译文：这是琉球（冲绳的别名）神话中冲绳的祖先神天海喜世受天帝之命创造的圣地。

此句是日本冲绳斋场御岳解说词的第一句，介绍了斋场御岳的由来，为典型的信息型文本。日语语言风格平实，使用了长句、省略表达。

“アマミキヨ”是冲绳神话传说中的祖先，她是“ニライカナイという海の彼方にあるとされる他界から、いねの種子をもたらし、稲の栽培法を教えた沖縄の祖先神である”，地位颇类似于中国神话传说中的女娲。如果直接译为“天海喜世”，不知晓其文化背景的中国读者估计只会认为这是日本传说中的某位天神，不会引起足够的重视，但如果使用加译的翻译方法将人物的背景信息翻译出来，那么就能达到准确传递原文信

息的目的。所以，汉语译文添加了该知名人物的背景知识“冲绳的祖先神”。

下面的几个例子也是如此，通过对日语原文提及的人物信息进行相应补充，使读者更加了解人物信息背后的历史背景，从而提升对景点价值的认知，激发游览的兴致。

例 6　雨宝院の紹介文

日文原文：室生犀星が幼少期を過ごした場所である。

参考译文：日本著名诗人、小说家室生犀星幼年时在此生活。

例 7 中所添加的人物信息和上文提及的稍有不同，不是添加人物的头衔、职务等信息，而是添加了该人物的性格特征。

例 7　金澤神社の紹介文

日文原文：境内にある金城霊澤は藤五郎が芋を洗って砂金が出たという言い伝えがある。

参考译文：相传一位叫藤五郎的农民，十分勤奋正直，曾在院内的金城灵泽洗芋出金。

这是金泽神社解说词中的一句，讲到了和金城灵泽相关的当地传说“芋掘り藤五郎（挖白薯的藤五郎）”中的主人公“藤五郎”。“芋掘り藤五郎”传说的大致内容为：很久很久以前，在加贺的山科有一个靠挖白薯为生的人藤五郎。他虽然很穷，但却是个没有贪欲且彬彬有礼的年轻人。有一次，藤五郎在山泉水里洗刚刚挖出来的白薯，突然发现清澈的水中闪着金灿灿的光，原来是沾在白薯上的土变成了砂金沉到了泉水里了。如果汉语译文直接翻译人名而不做过多说明的话，会让读者产生“藤五郎是谁？”的疑问，从而很难达到信息等效传递的目的，所以通过查证资料，将人物基本身份“农民”和其性格特征“勤奋正直”添加到译文之中。

总的说来，基于实现原文、译文功能对等的翻译原则，以上各例在翻译人物信息时采用了加译的翻译方法。在充分理解原文意义、查证人物背景知识的基础上，将与该人物相关的重要信息如头衔、身份、性格特点等添加到译文中。这样不仅让译文所传递的信息更加翔实、具体，而且还能让译文更易于为中国读者所接受。

（2）一般专有名词背景信息的补充

旅游手册的景点解说词中往往会出现富含日本历史文化信息的专有名词，为了达到功能对等的翻译目的，翻译这些专有名词时可以采用加译的翻译方法对信息进行解释说明。

例 8　旧加賀藩士 高田家遺跡の紹介文

日文原文：加賀藩士禄高 550 石、中級武士高田家の屋敷跡。

参考译文：此处为俸禄 550 石（1 石为 10 斗，约合 0.18kl、150kg）的加贺藩士、中级武士高田氏的宅邸旧址。

此句是日本高田氏宅邸旧址解说词中的一句。此句介绍了这处宅院主人的信息，为典型的信息型文本。日语语言风格平实，使用了省略表达。

此句中的“石”为江户时代的俸禄单位，当时的 1 石相当于现代的 180 升，约合 150 千克。翻译时如果直接译为“550 石”，不知晓日本文化背景的中国读者估计就只会认为这是个俸禄数量，不会有很具体的概念，但如果使用加译的翻译方法，将专有名词所隐含的具体信息翻译出来，就能达到准确传递原文信息的目的。所以汉语译文以文内注的形式添加了该名词的背景知识“1 石为 10 斗，约合 0.18kl、150kg”。

3. 添加修饰词语，贴近汉语语言风格

上文提到过，汉语、日语旅游指南语言风格的一大区别在于：前者往往会使用四字熟语或华丽的修饰词语，而后者更倾向于使用简洁朴素、平淡的、接近于日常会话的表达方式。原文涉及某些富含文化背景的专有名词或普通名词时，为了达到功能对等的效果，翻译时应该适当采取“归化”策略。这样不仅可以让译文更贴近汉语旅游指南的风格，给读者以亲近感、熟悉感，而且能更好地实现“表情型文本”功能特征，实现“感染文本接受者”的目的。

例 9　石川県立伝統産業工芸館の紹介文

日文原文：伝統工芸と言う分野ではとても有名な金沢。その伝統工芸 36 業種を一箇所にまとめたのが、石川県立伝統産業工芸館です。加賀友禅、九谷焼、輪島塗などなど、誰もが知っているものばかりです。略。

参考译文：金泽市的传统工艺水平在日本传统工艺届一直享有盛名。而在石川县立传统产业工艺馆一处便汇聚了石川县的 36 种传统工艺。五颜六色的加贺友禅和服，釉色浓重鲜艳的九谷烧，工艺考究的轮岛漆器等，家喻户晓。略。

此段是日本金泽的石川县立传统产业工艺馆的解说词，介绍了工艺馆在日本传统工艺届的地位、工艺馆的特色项目等。原文第一到第四句为第三人称叙述视角，第五句叙述视角转换为第一人称，道出了个人的感受，希望引起读者共鸣，激发游览的兴致。这段解说词属于典型混合型文本“信息型＋感染型文本”。原文语言风格平实，多用长句、

省略表达和较主观的愿望表达。

日语原文第三句列举了在工艺馆能够观赏到的著名工艺品：加贺友禅和服、九谷烧瓷器、轮岛漆器。这些工艺品是日本尽人皆知的知名品牌，但中国读者却对这些品牌知之甚少，如果译文仅仅将品牌名称译出，对这一领域不是很熟悉的中国读者估计很难完全理解名牌名称后蕴含的品牌知名度和价值。所以，为了实现功能对等，需要在了解这些品牌的内涵后灵活进行翻译。

加贺友禅和服是“江戸中期以後の友禅染における一つの様式（スタイル）。特徴は主としてその色使いにあり、白地に臙脂色、紅、藍、緑などにぼかしの加わったはでやかな模様の間に、周縁をぼかした紫の雲形の加えられているものが多い。模様は全般に様式化されており、細い糸目による精細な図柄に、写実を離れた彩色が施されている”，翻译时选择了其色彩丰富这一特点，加译了“五颜六色”。

日本古代名瓷，南有有田烧，北有九谷烧。九谷烧是釉上彩绘瓷器，因发祥地日本九谷而得名，距今已有350年历史。九谷烧上的绘画线条豪放、明快，颜色有绿、黄、红、紫、藏青色五种。色彩是古九谷烧的最大特色，其釉色浓重鲜艳而意境超群，强烈的色彩和稍嫌混浊而无光泽的质地形成完美的调和，体现了日本彩绘瓷器的最高境界。综合九谷烧的主要特点，翻译时添加了“釉色浓重鲜艳”这一主要特征。

轮岛漆器是“石川県輪島市に産する漆器。室町中期，根来寺の僧の伝授に始まると伝え，現在の技法は江戸前期の寛文年間に始まる。下塗に特殊の地粉を用い、また100回に近い複雑な工程を経るため、堅牢をもって聞こえる。装飾にはおもに沈金が施される”。可见“轮岛漆器”的主要特征是有光泽且给人牢固、厚重之感。所以，翻译时选用“工艺考究”一词体现这一特征。

总的说来，为了实现功能对等，本例在翻译时添加了日语原文中没有的信息。先查找相关资料后，确认这些日本知名品牌的主要特征，尽可能使用四字词语，将其以定语的方式添加到品牌名称前。这样，不仅能更加准确地传递原文信息，而且也尽可能让译文符合汉语导游手册“多用修饰词语”的语言风格，让译文更易于为中国读者所接受，更能“感染文本接受者”。

例10　卯辰山公園の紹介文

日文原文：金沢城から見て東（卯辰の方角）に位置することから名づけられました。こちらは日本の歴史公園100選に選ばれており、アジサイや花菖蒲やスイレンなども楽しむことができます。望湖台からの眺望はすばらしく、晴れた日には日本海まで見えます。夜景も美しく、人気のスポットとなっています。宇多須山、向山といった別名もあります。

参考译文：日本100大历史公园之一，因位于金泽城的东边（卯辰方向）而得名。园内种有紫阳花、玉蝉花、子午莲，花团锦簇，赏心悦目。从望湖台极目远望，晴朗之日，甚至可以看到日本海。公园的夜景也十分美丽，吸引了众多游客。卯辰山又名宇多须山、向山。

此段介绍了日本金泽的卯辰山公园。解说词介绍了卯辰山公园在日本历史公园中的地位、名称由来、景点特色等，属于典型的信息型文本。

翻译时，为了让译文更符合汉语旅游手册解说词中“重点信息放于段首”的特点，让日语原文第二句中的“こちらは日本の歴史公園100選に選ばれており”放于段落开头，点明卯辰山公园的地位。然后再依照日语原文顺序进行翻译。日语原文第二句点明卯辰山公园为100大历史公园之首，并且在这里能够观赏到紫阳花、玉蝉花、子午莲。翻译时，为了能激发读者对各类花朵的喜爱之情，且让解说词更加符合汉语旅游手册解说词“多用修饰词语”的特点，所以增加了原文中没有的信息，将众多花儿争奇斗艳的场景以及赏花人的感受用四字词语“花团锦簇，赏心悦目”来形容。

本例使用了加译和编译的翻译方法，首先调整了句子之间的表述顺序，然后添加了日语原文中没有的信息，力求做到既能够更加准确地传递原文信息，又能让译文符合汉语导游手册的语言风格，更能“感染文本接受者”。

总的说来，在翻译网络版日译汉《旅游手册》时，可以多译为汉语四字词，以便让译文贴近汉语语言表述特点；可以对某些背景知识进行补充，让译文准确传递原文信息；还可以适当添加修饰词语，让译文更符合汉语旅游手册的语言风格。

结语

本文在梳理日汉解说类公示语的功能特点和语言风格的基础上，以网络版日译汉《旅游手册》文本为例，对这类公示语的翻译特点进行了简要探讨。在翻译过程中，需要以日汉解说类公示语的功能特点和语言风格为准绳，在充分理解日语原文意思和语言特点的基础上灵活使用加译、多使用四字格词语、添加修饰语等翻译手法让译文符合汉语网络版《旅游手册》的语言风格和特色，让读者有更佳的阅读体验。

《三体》日英译本在中日文化词句翻译上的对比探究

北京第二外国语学院　刘鲁钰[①]

[摘要]《三体》作为一本科幻小说，受到众多海内外读者喜爱。原作里有不少涉及中国特有文化的词句，英日译对其的处理具备研究价值。本篇从政治名词层面、语言层面两个角度出发，举例对比浅析了《三体》日英译本的特点，发现日英译本都在尽可能保留原文的基础上，根据各自的语言形式特点和文章语境灵活地进行了翻译。相较来说，英译本更注重保留源语文化，突出源语特点；而日译本更追求文章连贯性，力求文章可理解性。

[关键词] 三体，日译本，英译本，翻译方法

引言

自 2008 年中国作家刘慈欣的科幻小说《三体》出版后，国内掀起了一股“三体热”，这股热浪也在全球化助力下被推向海外。直至笔者撰写之际，《三体》已经被翻译成数十种外语。其中，2014 年经由刘宇昆翻译的《三体》英译本出版，并于 2015 年荣获第 73 届雨果长篇小说奖，这也是亚洲作家首次获此殊荣。随后，2019 年经由大森望翻译的《三体》日译本出版，并于 2020 年 8 月荣获第 51 届日本星云奖海外长篇小说部门奖项。中国科幻小说在海外大获好评实属罕见，在背后，译者发挥的信息传播媒介作用不容小觑。从《三体》的日英译本被广大读者接受和喜爱这一点来看，其译本受到了大众认可，具备一定研究价值。

① 刘鲁钰：北京第二外国语学院 2019 级 MTI 硕士，专业为日语口译。

一、研究对象选择原因

日译本译者大森望在《三体》日译本的后记中写道："具体进行文稿修改时，我将原作者提供的中文版 Word 文件和刘宇昆的英译本同时打开，一边对照日语翻译的 Word 文件一边进行翻译。英译本极其忠实于原文，几乎没有为了更容易理解而省略或加注……（中略）因此，英译版所做的变更，基本上也将挪用至日译本。"[①] 我们不难据此推测，译者大森望进行日译本翻译时，曾受过英译本影响，日英译本间存在一定的关联性。而通过对比研究日英译本，将能客观、公正地分析二者在翻译上的异同。通过研究对同一词句的翻译，分析各自的翻译方法，寻找共性与个性，相信不仅能加深对《三体》译本的理解，还能对今后有志于从事科幻翻译研究的翻译工作者提供参考。

另外，虽然《三体》是一本科幻小说，但其内容涉及了大量的中国文化信息。小说背景设定为中国 20 世纪 70 年代，出场人物包括孟子、秦始皇等历史人物，并还伴随相应的历史典故。可以说，这些区别于一般科幻小说的明显特征加深了本文的研究必要性。正因为文化存在共通性，翻译工作才能实现。但也正因为各国文化存在特殊性，翻译工作的意义才越发凸显。不同语言中所存在的独有文化概念往往对译者来说很难处理。为让海外读者更容易理解原作，有一个流畅的阅读体验，翻译时译者有必要基于本国文化进行相应翻译处理。

在本篇文章中，笔者将重点围绕此类中国特有文化词句在日英译本中的翻译展开论述。

二、《三体》先行研究

关于《三体》译本的研究。有关英译本的研究文献较多，主要是基于不同翻译理论分析英译本采取的翻译策略和翻译方法。如郎静（2015）[②] 在《论〈三体〉英译本中的女性主义翻译策略》中以女性主义翻译观的三个翻译策略分析了《三体》英译本中的省略、加注和劫持现象。武亚星（2016）[③] 在《〈三体〉英译本中国文化的异化倾向》中以音译、直译、加注三种归属于异化的方式分析了原作中充满中国文化特色的词汇的翻译。李静茹（2019）[④] 在《〈三体〉三部曲的英译研究》中从科幻新创词、中国特色分析、翻译特点及改写分析了英译本。张翔（2016）[⑤] 在《目的论视角下的〈三体〉英译研究》

① 刘慈欣．三体．大森望，光吉さくら，ワン・チャイ，訳．東京：早川書房，2019：439–440.
② 郎静．论《三体》英译本中的女性主义翻译策略．北京：北京外国语大学高级翻译学院，2015.
③ 武亚星.《三体》英译本中国文化的异化倾向．北京：对外经济贸易大学英语学院，2016.
④ 李静茹.《三体》三部曲的英译研究．太原：山西大学文学院，2019.
⑤ 张翔．目的论视角下的《三体》英译研究．北京：外交学院英语系，2016.

中明确指出，在目的论讲究连贯的原则下分析，发现英译本通过章节重组、段落拆分和改写的方式来实现了译文连贯。郑苗（2017）[①]在《归化与异化的结合——从接受美学角度看〈三体〉的翻译策略》中表示原作中大多数文化典故、俗语、方言、比喻的处理上，译者以归化为主、异化为辅。

同时，截至笔者撰写之际，知网仅查询到两篇有关《三体》日译本的研究文章。其中，李晶晶（2019）[②]在《〈三体〉日译策略探究》中指出，日译本对原作中出现的方言多采用方言标准化翻译策略，詈语采用意译和减译，俗语多采用意译方法，日本读者普遍认为《三体》日译本可读性强。任骁霖（2020）[③]在《目的论视角下中国科幻小说〈三体〉中文化负载词的日英翻译对比研究》中，依据奈达的文化负载词分类法，对日译本与英译本中的文化负载词进行了归类。并按归类分别从日英译本翻译方法及内容都相同、翻译方法及内容都不同、翻译方法相同但内容不同这三个角度进行分析，认为处理方式差异的原因主要归结于语言系统和语言习惯异同、文化背景异同、读者知识背景异同、译者翻译习惯、日译本受英译本影响这几个要素。值得肯定的是，在进行日英译文对比时，该篇文章基本覆盖原作中所有文化负载词，内容详尽。但遗憾的是，该文并未就有关译本中文化负载词所达到的翻译效果进行分析。

三、实例分析

实例分析部分将从两方面举例展开具体分析。

第一是政治名词层面，笔者将根据直译和意译的翻译策略选取四类代表性例子展开论述，分析各翻译达到的翻译效果和体现出的译者想法。

第二是语言层面，笔者分为两类：第一类为谚语、歇后语类，如前文一样，将基于直译和意译的翻译策略选取代表例分析；第二类为粗俗语类，笔者将选取 5 个在文章多次出现的词语，将其每次出现的语境列出，展开纵向分析。

① 郑苗. 归化与异化的结合：从接受美学角度看《三体》的翻译策略. 西安：西安外国语大学英文学院，2017.

② 李晶晶.《三体》日译策略探究. 贵州省翻译工作者协会2019年年会暨学术研讨会论文集. 贵阳：贵州省翻译工作者协会. 2019：239-251.

③ 任骁霖. 目的论视角下中国科幻小说《三体》中文化负载词的日英翻译对比研究. 北京：外交学院外语系，2020.

（一）政治名词层面

表 1　政治名词分析例汇总

	直译（英译本）	意译（英译本）
直译（日译本）	红卫兵（例 1）	大阅兵；三结合（例 3）
意译（日译本）	大字报（例 2）	流动红旗（例 4）

表 2　红卫兵（例 1）

原文	英译本	日译本
红卫兵 （刘慈欣，2016：59）	Red guards （Ken Liu，2014：3）	紅衛兵（学生を中心とする兵士） （大森望　2019：9）

分析："红卫兵"是指中国"文革"时期大、中学生成立的群众组织，也指其成员。关于"红卫兵"的译法，在英日文化中均不存在相类似的历史经历、人物形象，英译本和日译本都选择了直译的方式，突显了源语文化。不过值得注意的是，与英译本中不同，日译本选择了直译后加注释的方式，使读者更能清晰地把握"红卫兵"的组成群体，增加对中国文化的理解。

表 3　大字报（例 2）①

原文	英译本	日译本
大字报 （刘慈欣，2016：124）	Big-character posters（有注释[1]） （Ken Liu，2014：183）	壁新聞 （大森望　2019：187）

分析："大字报"是张贴于墙壁的大字书写的墙报，也是 20 世纪 50 年代至 70 年代末 80 年代初流行于中国的舆论发表形式。关于"大字报"的译法，英文采用直译加脚注方式，充分阐释社会背景和其主要用途。而与之相对，日译本采取意译，将其译为日本人所熟悉的"壁新聞"。有关日语中的"壁新聞"，笔者检索维基百科查询解释为"社会信息传达手段之一，其目的是在行人途经的建筑物墙壁上粘贴一张写有自己主张的纸，面向社会公开其内容"。从该解释我们不难看出，"壁新聞"与中文的"大字报"有一部分意思重叠。但不足的是，这样的翻译并未提示或体现当时中国特有的社会特征，难免导致读者无法窥见全貌。

① 详见译者注：Hand-written posters using large Chinese characters have become associated with the Cultural Revolution in the popular imagination. However，they have a long history in China as tools of propaganda as well as protest both before and after the Cultural Revolution.

表 4　大检阅（例 3.1）

原文	英译本	日译本
大检阅 （刘慈欣，2016：59）	Revolutionary tours around the country and seeing Chairman Mao in the great rallies in the Tiananmen Square（Ken Liu，2014：3）	大検閲（毛沢東による謁見集会）（大森望　2019：9）

分析："大检阅"是指毛主席在天安门上检阅百万无产阶级文化革命大军而举行的庆祝游行活动，这也是中国特有的阅兵活动。英译本并非逐字翻译，而是采用解释说明的方式交代了活动的地点、人物、内容。与之相对，日译本则采取直译并加注的方式，直接照搬对应汉字，在注释里简单介绍了其活动性质。两个译本都传达出了原作想表达的内容，可读性强。

表 5　三结合（例 3.2）

原文	英译本	日译本
三结合 （刘慈欣，2016：72）	That is the spirit of the revolution.（Ken Liu，2014：25）	三結合（革命的大衆、革命的幹部、人民解放軍代表の三者が協力して革命を遂行すること）（大森望　2019：30）

分析："三结合"原意是指在中国共产党的指导下，三方面的人员进行密切合作。但据笔者查阅资料显示，"三结合"一词的含义在"文革"期间曾泛指多个领域，既有"领导人员、工人和技术人员"三结合的说法，也有"革命委员会要有军队的代表、干部代表和群众代表参加"之说法，"工农兵"三结合、"老干部（45 岁以上）、中年干部（35 岁至 45 岁）、青年干部（30 岁前后及以下）"三结合也曾被使用。在此处，英译本并未论及"三结合"的详细内容，而是选择淡化该词，较为暧昧地处理为"革命之精神"，未为读者增加理解障碍。而日译本选择了直译加注的方式，在注释内明确了"三结合"的具体内容，这有助于增强日本读者对当时中国社会的理解度。

表 6　流动红旗（例 4）

原文	英译本	日译本
流动红旗 （刘慈欣，2016：69）	The red flag for model workers（Ken Liu，2014：21）	名誉の赤旗（大森望　2019：26）

分析："流动红旗"是指一种流动性红色锦旗，常常用来颁发给表现好或取得一定功绩的集体及个人。对于"流动红旗"的翻译，日英译本都译出了其内涵。其中，英译本中突出了旗帜的颜色和授予的对象，而日译本则在突出旗帜的颜色的同时凸显了旗帜的特征。由此可见，尽管二者是从不同角度对该词进行了翻译，但都达到了传意的效果。

（二）语言层面

1. 谚语、歇后语类

表 8　谚语、歇后语分析例汇总

	直译（英译本）	意译（英译本）
直译（日译本）	千里之行，始于足下（例 5）	草原天边那跑死马的远山（例 7）
意译（日译本）	肉包子打狗（例 6）	驴肝肺（例 8）

表 9　千里之行，始于足下（例 5）

原文	英译本	日译本
“千里之行，始于足下。”那人说，“关键是要找对目标。”（刘慈欣，2016：181）	“The journey of a thousand miles begins with the first step. The key is finding the right target.”（Ken Liu，2014：265）	「千里の道も一歩から」誰かが言った。「重要なのは、正しい目標を見つけることだ。」（大森望　2019：269）

分析：“千里之行，始于足下”出自老子的《道德经》，表示任何事都是从第一步开始，逐步积累进步，这已成为一句家喻户晓的谚语。对于这种知名度高的谚语，英日译本均采取了直译法。其实，该句话早已传入日本，在日本的说法也固定了下来。但值得注意的是，在欧美国家中，对应“千里之行，始于足下”，其有通用的说法，即“Rome was not built in a day。”（罗马不是一天建成的），然而英文版译者仍选用贴近中文表达的直译法，可窥见其积极引入源语文化的态度。

表 10　肉包子打狗（例 6）

原文	英译本	日译本
“让他去不是‘肉包子打狗’吗？”（刘慈欣，2016：12）	“If we send him，he’d be a meat dumpling thrown to the dogs”（Ken Liu，2014：66）	「汪先生を送り込んだりしたら、木乃伊取りが木乃伊になるのがオチだな」（大森望　2019：70）

分析：“肉包子打狗”是中国传统歇后语。歇后语一般由两部分组成，前半部分主要是映衬后文，起到“引子”的作用，而后半部分才是真正的本意。一般说出前半截，后半截可根据语境自行体会猜出本意。“肉包子打狗”原意指“以肉馅做的包子作为武器去打狗，狗即使被击中也不会有痛感，反而享受一顿美食”，以此表示“东西有去无回”之意。有关其翻译，英译本选择了直译，将“肉包子”“狗”等要素一一对应译出，应该是相信目标读者可以理解该语境并联想出其本意。而日译本则选用了日语中的近似表达，直译即“寻找木乃伊的人变成木乃伊”，其引申义有二：第一是指“本去寻找他人并将其带回的人不仅未能完成任务，反而把自己搭了进去”；第二是指“本前去说服

他人，反而被他人说服”。如此一看，尽管日译本并未字字对应，但其包含的思想内容是与原文一致的。

表 11　跑死马（例 7）

原文	英译本	日译本
他们渴望的战争就像草原天边那跑死马的远山，清晰可见，但到不了眼前。（刘慈欣，2014：20）	But the war they craved was like a mountain at the other end of the grassland：clearly visible，but as far away as a mirage.（Ken Liu，2014：20）	彼らが渇望する戦争は、草原のはるか向こうに見える山のようなものだ。前方にはっきり見えているのに、いつまでたっても間の前に現れない。その山に向かって走る馬たちは、最後には走りつかれて死んでしまう。（大森望　2019：25）

分析："望山跑死马”的含义是指“看着很近，但实际很远”。而“望山跑死马”则出自《西游记》第 89 集台词。有关该句的处理，英译本采用极其暧昧的手法，虽并未将喻体的“马”明确译出，但用“mirage”（海市蜃楼）一词突出其虚无缥缈、距离之远。而日译本则选择了将原文对照译出，即将“马儿最后跑死”这一信息明视化。此外，令笔者觉得稍显欠缺的是，日译本译文在此处仍较为执着于原文表面之意，未曾明确出“距离远”这一重点。

表 12　驴肝肺（例 8）

原文	英译本	日译本
“讲个礼貌打个招呼你还当成驴肝肺了。”（刘慈欣，2016：29）	“I chose to be polite and stop to greet you. You’re making being nice a thankless task.”（Ken Liu，2014：89）	「礼を欠いちゃいけないと思って、わざわざ車を止めて声をかけたんだぜ。それをそんな風に悪くとるなんて」（大森望　2019：94）

分析："好心当作驴肝肺”的俗语中，由于驴肝和肺是一头驴身上最不好吃的部位，其引申义是指“出自好意的行为不被理解”。这句话在英译本和日译本中都采取了灵活的译法。英译本中“thankless task”通常指“吃力不讨好”，这与原文的意思基本吻合。而日语若直接译出其含义，类似内容应为“人の好意を無にする”等，但译者可能在考虑到此内容为非正式场合的对话体形式，且该发言者在书中比较自由散漫的人物形象，选择了更加符合语境的译法，流畅自然，达到了和原文相同的文本效果。

2. 粗俗语类

（1）“他妈的”

表 13 “他妈的”

原文	英译本	日译本
①从所有人脸上，汪淼都读出了一句话，“我们已经尽力了，快他妈的结束吧”。（刘慈欣，2016：3）	On the faces of everyone around the table，Wang could read one sentiment：We've done all we can. Let's fucking get it over with，already.（Ken Liu，2014：55）	テーブルを囲む出席者の表情を見渡して、汪淼は、共通した心の叫びを読み取った。すなわち、もう議論は出尽くした。さっさと会議を終わりにしてくれ、と。（大森望 2019：59）
②“去他妈的倒计时，你现在首先要保证站直了别趴下，然后才能说别的。”（刘慈欣，2016：97）	“Fuck the countdown. Your first priority right now is to make sure you can stand straight and not collapse into a heap.”（Ken Liu，2014：143）	「カウントダウンなんざ放っとけ。今のあんたは、まず二本の足でしっかり立って、倒れないことが大事だ。ほかのことはそれからだ。」（大森望　2019：149）
③“实话告诉你，我他妈的什么也不知道，级别低，他们不告诉我。”（刘慈欣，2016：98）	“I'll be honest：I know fucking shit. My pay grade is too law，and they tell me nothing.”（Ken Liu，2014：144）	「正直に言う。俺は何にも知らねえ。階級が低すぎて、何にも教えてもらえないんだ。」（大森望 2019：150）
④大史咧嘴一笑：“我他妈的怎么知道，瞎猜的。”（刘慈欣，2016：209）	Da Shi grinned. “Fucked if I know. Just a guess.”（Ken Liu，2014：306）	史強は歯を見せて笑った。「知るもんか。当てずっぽりだ。」（大森望 2019：310）
⑤“我他妈以后干什么！天知道！”（刘慈欣，2016：292）	“What the fuck am I going to do? Who the hell knows?”（Ken Liu，2014：420）	「ああくそ、ぼくはいったい何をすればいい？だれにもわかるもんか」（大森望　2019：428）

分析：关于“他妈的”的意思，自古以来就有很多讨论。鲁迅（1925）在发表的《论“他妈的”》中，首次提出“他妈的”已经变成了“国骂”（在全中国经常使用的骂人语），并阐明在日本乃至海外其他各国语言中都没有类似“他妈的”的表达。尹继群（1998）在《说短语词“他妈的”》中，“他妈的”原本是骂人语，但随着时代的发展，其意思发生了变化，在一定语境中该词并不是作为骂人语，而是作为表达强烈情绪的粗暴语言被使用。

上文表格列举了原作中出现“他妈的”相关的全部内容。下面就这5处的使用含义各自展开分析。

①关于“快他妈的结束吧”，可以看出现场成员各自疲惫、焦躁、希望早日结束当前情况的心情，有效地烘托了现场不安的氛围。②关于“去他妈的倒计时”，包含了说话人苦于前文出现的“倒计时”诡异事件，想尽快解脱的心情。③关于“我他妈的什么也不知道”可以看出说话人对他人不将事实告诉自己，自己一无所知所怀有的不满。④关于“我他妈的怎么知道”，表示在说话人看来，不知道才是理所当然的。⑤关于

“我他妈以后干什么”，可以读出说话人对于未来如何生存下去的强烈不安，增强了说话的语气。

总之，通过分析这5个例子中各自说话人的心情，笔者认为与其说原作中的“他妈的”的使用目的为骂人，不如说是为了渲染氛围、增强说话人语气。另外，在这列举的5例中，有4例的说话人都为同一人——原作中的警察史强。作家通过频繁地在他的台词中使用“他妈的”，塑造了一个更加丰满的人物形象，将警察史强的不拘小节、做事粗鲁等特点毫无保留地展示给观众，丰富文本角色。

关于“他妈的”翻译，在英译本中，固定翻译为“fuck”一词，牛津中曾对俚语里的“fuck”做过定义，“Used alone or as a noun or verb in various phrases to express annoyance，contempt，or impatience.[①]（单独使用，或在多种短语中作为名词或动词使用，以表示烦恼、轻蔑或急躁之意）”。也就是说，该英文词同“他妈的”一样，都是在不同语境下可能有不同含义，更多的情况下也是作为一种情绪宣泄方式被使用。张国（2009）也曾表示，英语中骂人语多是为强调说话人的情感。[②]由此可见，使用该英文词有效地达到了原文的表达效果。

与此相对，在日译本中，译者并未使用固定词汇来翻译“他妈的”，而是根据每个语言环境进行调整。值得注意的是，由于翻译内容为对话体，日译者通过选用较为偏口语词汇、改换第一人称称呼等方式进行翻译，脱离了源语言的外壳束缚，准确而又灵活达意。

（2）“狗屁定理”

表14 “狗屁定理”

原文	英译本	日译本
①A“不过啊，我倒还真发明了一条终极定理。” B“说说。” A“邪乎到家必有鬼。” B“你这是……什么狗屁定理。”（刘慈欣，2016：297）	A：“But，I did indeed invent an ultimate rule.” B：“Tell me.” A：“Anything sufficiently weird must be fishy.” B：“What. what kind of crappy rules is that?”（Ken Liu，2014：142）	A「でもな、俺は究極の法則を一つ発見したぜ」 B「なんだい」 A「不可思議な出来事には必ず裏がある」 B「裏だって？そりゃまた、ひどい法則だな」（大森望　2019：148）
②“警察算个狗屁”（刘慈欣，2016：150）	“The police are worthless.”（Ken Liu，2014：221）	「警察なんか役立たずだ。」（大森望 2019：226）

分析：“狗屁”作为骂人语之一，经常用于谩骂的场合，强调某人或某物一无是处，没有价值。“狗屁”在原文中出现了两次，分别是为了：①说话人强调该定理不靠谱，

① 详见 Urban Dictionary：Fuck.
② 张国．论英语詈语的功能及其理解途径．中国海洋大学学报：社会科学版，2003（5）：75-78.

很荒谬；②说话人强调警察能力不够，调查不清楚前文发生的事故。对于这句骂人语，英译本和日译本都选用了意译的方式进行翻译，即没有纠结于这一词汇，而是着力于表现说法人想透过这句骂人语所强调的内容。

（3）“扯淡”

表 15 “扯淡”

原文	英译本	日译本
① A “你这比喻很到位。” B “扯淡。” A “你的无畏来源于无知。” B “还是扯淡，来，干。”（刘慈欣，2016：96）	A：“That's a very appropriate metaphor.” B：“Bullshit.” A：“Your lack of fear is based on your ignorance.” B：“More bullshit. Come，drink!”（Ken Liu，2014：141）	A「その例えは的を射ているな」 B「うるせえ」 A「君の無鉄砲は、無知の裏返しだろう」 B「余計なお世話だ。さあ飲め、乾杯だ！」（大森望　2019：147）
② “还是那句话：扯淡！邪乎事儿我见多了。”（刘慈欣，2016：97）	“I'm telling you，that's bullshit. I've seen plenty of weird thing.”（Ken Liu，2014：143）	「くだらねえ。不思議な事なら、山ほど見てきた」（大森望　2019：149）
③汪淼接着说：“什么都是——用你的说法：扯淡。”（刘慈欣，2016：292）	Wang took over. “Everything here is，I'll put it your way—is bullshit.”（Ken Liu，2014：420）	汪淼はが話を引き取った。「それこそ何もかもーきみのいう“ナンセンス”だよ」（大森望　2019：428）

分析：“扯淡”作为方言，在中国北方人使用较多，多为“胡扯，闲扯”之意。关于“扯淡”的翻译，在英译本中，全都处理为同一词语“bullshit”。“bullshit”作为外国人的口头禅，表示“胡说八道、讲大话”之意，与原文说话人想表达的意思含义一致。但在日译本中，由于日语中没有完全含义对应的口头禅存在，日译本译者分具体语境给出了各自不同的翻译。

（4）“奶奶的”

表 16 “奶奶的”

原文	英译本	日译本
① “黑色桑塔纳，只有一个人，车号看不清，让他们重点封锁五环入口，奶奶的，可能要让他溜了。”（刘慈欣，2016：148）	“A black Volkswagen Santana with only one man. I couldn't get the license plate number. Tell them to block all entrances to the fifth ring road. Shit. He might actually get away.”（Ken Liu，2014：219）	「黒のフォルクスワーゲン・サンタナ。乗っているのは一人だけだ。ナンバープレートは見えなかった。五環路の入口を重点的に封鎖するように伝えろ。くそっ。逃がしたかもしれん」（大森望　2019：244）
②大史笑着摇摇头：“老子怎么会想到，奶奶的，竟然真扯到外星人那儿！”（刘慈欣，2016：209）	Da Shi laughed，shaking his head. “I would never have thought that actual fucking aliens would be involved!”（Ken Liu，2014：306）	史強は笑って首を振った。「まさか本物のくそエイリアンが関わってるなんて、俺は思いもしなかった！」（大森望　2019：310）

分析：“奶奶的”作为一句侮辱性的词汇，普遍被认为是不文明用语。关于两句话

使用的语境：①说话人作为一名警察，却在即将抓住犯人之时让其趁机潜逃，此时说话人的情绪应该是愤怒、懊悔的；②说话人在平静地和他人闲聊，此时与其说是作为骂人语使用，不如说更是为了更好地渲染说话人的氛围，营造出乎意料的情绪。对于此处的翻译，英译本和日译本都采用了各自语言中比较粗俗的说话方式，来达到和源语一样的信息传递效果。

（5）“熊样儿”

表 17 “熊样儿”

原文	英译本	日译本
①“退伍后混了多少年还是这么个熊样。”（刘慈欣，2016：96）	“Years after being discharged from the army，my career is going nowhere.”（Ken Liu，2014：142）	「除隊してから警察に入ってから何年も経つが、昇進には縁がない。」（大森望　2019：148）
②大史摇摇头，把面前的那杯酒一口干了，又摇摇头，“熊样儿。”（刘慈欣，2016：292）	Da Shi shook his head and drained the glass. He shook his head again. “Bunch of pussies.”（Ken Liu，2014：420）	史強は頭を降って目の前のグラスを一気に飲み干すと、また首を振った。「情けない」（大森望　2019：429）

分析：“熊样”作为东北方言，本义是指“样子”，含轻微贬义，用于形容某人“没出息，惴惴不安的模样”。关于两句话使用的语境：①是说话人向听话人介绍自己的经历，表示这么多年来，自己未能有机会步入仕途，自嘲不争气；②是说话人对于听话人酒量不好的微微嘲讽。对于该词的翻译，英译本和日译本都将语境①的潜在含义翻译出来，语境②的内容则根据语言习惯灵活译出。

结论

本文以《三体》英译本和日译本为对象，分别举例从政治名词层面、语言层面展开了翻译分析。通过分析，笔者得出如下结论。

关于日译本，首先，鉴于中文和日语里都存在汉字，在政治名词的处理上，日译本整体倾向采用直译法，并根据需求来加注；其次，考虑到中文部分谚语在日语中也有近似或相同表达，所以日文译者的翻译工作得以更为顺利推进；最后，关于粗俗语的翻译，由于中文中同一骂人语在不同语境下含义不完全一致，在日文中也难觅含义一致的词汇，译者更倾向于根据不同语境的上下文进行灵活翻译。

关于英译本，首先，由于中英语言符号不同，无法像中日一样直接搬用汉字进行直译。在政治名词上，英译本更倾向采取文外注释或文内补充说明的方式进行解释性翻译；其次，关于谚语的翻译，尽管目的语中存在近似表达，但译者仍展现出更倾向保留原作内容的姿态，这有助于英语圈读者更好地了解中国文化；最后，关于骂人语翻译，由于英文中也存在可以充分传达原文含义的词语，译者对重复出现的骂人语基本采取了统一的译法。

总体来看，日英译本都在尊重原文的基础上，根据各自的语言形式特点和文章语境进行了灵活翻译。相比较来说，英译本更注重保留源语文化，突出源语特点；日译本更追求文章连贯性，同时力求文章的可理解性。

本篇仅从政治名词、语言两个角度对译文进行了对比分析，有关翻译的分析，受本人翻译习惯和文学素养的影响，仍不可避免地存在一些主观性，今后笔者仍会继续深化《三体》的译本研究，致力于推动中国当代文学走进日本。